KB127128

사마천이 찾아낸 사람들

사마천이 찾아낸 그들의 삶은
우리의 형편과 상황에 따라 다양한 교훈이…

　사람을 소개하는 것은 예나 지금이나 쉬운 일이 아니다. 그 사람에 대해 충분한 이해나 정보가 없는 경우 사람을 소개해서 문제가 발생하면 그 책임을 고스란히 떠안아야 하기 때문이다. 사마천이라는 중국의 탁월한 역사가는 사람을 소개하는 형태의 새로운 역사서를 우리에게 남겼다. 제왕을 중심으로 최고통치자의 행적과 일상을 기록하는 역사에서 탈피하여 역사란 제왕으로부터 평민에 이르기까지 국가를 구성하는 모든 사람들의 기록이어야 한다는 것이 그의 생각이었다. 그렇다고 해서 성공한 사람들의 이야기만 소개한 것이 아니다. 실패하고, 좌절하고, 잘못을 저지른 사람들의 이야기도 가감없이 소개한다. 한 인생을 구성하는 성공과 실패의 모든 이야기와 과정이 그 자체로 교훈을 줄 수 있다는 생각이었다. 잘했으면 칭찬과 본보기로, 잘못했으면 반성과 경계의 형태로 소개했다.

　그래서 사마천의 『사기열전』은 다양한 사람들의 삶과 그들의 소소한 이야기들로 넘쳐난다. 필요에 따라서는 공자와 같은 현자들이 칭찬했던 인물들의 삶을 재조명하기도 했다. 성현들이 훌륭한 삶이라고 소개한 내용을 부정하는 내용을 다루는 일은 쉽지 않은 일이다. 하지만 사마천은 자신의 생각을 굽히지 않았다. 한무제 앞에서 흉노와의 싸움에서 패한 한 장군을 옹호하다 궁형을 받는 일이 있어도 자신이 해야 할 말을 했다. 최소한 사람을 소개하는 사람은 그 사람에 대한 진실을 온전히 전달해야 한다는 사명감을 가졌기 때문이다.

시기적으로는 약 200여 년의 차이가 있지만 그리스 델포이 신전의 사제인 플루타르코스 역시 우리에게 사람을 소개하는 형식의 역사를 남겼다. 『영웅전』으로 알려진 『비교열전』이 그것이다. 그리스와 로마의 영웅들을 짝을 이뤄 비교하면서 그들의 삶 속에서 교훈을 찾아내기 위한 노력을 기울였다. 사마천과 플루타르코스는 시간과 공간, 그리고 문화적 토양이 전혀 다른 곳에서 살았던 사람이지만 교훈이 될 만한 사람들의 삶을 추적하고, 그것을 기록으로 남겼다는 점에서 놀라울 정도로 유사한 점이 많다. 탁월한 문장가들이었고, 종교적 업무도 동시에 관장하는 직업을 가졌으며, 역사가이다. 이들은 자신의 글에 진실성을 높이기 위해 일일이 사건의 현장들을 답사하고, 그곳에서 얻을 수 있는 정보와 정서를 확보했다. 후대에 교훈하기 위한 내용을 남기는 것에 대한 무한책임을 느꼈기 때문이다.

최근 우리 사회에 한 인물을 '살아있는 도서'로 선정하여 그를 초대하여(이런 모임을 갖는 사람들은 주인공을 대출한다고 표현한다) 삶의 교훈을 얻는 모임이 있다. 모든 사람들은 자신의 삶 속에 교훈적 요소를 담고 있고, 그것을 나누는 과정에서 마치 책으로 만들어진 '자서전'을 읽는 효과를 얻을 수 있다는 것이다. 굳이 큰 성공을 거두었거나 영웅적인 업적을 가진 사람일 필요가 없다. 한 평생, 한 길을 걸으면서 묵묵히 자신의 자리를 지켜 온 사람들, 사회적으로 큰 인정은 받지 못했지만 자신이 목표하고 계획한 일을 성실히 수행해 온 사람들도 대출대상이 될 수 있다.

중국 정사(正史)의 표준을 만든 사마천의 『사기』는 기전체(紀傳體)의 역사서술 방식이다. 이후 중국의 역사는 사마천의 역사서술을 따라 '기전체'로 기록되었다. 이전에 볼 수 없었던 독창적인 기전체 역사 서술은 철저히 훈련받고, 준비된 '만들어진 역사가'에 의해 세상에 그 모습을 드러낸 것이다.

만들어진 역사가, 사마천

사마천(司馬遷, 기원전 145?~기원전 86?)의 할아버지인 사마희는 한나라 문제(재위 기원전 180~기원전 157) 시기에 오대부의 벼슬을 했다. 오대부의 벼슬은 4000석의 헌납이 필요했다는 기록으로 보아 사마천의 집안은 경제적인 여유가 있었을 것이다. 사마천의 아버지 사마담은 태사령의 직을 수행하였는데, 태사령은 황실의 기록을 관장하고, 천문 역법 및 의례를 담당하며, 역사기록을 책임지는 자리였다. 황제의 측근에서 활동하는 업무였지만 녹봉은 600석에 지나지 않았다.

태사령직은 큰 문제가 없으면 자식에게 승계되는 직업이었기에 사마천은 아버지의 태사령직을 이어 받게 되어있었다. 일부 학자들은 경제적으로 풍요로웠던 사마천의 가문이 어떤 이유로 가세가 기울었을 것이라고 주장한다. 이런 주장의 근거는 『태사공자서』에 등장하는 다음과 같은 기록 때문이다.

"사마천이 19세에 아버지가 있는 장안으로 이주했고, 그 이전에는 고향인 섬서성의 황하 남안(南岸)에서 양과 소를 기르며 살았다."

그러나 사마담은 아들 사마천을 자신의 대를 이어 태사령의 직을 수행할 수 있도록 훈련시키고, 무엇보다 본인의 필생의 과업인 고대로부터의 역사를 정리하는 작업을 마무리할 수 있도록 많은 공을 들였음을 알 수 있다. 사마천은 10세 때부터 고문(古文)을 학습했고, 곧 고문에 능통하게 되었다고 전한다. 당시에 사용되던 글은 '예서(隸書)'라는 서체였는데, 그 이전의 글은 '전서(篆書)' 체였다. 전서는 별도의 학습이 없다면 읽을 수 없는 글이었다. 이 전서체로 쓰인 글을 고문이라 한다. 당시 전해오던 『시경』, 『서경』, 『춘추』, 『국어』 등이 모두 고문으로 되어 있었다.
　업무로 인해 아버지와 떨어져 살았지만 사마담은 아들을 위해 개인 선생을 통해 고문을 교육시켰던 것이다. 정확한 역사는 사료(史料)로 말을 하는 법이다. 고대의 역사를 정확히 기록하기 위해 고문을 터득하는 것은 필수적인 과정이었다.

사마천의 나이가 20세가 되자 사마담은 아들 사마천에게 역사의 현장을 둘러보도록 명한다. 교통이나 숙박과 같은 기반이 제대로 갖추어지지 않았던 시대이고, 기후나 풍토 문화적 습속에 대한 정보교류도 힘들었던 시대였다. 일부 지역에서는 전쟁이 벌어지고 있었고, 자연재해로 인해 기근이 창궐하던 지역도 있었다. 당시 일반 사람들은 태어나 반경 20킬로미터(50리) 내에서 일생을 살다가 가는 시기였다. 20세의 나이에 전국을 답사하라는 아버지의 명령을 받아들이기가 쉽지 않았을 것이다. 물론 경비도 만만치 않았을 것이다. 분명 한두 명의 수행원이 있었을 것이고, 아무런 소득원이 없는 일군의 무리들이 몇 년 동안 지방을 다니면서 비용을 지출하기에는 아버지의 녹봉으로는 감당하기 어려웠을 것이다. 따라서 사마천 집안의 가세가 기울었다기 보다 아들을 자신보다 더 훌륭한 역사가로 키우기 위해 자금을 사용했다고 보는 것이 타당하다.

사마담은 아들 사마천이 자신의 뒤를 이어 전욱(중국 전설의 삼황오제의 한 명) 이후 신성한 전통으로 내려온 가문의 위업을 넉넉하게 달성하기를 기대했음이 분명하다. 그 신성한 과업은 중국고대 삼황오제부터 한나라까지의 역사를 기록으로 남기는 것이었다. 이는 또한 사마담의 꿈이기도 했다. 사마담은 이미 자신이 살아생전에 이 '신성한 임무'를 완성하는 것이 무리임을 알았던 것 같다. 따라서 자신의 아들에게 이 임무를 부탁하기로 작정하고 오랜 시간 동안 준비를 했던 것이다. 훌륭한 역사가는 태어난다기 보다 만들어진다는 사실을 사마천 부자의 삶을 통해 엿볼 수 있다.

기전체 역사서 『사기』

사마담과 사마천이 함께 작업하여 완성한 『사기』는 이렇게 구상되고 마침내 완성되었다. 『사기』는 앞서 언급한 바와 같이 중국 정사의 표준을 세운 '기전체' 역사서술이다. 기전체란 다섯 개의 독립된 책으로 분류된다. 그것은 『본기(本紀)』, 『표(表)』, 『서(書)』, 『세가(世家)』, 『열전(列傳)』이다. 기전체라는 말도 『본기』의 '기(紀)'와 『열전』의 '전(傳)'을 따서 붙인 명칭이다. 전체적인 구성으로 볼 때 기전체란 사건중심이 아닌 '인물' 중심의 역사서라고 볼 수 있다. 『사기』의 예에서 볼 수 있듯이 『본기』는 천자(天子, 제왕)에 대한 기록이다. 사마천은 오제(五帝)를 하나로 묶어 서술했고, 이후 하(夏), 은(殷), 주(周), 진(秦)을 각각 하나의 '기(紀)'로 서술하고(이는 기록의 근거가 되는 사료가 근거가 희박하거나 아예 부족하기 때문이었다) 이후 비교적 사료가 많이 남아있는 진시황, 한고조 등을 별도의 '기(紀)'로 구성했다. 『세가』는 제왕 아래의 제후와 재상, 왕족들 중 역사적으로 중요한 역할을 한 사람에 대한 서술이다. 그리고 일반 서민이나 상대적으로 지위가 낮은 관리 등은 사건과 성격이 동일한 주제로 엮어 『열전』으로 서술했다.

총 130여 편 중 이상의 『본기』, 『세가』, 『열전』의 인물 위주의 서술이 112편이고 연대표의 성격을 가진 『표(表)』와 제도를 설명하는 『서(書)』는 각각 10편과 8편이다. 따라서 『사기』는 기전체 서술의 가장 큰 특징인 인물 위주의 서술임을 알 수 있다. 『사기』의 구성을 정리해보면 다음과 같다.

1. 『본기(本紀)』12편

오제(五帝), 하(夏), 은(殷), 주(周), 진(秦), 시황(始皇), 항우(項羽),

고제[高帝, 유방(劉邦)], 여태후(呂太后), 효문(孝文), 효경(孝景),

금상[今上, 무제(武帝)]

2. 『표(表)』8편

삼대세표(三代世表), 십이제후연표(十二諸侯年表), 육국연표(六國年表),

진초지제월표(秦楚之際月表), 한흥이래제후연표(漢興以來諸侯年表),

고조공신후자연표(高祖功臣侯者年表), 혜경간후자연표(惠景間侯者年表),

건원이래후자연표(建元以來侯者年表), 왕자후자연표(王子侯者年表),

한흥이래장상명신연표(漢興以來將相名臣年表)

3. 『서(書)』 8편
예(禮), 악(樂), 율(律), 력(曆), 천관(天官), 봉선(封禪), 하거(河渠),
평준(平準)

4. 『세가(世家)』 30편
오태백(吳泰伯), 제태공(齊太公), 주공(周公), 연(燕), 관채(管蔡), 진기(陳杞), 위(衛), 송(宋), 진(晉), 초(楚), 월왕 구천(越王 句踐), 정(鄭), 조(趙), 위(魏), 한(韓), 전경중완(田敬中完), 공자(孔子), 진섭(陳涉), 외척(外戚), 초원왕(楚元王), 형연(荆燕), 제도혜왕(齊悼惠王), 숙상국(蕭相國), 조상국(曹相國), 유후(留候), 진승상(陳丞相), 강후(絳侯), 양효왕(梁孝王), 오종(五宗), 삼왕(三王)

5. 『열전(列傳)』 70편
   (1) 개인기록 54편: 백이, 관안, 사마양저 등과 같이 1인 및 몇몇 인
      물의 행적 기록
   (2) 직업이나 사류(事類) 9편: 순리, 혹리, 유림, 유협, 자객 등
   (3) 이민족 6편: 흉노(匈奴), 남월(南越), 동월(東越), 조선(朝鮮), 서남
      이(西南夷), 대완(大宛)
   (4) 태사공자서(太史公自序) 1편

    사마천은 『사기열전』의 서론에 해당하는 첫 편, 『백이열전』에서 인물 위주의 역사서술에 대한 자신의 의도를 분명히 밝히고 있다. 백이 숙제

와 허유(許由), 변수(卞隨), 무광(務光)과 같은 인물을 비교하면서 백이와 숙제의 의로움 못지않게 이들 역시 의로운 사람이었지만 백이 숙제는 수많은 기록에서 다루고 있어 많은 사람들이 알고 있는데 반해 허유나 무광과 같은 이들은 잘 알려져 있지도 않고, 『시경(詩經)』이나 『서경(書經)』과 같은 전적(典籍)에도 소개되지 않고 있음을 지적한다. 이는 공자와 같은 현자들이 언급하지 않은 이유라고 설명한다. 『사기』가 다루고 있는 삼황오제부터 한무제의 시기는 약 3천 년에 해당하는 장구한 시간인데, 그 안에 수많은 사람들이 존재하였을 테지만 사관이나 학자들에 의해 언급이 없는 경우 아무리 그들이 훌륭한 업적과 교훈을 줄만한 인생을 살았다 해도 묻히고 만다는 이야기이다.

초기의 기록의 여건이나 문자의 유무, 사관의 명확한 업무가 정해지지 않은 상황에서 많은 인물이 선택되거나 기억되기는 어려웠을 것이다. 제자백가의 스승들이나 제왕의 통치 부근에서 활약하지 않은 사람들이 소개되기도 어려웠을 것이다. 또한 권력과 제도에 대해 거부감을 가졌던 위인들이 세상을 등지고 숨어 지내는 경우도 있었을 것이다. 사마천은 역사가나 학자들이 충분히 교훈이 될 만한 사람들을 언급함을 파리가 '천리마의 등에 붙어' 천리를 가는 것으로 묘사했다. 공자의 말을 빌려 혼탁한 세상 속에서 가치있는 삶을 찾아내기 어려움을 토로하면서 겨울이 되어야 비로소 '소나무의 푸름'을 안다는 표현도 사용했다.

중국과 수교를 체결하기 이전부터 중국의 지역과 경제개발에 관련된 업무를 추진하면서 어느덧 중국과 관련을 맺은 지 25년이라는 긴 세월을 보냈다. 그동안 중국이 무서운 속도로 발전하는 모습을 지켜보면서 향후 우리나라의 중국진출에 대한 다양한 연구와 전략을 구상했고, 한국 기업들의 중국진출 및 자본과 인적 교류를 위한 활동들을 수행했다. 대학에서 중국경제통상을 가르치면서 중국을 이해하고 그들에 대해 경쟁력을 갖추는 것은 그들의 현재 상황을 이해하는 것 못지않게 그들의 문화와 정서를 이해하는 것이 중요하다는 것을 강조해왔다. 한중수교(1992)이후 22년이 지났지만 여전히 한국은 중국에 대한 이해가 부족하고, 중국에 대해 경쟁력을 갖추었다고 볼 수도 없다. 그들의 정서와 문화에 대한 이해도도 여전히 낮은 편이다.

중국인들과 오랜 접촉을 통해 중국인들은 역사와 전통을 중시하며, 비록 사회주의 체제를 통해 왜곡되고, 스스로 전통을 변형하는 예도 많이 있지만, 고대로부터 내려오는 다양한 교훈과 지혜가 의식과 생활 속에 녹아 있음을 확인했다. 그래서 뒤늦게 중국을 중심으로 하는 동양의 고전에 관심을 갖기 시작했다.

익숙하게 생각했던 동양의 고전들이 새로운 모습으로 다가왔고, 중국 이해라는 비교적 좁은 의도와 목적으로 시작된 고전학습이었지만 이것이 나의 삶에 부어준 자양분은 형언하기 힘든 감격이었다. 학생과 일반인, 기업인은 물론, 공직자와 함께 고전 공부를 시작했고, 국내에서 거의 유일한 비영리법인의 고전모임인 (사)행복한 고전읽기에 임원으로 활동하면서 고전에 대한 보급활동에 참여하고 있다.

외부강연을 통해서 혹은 대학 내의 고전학습 모임을 통해서 사마천의 『사기열전』을 교재로 사마천이 찾아낸 '겨울이 되어야 비로소 푸르름을 알게 되는 소나무' 와 같은 인생과, 현자나 학자, 역사가들의 등을 빌어 천리를 나아가는 '파리' 와 같이 숨겨져왔던 그러나 가치있는 삶을 만나게 되었다. 이들은 사마천이 '찾아낸' 사람들이다. 후손들에게 교훈하기 위해 적극적이고 집요하게 '찾아낸' 인물들이다. 사마천이 찾아낸 인물들이 사마천의 선택이었듯이, 이들의 삶을 해석하고 교훈을 얻어내는 것은 우리의 선택이기도 하다. 사마천이 찾아낸 인물들의 삶은 해석하는 우리의 형편과 상황에 따라 다양한 교훈이 될 수 있다.

사마천의 『사기열전』에 대한 인물들의 해석이 고전을 접하는 중요한 모델이 될 수 있다는 생각을 했다. 기업가들과의 만남에서 '독서경영'을 위해 고전을 공부하고 싶은데, 적절한 교재나 쉽게 접근할 수 있는 교재들이 부족하다는 것을 알게 되었다. 또한 고전을 함께 공부하는 다양한 단체의 요구도 있었다. 고전은 어려운 해석이나 소수 학습된 부류들의 증명을 위한 전유물이 되어서는 안 된다는 것이 필자의 생각이다. 사마천이 열전에서 제왕이나 영웅만이 역사의 주인공이어서는 안 된다는 태도를 취한 것과 같은 생각이다.

『사마천이 찾아낸 사람들』은 그런 의미에서 계속 써내려가야 하는 작업이다. 같은 인물도 다른 해석으로 설명되어야 하고, 더 많은 인물들이 소개되어야 한다. 『사기열전』에는 주인공으로 소개된 사람만 178명에 달하고(중니제자열전에서 다룬 공자의 제자들을 생략한 수임), 조연으로 등장한 사람은 수백 명에 달한다. 앞으로 '사마천이 찾아낸 인물'이 계속 소개되어야 하는 이유이다. 고전공부의 하나의 방법론을 제시하기 위해 그동안 『사기열전』 학습을 통해 공부했던 인물들의 이야기를 엮어보았다.

감추어 있었으나 혼탁함으로 인해 그 진가를 보인 인물들을 1부에 소개했고, 조연으로 보이나 중요한 교훈을 남긴 인물들을 2부 천리마의 등에 붙은 파리라는 제목으로 분류해 보았다. 수많은 식객들을 거느리고 마치 포털사이트와 같이 정보와 지혜를 모았던 전국시대 사공자들의 교훈을 3부에 소개했고, 4부에서는 외부 강연이나 매체에 발표했던 시대를 관통하는 사마천의 지혜를 엮었다.

특히 4부에서는 고전을 경제문제나 현실을 보는 안목을 키우기 위한 방법론, 그리고 고전학습을 위한 사례가 될 수 있는 글들로 모아보았다. 사마천이 인물을 찾아내서 교훈으로 삼고자했던 열정과 사명을 조금이나마 흉내 내고자 하는 소망이 있다. 탁월한 역사가의 한 그늘에서 그가 고민했던 내용들을 함께 고민하는 행보를 시작하는 마음으로 그의 작업에 동참해본다.

2014년 9월

황효순

CONTENTS

저자 서문

제1부 겨울이 되어야 드러나는 소나무

01. 백이와 숙제   21
02. 포숙아(鮑叔牙)   26
     알아준다는 것은 무엇일까?   31
03. 안영   32
04. 사마양저   39
05. 이사(李斯)   50
06. 인상여   56
     완벽을 위한 사투   57
     생명을 걸고 군주의 위엄을 지켜내다   61
     목을 베어줄 수 있는 사귐(刎頸之交)   65
07. 원앙   69
08. 장석지(張釋之)   74
     옳고 유능함 VS 따뜻함   75
     가장 화려한 무덤   80
     법(法)의 존재이유   83
09. 공손홍   88
     만학도 공손홍   91
10. 주보언(主父偃)   97
     왕따 주보언   98
     싸움보다 우선해야 할 것   102
11. 전숙(田叔)   107
     '백발'을 그리워 함   108

12. 엄안(嚴安)   112
　　엄안(嚴安)의 헌책(獻策)   113
13. 서락(徐樂)   122
　　토붕(土崩)과 와해(瓦解)   122
14. 정당시(鄭當時)   128

제2부 천리마의 등에 붙은 파리

01. 몽염(蒙恬)   135
02. 우맹(優孟)   141
　　임금님의 애마(愛馬)   145
03. 조사(趙奢)   148
　　조사의 부국강병론   149
04. 악의(樂毅)   153
05. 추양   157
　　좁은 문을 선택하는 것   158
06. 이리(李離)   162
07. 난포(欒布)   166
08. 계포(季布)   172
09. 주인과 장숙(周仁과 張叔)   181
　　장자의 마음   181
10. 편작(扁鵲)   186
　　고치기 힘든 병   189

제3부 전국시대 네 명의 공자(公子)

01. 맹상군   197
    부유한 약자   198
    전국시대의 네 명의 공자, 네 개의 포털사이트   203
    병풍 뒤에서 얻은 정보   206
    나무인형과 흙인형의 대화   211
    관계파괴자   214
    주객전도(主客顚倒)   219
    문제는 당신이오!   223
    눈이 내리는 것도 내 책임이라고 생각하라   226

02. 평원군   228
    웃음   228
    평판과 소문   232
    '송곳' 모수(毛遂)의 협상   236
    피의 맹약   240
    하나(同)가 된다는 것   244
    공짜의 유혹   248
    특권의식   252
    의리(義理)로 착각하는 '계산된 사귐'   255

03. 신릉군   260
    소통의 원칙(인의예지)   260
    겸손함의 위력   264
    신릉군을 움직이게 한 것   268

04. 춘신군(春申君)   273
    극에 이르면 위태롭다   273
    신하됨의 의리   277
    스스로를 지키는 것의 어려움   282
    춘신군의 참모, 주영   284

제4부 시간을 넘어선 사마천의 지혜

01. 『사기열전』에서 배우는 경제이야기   291
    (1) 기회비용(opportunity cost)   291
    (2) 한계효용(marginal utility)   295
    (3) 독과점   301
    (4) 총잉여   305
    (5) 교환   311
        주는 것이 얻는 것 子之爲取者), 관중   317
        물화(物化)   320
        악(惡)의 세미나, 혹리열전   325
        전쟁의 효용, 한무제와 춘추학파   329
        비난과 칭찬, 제나라 위왕   333
        시대가 필요로 하는 지도자, 급암   336

글을 마치며…   351
    고전을 읽는 기쁨

1

겨울이 되어야
드러나는 소나무

백이와 숙제

백이와 숙제는 은(殷)나라 고죽국(孤竹國, 현재 중국의 하북성(河北省) 창려현(昌黎縣)부근)의 왕자들이었는데, 아버지가 죽은 뒤 서로 후계자가 되기를 사양하다가 끝내 두 사람 모두 나라를 떠났다. 그 무렵 주나라 무왕(武王)이 은나라의 주왕(紂王)을 토멸하여 주왕조를 세우자 두 사람은 무왕의 행위가 인의(仁義)에 위배되는 것이라 하여 주나라의 곡식을 먹기를 거부하고, 수양산(首陽山)에 들어가 몸을 숨기고 고사리를 캐어먹고 지내다가 굶어죽었다. 공자는 이들 형제를 인의(仁義)가 충만한 청절지사(淸節志士)로 존숭(尊崇)하였다.

의리와 절개를 말할 때 가장 많이 인용되는 사람이 백이와 숙제이다. 지금으로부터 약 3천 년 전인 중국 상나라(은나라 기원전 1600~기원전 1046) 말기에 살았던 형제이다. 당시 중국은 천자의 나라인 상나라와 주변의 제후국들로 이루어져 있었고, 백이와 숙제는 상나라의 한 제후국인 고죽국(孤竹國) 제후의 아들들이었다. 고죽국의 제후가 나이 들어 자신의 자리를 아들 중 한 명에게 물려주고자 했다. 그는 자식들 중 형들이 있었지만 가장 성실하고 현명한 숙제를 마음에 두고 있었다. 아버지의 의도를 알았던 숙제는 기어코 사양했지만 아버지의 뜻을 도저히 꺾을 수 없었다. 이런 와중에 아버지가 세상을 떠났다. 숙제는 형이 있으므로 자신이 왕의 자리에 오를 수 없다고 백이에게 제후의 자리를 양보했다. 그러자 형은 '아버지의 뜻'을 저버릴 수 없다며 나라밖으로 달아났다. 소식을 들은 숙제 역시 왕위에 오르지 않고 형을 따라 나라밖으로 도망갔다. 고죽국의 사람들은 하는 수 없이 백이와 숙제 또 다른 형제 중 한 명을 제후로 삼았다.

나라밖을 떠돌던 백이와 숙제는 역시 제후국 중의 하나였던 주나라의 서백창(西伯昌)이 선비를 우대하고 예의와 학문을 숭상한다는 소문을 듣고 자신들의 몸을 그에게 의탁하기로 했다.

백이와 숙제는 주나라로 향했다. 그런데 이들이 주나라에 도착해보니 서백창은 이미 세상을 떠난 후였고, 아버지를 이어 제후가 된 무왕(武王)이 즉위한 지 얼마 되지 않았다. 마침 무왕은 천자국인 은나라의 마지막 군주인 주왕(紂王)의 폭정이 극에 달하자 그를 치기 위해 군대를 동원하던 참이었다. 아버지의 장례도 치르지 않고 그의 위패를 수레에 싣고 출정하려고 하였다. 이 소식을 들은 백이와 숙제는 출정하려는 무왕 앞을 가로막고 그의 말고삐를 붙잡고 간언했다.

"아버지가 돌아가셨는데 장례도 치르지 않고 전쟁을 하는 것은 효(孝)라고 할 수 없습니다. 또한 은나라의 주왕이 아무리 포악하고 악행을 일삼는 군주라 하여도 제후국의 신분으로 군주를 시해하는 것은 어진(仁) 행위가 아닙니다."

큰 뜻을 품고 패역한 군주를 제거하기 위해 출정을 하는데 사기를 북돋지 못할망정, 오히려 인륜의 근본인 효와 인성의 근본인 인을 내세워 무왕의 행위를 우회적으로 비판하였던 것이다.

마침 무왕 곁에 있던 한 장수가 백이와 숙제의 목을 베려고 칼을 뽑아들었다. 아마 무왕의 심정도 같았을 것이다. 긴장된 순간이 흐르고 있었다. 이때 주나라 무왕의 참모로 있던 태공(太公) 여상이 앞으로 나섰다.

"칼을 집어넣으시오. 이들은 의로운(義) 사람들이오."

여상이 개입하여 백이와 숙제를 두둔하자 무왕 역시 그의 뜻을 차마 거스를 수 없었다. 그래서 사람을 시켜 백이와 숙제를 돌려보낸 후 은나라로 향했다.

결국 주나라 무왕은 폭군인 은나라를 멸망시키고, 혼란을 평정했다. 그러자 제후국의 군주들은 은나라를 종주(宗主)의 나라에서 폐하고, 무왕의 주나라(周)를 종주의 나라로 삼았다. 하지만 백이와 숙제는 여전히 주나라의 백성이 되는 것을 부끄럽게 여겼고, 지조를 지켰다.

그들의 생각에 주나라 무왕의 행위는 인간의 도리에 어긋나는 행위였기 때문이다. 더 나아가 이들은 주나라에서 나는 곡식을 먹는 것도 부끄럽게 생각했다. 그래서 수양산(首陽山)에 올라가 은거하기 시작했다.

산속에서의 삶은 고달팠다. 이들에게 음식이 될 만한 것은 고사리뿐이었다. 백이와 숙제 형제는 고사리로 연명했지만 한계가 있었다. 이들은 굶어 죽어가면서 한 편의 시를 남겼다. '고사리를 캐면서 부르는 노래' 라는 뜻으로 '채미가(采薇歌)' 라는 이름이 붙었다.

> 저 서쪽 산에 올라
> 고사리를 뜯는다.
> 폭력으로 폭력을 바꾸었지만
> 그 잘못을 모르는구나.
> 신농, 우, 하나라 시절은 홀연히 사라졌으니
> 이제 우리는 어디로 가야하나?
>
> 아아. 이제는 죽음뿐
> 우리의 운명도 다했구나!

폭력으로 질서를 어지럽힌 주나라 왕의 행위에 대해 비판하며, 절개를 지키며 버텼지만 죽음만이 자신들을 기다린다는 한탄이 섞인 노래이다. 의리와 절개를 지키기 위해 죽음을 선택한 백이와 숙제는 공자의 칭찬과 함께 오늘날까지 '절개와 의리를 지킨 사람(節義志士)'으로 칭송을 받고 있다.

사마천은 『사기열전』의 가장 첫 부분에서 백이와 숙제를 소개하고 있다. 그가 백이와 숙제를 소개한 것은 그들이 살아생전 보여주었던 의리와 절개를 지킨 모습을 찬양하기 위함이 아니다.

이처럼 의리 있고, 어진 사람들도 공자가 이들의 행위를 칭찬하지 않았으면 세상에 널리 알려지지 않았을것이라는 이야기를 하고 싶었던 것이다. 한 인생이 굶어 죽는 것으로 생을 마치는 것은 결코 본받을 만한 삶은 아니며, 선행과 의리를 지키는 어진 삶은 반드시 하늘로부터 보상을 받을 것이라는 가르침에도 위배되는 것이다.

'의리와 절개를 지켰더니 결국 굶어 죽었다.'

이런 식의 교훈이 설득력을 갖기는 쉽지 않다. 사마천이 백이와 숙제를 우리에게 소개한 이유는 더 높은 가치를 추구하는 사람들은 세상의 일시적인 부귀와 영화와 무관하다는 것을 알리고 싶어서이다.

추운 계절이 되어서야 비로소 소나무와 잣나무가 사시사철 푸르다는 것을 알게 되는 것 같이 세상이 혼탁해졌을 때 비로소 맑은 사람이 드러나는 법이다.

그래서 현자와 칭찬받을 만한 사람을 찾아 널리 전하는 것이 중요한 법이다. 그리고 우리가 찾아내어 널리 알려야 할 사람들은 거리의 한 복판에 있는 사람들이 아니라 어쩌면 저 깊은 산속에서 자신과의 싸움을 하며 고사리를 뜯고 있는 사람들일 수도 있다.

세한, 연후지송백지후조
(歲寒, 然後知松柏之後凋)
거세혼탁 청사내견, 개이기중약피, 기경약차재?
(擧世混濁, 淸士乃見, 豈以其重若彼, 其輕若此哉?)

추운 계절이 되고 나서야 비로소 소나무와 잣나무가 시들지 않음을 알게 된다.
세상이 혼탁할 때 청렴한 선비가 더욱 드러나는 법이다. 이는 세상의 사람들은 부귀를 중시하고, 청렴한 사람을 하찮게 여기기 때문이 아니겠는가?

포숙아
(鮑叔牙)

포숙(鮑叔)은 춘추시대 제(齊)나라 출신으로 생몰연대는 전하여 지지 않는다. 젊어서 관중(管仲)과 친하게 사귀었는데, 관중의 집이 가난하고 어머니가 연로하여 항상 관중을 도와주면서 끈끈한 우정을 나누었다. 제나라 양공(齊襄公) 때 왕자 소백(小白)의 스승이 되었다. 나중에 제나라가 왕자들 간의 다툼이 벌어져 혼란에 빠지자 소백을 데리고 거(莒) 나라로 달아났다. 이 때 관중은 또 다른 왕자 규(糾)를 데리고 노(魯)나라로 피한 후 소백과 다툼을 벌였다. 양공이 피살되자 규와 소백이 군주의 자리를 다투었는데, 관중이 소백의 귀로를 습격하여 소백에게 활을 쏘았는데 이 화살이 그의 허리띠를 맞추었다.

소백이 죽은 척하고는 먼저 귀국하여 왕위에 오르니, 그가 제환공(齊桓公)이다. 환공은 포숙아를 재상으로 삼으려고 했으나 이에 포숙아는 극구 사양하고 투옥된 관중을 석방해 그를 재상의 자리에 앉히라고 권했다. 환공은 포숙아의 말을 따라 한 때 자신에게 활을 겨누었던 관중을 재상에 임명한다. 관중과 포숙아의 우정은 '관포지교(管鮑之交)'라는 고사성어를 만들어 낼 정도로 지극했다.

　누군가를 알아준다는 것은 쉽지 않은 일이다. 우선 알아준다는 의미가 아주 복잡한 의미를 담고 있기 때문이고, 아는 것을 그대로 실천에 옮기기도 쉽지 않기 때문이다.

　사마천은 사람을 사귐에 어떠해야 하는가를 설명하기 위해 관중과 포숙아의 이야기를 소개한다. 이 두 사람의 이야기는 관포지교(管鮑之交, 관중과 포숙아의 사귐)라는 고사성어를 통해 진정한 우정을 설명할 때 사용하곤 한다. 도대체 이 두 사람의 사귐이 어떠했는지 궁금해진다.

　관중은 젊을 때부터 포숙아와 사귀었는데, 포숙아는 관중이 현명하다는 것을 알아주었다고 한다. 관중은 포숙아보다 경제적 상황이 좋지 않아 늘 포숙아를 속였지만 포숙아는 이를 서운해 하지 않고 오히려 그에게 잘 대해주고 결코 따지는 법이 없었다고 한다. 시간이 지나 포숙아는 제나라(齊)의 왕자인 소백(小白)을 섬겼고 관중은 또 다른 왕자인 규(糾)를 모셨다. 이 두 형제는 군주의 자리를 놓고 싸웠는데 결국 소백이 왕위에 올라 환공(桓公)이 되고 이에 맞서던 왕자 규는 목숨을 잃었다. 따라서 규를 섬기고, 소백과 적대적 관계에 있던 관중은 옥에 갇혀 죽음을 기다리는 신세가 되고 말았다.

　이와 반대로 환공의 승리에 공을 세운 포숙아는 승상의 자리가 기다리고 있었다. 승상이 어떤 자리인가. 일인지하 만인지상으로 관리로서는 최고의 자리이다. 그런데 환공을 찾아간 포숙아는 제나라를 다스리려면 저로서 충분하지만 천하를 도모하고, 패자가 되기 위해서는 반드시 관중을 재상으로 삼아야 한다고 간곡히 추천한다. 이렇게 해서 죽음의 문턱에 갔던 관중이 환공의 재상 자리에 오르게 된다.

한때 원수였던 사람, 그것도 자신을 살해하기 위해 화살을 겨누었던 사람을 자신의 측근으로 기용하는 것은 쉽지 않았을 것이다. 아무리 자신의 스승이자, 일등공신인 포숙아의 제안이지만 말이다.

포숙아 역시 환공이 관중을 받아들이는 것이 쉽지 않을 것임을 잘 알고 있었다. 포숙아는 환공의 생각을 잘 알고 있었고, 그의 이상과 야망 또한 잘 알고 있었다. 포숙아의 사람을 보는 안목은 늘 상대의 입장과 처지를 잘 관찰하고 이해하는 데서 시작한다. 그는 포숙아의 제안에 대해 고민하고 있던 환공 앞에 나서서 자신의 의견을 말한다.

제가 관중보다 못한 점이 다섯 가지가 있습니다. 백성들에게 정치의 혜택을 주어 그들의 고충을 어루만지는 능력이 그만 못하며, 나라를 다스려서 기강을 세우는 능력이 그만 못하며, 덕으로써 백성들을 한마음으로 묶는 능력이 그만 못하며, 제도와 정치를 정비하여 사방에 떨치는 능력이 그만 못하며, 군사적 지휘능력으로 작전을 수행하는 능력이 그만 못합니다.

안으로 나라를 튼튼하게 하고 밖으로 오랑캐를 막으며 공을 사방에 떨쳐 천하를 안정시키려면 저같은 좁은 능력으로는 어림없는 일입니다. 오직 관중만이 그런 큰일을 감당할 수 있습니다.”(『국어(國語)』, ‘제어(齊語)』)

그리고 패자가 되려는 환공의 야심을 잘 알고 있었기에 다음과 같이 말을 잇는다.

"임금께서 제나라만을 다스리고자 하면, 고혜나 저 포숙아만으로도 충분합니다. 그러나 만약 임금께서 천하의 주인이 되고자 한다면 관중이 아니면 불가능합니다. 관중은 어느 나라에 있든 그 나라에서 소중히 여길 인물이니 잃어서는 안 됩니다."

포숙아의 말대로 관중은 환공을 패자의 자리에 오르도록 그의 모든 지략을 사용했다. 사마천은 제나라 환공이 제후의 우두머리인 패자가 된 것은 관중의 계책에서 비롯되었다고 말한다. 오랜 역경을 거쳐 마침내 재상의 자리에 올랐고, 성공적인 정치를 통해 제나라를 최강국으로 만들었다. 관중의 권세는 왕에 비견할 정도였다. 제환공도 관중을 '중부(仲父)'라고 부르며 예와 존경을 갖추었다.

관중은 재상의 자리에 있으면서 늘 포숙아를 생각하며 말하곤 했다.
"내가 가난하게 살 때 포숙아와 장사를 했는데 이익을 나눌 때 내가 더 많은 몫을 챙기곤 했다. 그런데도 포숙아는 나를 욕심쟁이라 하지 않았다. 그는 내가 가난하여 더 많은 것을 가져야 함을 알았기 때문이다.
한번은 포숙아의 자금까지 동원하여 사업을 하다가 실패하여 모두가 어려움을 겪은 적이 있었다. 그러나 포숙아는 나를 어리석다고 원망하지 않았다. 사업이란 좋을 때도 있고, 나쁠 때도 있다는 것을 알았기 때문이다. 나는 일찍이 세 번이나 벼슬길에 나갔다가 세 번 모두 군주에게 내쫓겼지만 포숙아는 나를 모자란 사람이라고 여기지 않았다. 그는 내가 아직 때를 만나지 못한 것을 알았기 때문이다.
그리고 나는 세 번 전쟁에 나갔다가 세 번 모두 도망했다. 이 사실을 알고도 포숙아는 나를 비겁한 자라고 하지 않았다. 이는 내가 늙은 어머니를 모시고 있다는 사실을 알았기 때문이다. 왕자들을 보필하며 왕의 자리를 놓고 싸울 때 결국 싸움에 져서 내가 모셨던 왕자가 죽었다. 왕자를 보필했던 장수와 신하들이 의리를 지켜 목숨을 끊었지만 나는 굴욕스럽게 목숨을 구걸하며 붙잡힌 몸이 되었다. 이 사실을 포숙아는 너무나 잘 알고 있었지만 나를 부끄러움도 모르는 사람이라고 비난하지 않았다. 이는 내가 작은 일에는 부끄러워하지 않지만 천하에 이름을 날리지 못하는 것을 부끄러워하는 사람이라는 것을 알았기 때문이다. 나를 낳아준 이는 부모이지만 나를 알아준 이는 포숙아이다."

관중이 포숙아와의 사귐을 회상하는 글에 반복적으로 나오는 단어가 '알아줌'이다. 포숙아가 나의 미흡하고 실수한 것을 비난하거나 무시하지 않았던 것이 모두 '나를 알았기 때문'이라고 말하고 있다. '자신을 낳아준 것은 부모이지만 나를 알아준 사람은 포숙아다'라고 말하면서 부모와 포숙아를 비교하고 있다. 관중이 중국 역사상 최고의 재상이었다고 평가 받을 수 있었던 것은 포숙아 때문이며, 포숙아가 관중을 알아주었기 때문이다. 포숙아는 관중을 추천한 후 자신은 관중의 아랫자리에 있으면서 봉지를 받아 조용히 여생을 마쳤다. 사마천은 『사기열전』에서 명재상 관중의 이야기보다 그 관중을 알아주고 명재상의 자리에 올린 친구를 알아주는 포숙아의 안목을 칭찬하고 있다.

알아준다는 것은 무엇일까?

관중과 포숙아의 사귐에서 알아준다는 것은 상대방의 입장에서 생각한다는 것이다. 오늘날 심리학에서는 '공감능력' 혹은 '관점이동능력'이라고 말한다. 성공적인 인간관계를 갖는 사람들은 상대의 감정을 이해하고, 상대의 상황과 처지를 정확히 파악하여 대응하는 공통점을 갖는다. 알다(know)라는 단어에는 '동침하다' 라는 의미도 포함되어 있다. 성인이 되어 각각 부모를 떠나 한 남자와 여자가 결혼을 하고, 동침한 후 비로소 한 몸이 된다는 의미이다. '누군가를 안다' 는 말을 많이 하지만 진정으로 '누군가를 안다는 것' 은 이처럼 간단하지 않다. 포숙아의 태도와 행동이 그것을 잘 설명해준다. 때로는 내가 손해를 봐야 하고, 내가 누릴 것들을 포기해야 한다. 그리고 그 사람에게 머리를 조아리게 될 수도 있다.

주변에 내가 이미 알고 있는 사람들을 내가 진정으로 알고 있는가. 내가 사귀는 사람들과 '진정한 앎' 의 관계가 형성되어 있는지 점검해볼 일이다.

생아자부모, 지아자포자야
(生我者父母, 知我者鮑子也)
나를 낳아준 이는 부모님이지만, 나를 알아준 사람은 포숙아이다.

천하부다관중지현이다포숙능지인야
(天下不多管仲之賢而多鮑叔能知人也)
세상 사람들은 관중의 현명함을 칭찬하기보다 오히려 포숙아의 사람을 알아주는 능력을 더 칭찬하였다.

안영
(晏嬰:, ?~기원전 500)

중국 춘추시대(春秋時代) 제(齊)나라의 정치가로 이름은 영(嬰), 자(字)는 중(仲)이다. 시호(諡號)는 평(平)으로 보통 평중(平仲)이라고도 불리며, 안자(晏子)라고 존칭(尊稱)되기도 한다. 이유(夷維, 오늘날의 산동성 래주(萊州市)에서 태어났다. 제나라 영공(靈公)과 장공(莊公), 경공(景公) 3대에 걸쳐 몸소 검소하게 생활하며 나라를 바르게 이끌어 관중(管仲)과 더불어 훌륭한 재상(宰相)으로 후대(後代)에까지 존경을 받았다.

중국 역사상의 재상(宰相) 중 관중만큼이나 능력을 인정받고 존경을 받았던 인물로 안영이라는 사람이 있었다. 안영은 관중이 세상을 떠난 후 약 100년 후에 활동한 재상으로 제나라의 영공, 장공, 경공 세 명의 군주를 거치면서 약 57년 동안 재상의 자리에 있었다.

사마천은 그가 재상의 자리에 있으면서도 밥상을 검소하게 차리도록 했으며, 본인은 물론 가족들에게도 화려한 비단옷을 입지 못하도록 했다고 한다. 항상 신중하고 검소한 생활을 실천했고, 권력의 위세 앞에서도 굽히지 않고 반드시 해야 할 말을 그냥 넘기는 일이 없는 강직한 인물이라고 평했다.

역사가들은 그의 정치활동의 기반이 되었던 사상은 '어짊과 의로움으로 나라를 다스리는 것(仁義治國)' 이었다고 말한다. 관중이 그랬던 것처럼 안영 역시 나라의 안정이 궁극적으로 백성들의 행복과 안정으로 이어진다는 확신을 가지고 있었다. 따라서 안영은 군주 앞에서 세금을 가볍게 하고, 형벌을 줄여야 하며, 항상 백성의 안위를 먼저 생각해야 한다고 간언하였다.

안영의 가르침을 귀하게 여기던 후세 사람들은 그를 '안자(晏子)' 라고 존칭하였다. 그의 사상과 어록 등을 『안자춘추』 8권 215장으로 정리하여 전하고 있다. 이 책은 안영이 직접 기록으로 남긴 것이라기보다 안영과 동시대를 살았던 사람들이 그에 관해서 쓴 글들을 후세 사람들이 모아 편찬한 것으로 보인다. 하지만 이 책은 안영의 사상과 그의 삶을 충분히 반영하고 있다.

사마천은 『사기열전』에서 안영을 소개하면서 월석보라는 사람과의 일화를 전하고 있다. 어진 사람으로 존경을 받고 있던 월석보라는 현자가 어쩌다가 죄인의 몸이 되었다. 평소 그의 생활과 인품으로 볼 때 분명 그가 죄인이 된 것은 착오가 있었음이 분명했다. 당시 죄인들은 노역형을 받았기에 도로정비나 배수로의 보수 등에 동원되곤 했다. 안자가 길에서 우연히 월석보가 노역을 하는 것을 보고 수레에서 내려 자신의 수레를 끄는 말 중의 한 마리를 보석금으로 지불하고 그를 풀어주도록 했다. 그리고 자신의 수레에 월석보를 태우고 함께 집으로 돌아왔다. 집에 도착한 안영은 월석보를 손님방에 머물게 하고 아무 인사도 하지 않은 채 내실로 들어가서는 오랫동안 나타나지 않았다. 월석보를 손님으로 대접하지 않았던 것이다.

시간이 한참 흐르자 월석보가 사람을 시켜 떠날 뜻을 비쳤다. 갑작스럽게 떠난다는 말을 듣고 안영은 깜짝 놀라 월석보에게 가서 말했다.

"제가 어질지는 못하지만 당신이 어려움에 처한 것을 보고 구해드렸습니다. 그런데 어찌 당신은 이토록 빨리 저와의 인연을 끊으려 하십니까?"

안영의 만류에 월석보는 정색을 하고 대답했다.

"제가 인연을 끊다니요. 그렇지 않습니다. 제가 듣건대 군자는 자기를 알아주지 않는 자에게는 자신의 뜻을 감추지만 자신을 알아주는 자에게는 그 품은 뜻을 드러낸다고 합니다. 제가 죄인의 몸일 때 옥리들은 저에 대해 모르고 있었습니다. 그러나 당신은 어질고 현명하시어 보석금까지 내어 저를 구해주었으니 이는 저를 알아준 것입니다. 하지만 저를 알아주면서도 예의가 없다면 진실로 죄인의 몸으로 있는 편이 낫습니다."

안영은 월석보의 이야기를 듣고 자신의 경솔함과 의롭지 못한 행동을 사과하고 그를 빈객으로 모셔 예우하였다.

자신의 어려운 처지를 알아주고 보석금까지 지불하며 구해준 안영에게 월석보가 한 말에 여러 차례 '알아준다'는 이야기가 나온다. 월석보는 안영이 자신을 구해 준 것이 자신을 알아주었기에 가능했다고 말한다. 자신을 구금하고 죄를 덮어씌운 옥리는 다른 이유가 아니라 자신을 알지 못했기에 그렇게 한 것이라고 했다.

소통을 위해 남의 처지와 형편을 알아주는 것을 '공감능력'이라고 한다. 슬픈 이야기나 기쁜 이야기를 들으면 나의 처지와 경험이 투사되면서 같이 슬퍼하고 기뻐하는 것을 말한다.

아마 안영은 월석보의 행위와 인품에 대해 익히 들어서 알고 있었던 것 같다. 자신이 알고 있던 그가 누명을 쓰고 길에서 노역을 하는 모습을 보고 아마도 동정심을 느꼈던 것 같다.

당시 안영은 장공을 군주로 모시고 있었다. 장공은 선제인 영공과 달리 안영의 입바른 충고를 받아들이지 않고 제멋대로 행동하는 군주였다. 사치와 향락에 빠져 간신들을 가까이 하고 충심을 가진 안영과 같은 신하들을 의심하고 미워하였다. 바로 이러한 자신에 대한 경험이 월석보에 대한 동정과 공감으로 나타났을 수 있다.

한 심리학자의 설명에 의하면 공감능력이란 대부분 감정적이고 직관적이어서 대부분 자신의 경험에 기초하여 자기중심적으로 해석하는 경향이 있다고 한다. 모든 사람이 공감할 수 있는 강한 정서적 상황에서는 공감반응의 정확도가 높을 수 있지만 각자 살아 온 경험에 따라 개인차가 큰, 비교적 약한 수준의 정서적 상황에서는 상대방의 감정 반응에 대해 지극히 개인적이고 편향적인 해석을 할 수 있다. 이런 상황들은 수많은 인간관계에서는 오해를 초래하고 소통을 막는 주범이 되기도 한다고 한다.

공감과 구분되는 또 다른 종류의 타인을 이해하고 알아주는 능력인 '관점이동능력'은 자신의 것과는 전혀 다른 타인의 선호, 의도, 신념 등을 파악하는 능력이다. 세상에는 다양한 사람들이 각자의 경험을 통해 행동하므로 타인에 대한 정확한 이해를 위해 자신의 경험을 그대로 투사해 상대방을 이해하려고 하기보다 상대방이 이전에 보였던 행동들과 현재 주어진 상황을 최대한 고려해 다음 행동을 추론해내는 고도의 계산과정이 더 효과적일 수 있다. 이때 활용되는 능력이 바로 '관점이동능력'이다.

타인을 알아주는 대표적인 방법인 '공감능력'과 '관점이동능력'의 차이를 간단하게 요약하면 '공감능력'은 정서적이고 직관적인 측면이 강한 반면 '관점이동능력'은 인지적이고 분석적인 측면이 강하다. 따라서 어느 한 방법에만 치우칠 경우 타인에 대한 정확한 이해가 어려울 수 있다. 직관적인 부분과 인지적인 부분이 적절한 조화를 이룰 때 비로소 상대를 정확히 이해할 수 있다.

안영은 월석보를 자신의 처지와 경험에서 이해했기에 순간적인 동정으로 그를 구해내었지만, 월석보와 같은 인의를 추구하는 사람은 위기에서 구해주는 것 못지않게 예의로 대하는 태도를 중시한다는 것을 놓쳤던 것이다. 월석보의 충고를 통해 안영은 타인을 이해하고 알아주는 것에 대한 교훈을 얻었을 것이다. 타인을 이해하고 알아주는 자세를 갖게 된다면 의리와 절개를 지킬 수 있다는 것이 그의 생각이었다.

상대의 입장을 공감하지 않고 다른 사람을 포용하는 것은 거의 불가능하기 때문이다.

안영이 아내를 대하는 태도에서도 이를 확인할 수 있다. 초나라 사신으로 가서 국위를 선양하고 온 공로를 치하하기 위해 경공이 안영의 집에 행차하였을 때였다. 경공은 술자리에서 시중을 드는 안영의 아내를 보고나서 말했다.

"저 여인이 경의 아내인가? 너무나 늙고 못났도다. 과인의 딸이 젊고 아름다우니 그대에게 주리라."

그러자 안영은 이렇게 대답했다.

"여자가 시집와서 남자를 성심성의껏 섬기는 것은 훗날 늙어서 보기 싫을지라도 자기를 버리지 말아 달라는 부탁과 믿음 때문입니다. 신의 아내가 비록 늙고 보기 싫으나 이미 신은 아내에게 그런 부탁과 믿음을 약속하였습니다. 이제 와서 동고동락한 아내를 어찌 저버릴 수 있겠습니까?"

안영은 경공의 제안을 일언지하에 거절하였다.

안영이 명재상으로 의리와 절개를 지키고 겸손한 태도로 일생을 보냈던 것은 월석보의 예에서도 보여주었듯이 '타인을 알아주는 교훈'을 실천했기 때문이라고 생각한다.

한때 자신을 의심하고 미워한 장공을 피해 고향으로 내려가 농사를 지으며 살고 있던 안영은 최저라는 간악한 무리들이 장공을 시해했다는 소식을 듣고 궁으로 달려온다. 장공은 비록 자신에게 매정하게 대했지만 군주의 죽음에 대한 예의를 갖추고, 간악한 무리들의 군주 시해가 잘못된 것임을 지적하기 위해 목숨을 걸고 달려온 것이다. 최저의 무리들이 보는 앞에서 그는 장공의 시신 앞에 엎드려 대성통곡을 한다. 실로 목숨을 건 행동이었다. 하지만 그의 신하로서의 의리와 예의를 감히 막을 자가 없었다.

사마천은 안영을 생각하며 '오늘날 안영이 살아있다면 나는 그를 위해 마부가 되어도 좋을 만큼 그를 흠모한다'고 말했다. 진심으로 타인을 알아주고, 이해하는 지도자는 시간과 공간을 떠나 뭇사람들의 존경을 받는 법이다.

> 석부왈, "불연, 오문군자굴어부지기이신어지기자. 방오재유설중, 피부지아야. 부자기이감오이속아, 시지기; 지기이무례, 고불여재 라설지중"
> (石父曰, "不然, 吾聞君子屈於不知己而信於知己者. 方吾在유설中, 彼不知我也. 夫子旣已感寤而贖我, 是知己; 知己而無禮, 固不如在 라설之中")

> 월석보가 말하였다. "그렇지 않습니다. 제가 듣건대 군자는 자신을 알아주지 않는 자에게는 자신의 뜻을 펴지 않지만, 자신을 알아주는 자에게는 자신의 뜻을 펼친다고 합니다. 내가 갇힌 몸이 되어있는 동안 옥리들은 나를 알아주지 못하였습니다. 하지만 공께서 나를 풀어준 것은 나를 알아주었기 때문입니다. 그런데 알아주는 것 같으면서 예를 갖추지 못한다면 그저 죄수의 몸으로 있는 것만 못한 것입니다."

사마양저

전국 시대 제(齊)나라 때 활약한 장군이자 병법가이다. 본래 성은
전(田)씨다. 대부(大夫)를 지냈다. 제나라 경공(景公) 때 진(晉)나라
와 연(燕)나라가 동시에 침략하는 위급한 상황에서 재상 안영의
추천으로 장군이 되어 나가서 물리치고 잃어버린 땅을 되찾았다.
경공이 교외로 나가 맞이하며 노고를 위로하고 대사마(大司馬)로
높여 '사마양저'라 부르게 되었다. 나중에 다른 대부들의 참소를
당하여 쫓겨나자 병이 나서 죽었다.
전국 시대 제나라 위왕(齊威王)이 그의 용법 전술을 본받아 제후
(諸侯) 사이에서 강한 군대를 통해 위세를 드높일 수 있었다. 대
부들에게 옛날의 사마병법(司馬兵法)을 추론하게 하고 양저를 그
안에 넣었는데, 이 때문에 『사마양저병법』이라 불렀다.

우리는 경쟁의 시대에 살고 있다. 그리고 모두가 경쟁에서 승리하기

를 원하고 있다.

진정한 승리는 접전으로 인한 피해를 보지 않고, 다시 말하면 싸우지 않고 이기는 것이다. 경쟁을 피할 수 없다면 그리고 승리를 원한다면 싸움에서 이기는 법을 배워야 한다. 사마천은 『사기열전』에서 진정한 승리의 리더십을 보인 사마양저를 소개 하고 있다.

사마양저의 본래 이름은 '전양저'이다. 제나라의 명문귀족인 '전(田)'씨 가문에서 태어났지만, 서자라는 신분적 한계 때문에 사회에 진출할 수 없었던 비운의 인물이기도 하다. 신분질서가 뚜렷한 사회에서 서자로 태어난다는 것은 출생 자체가 비극이다. 관직을 얻을 수도 사회적으로 인정을 받을 수도 없는 미천한 신분으로 살아가야 하는 사람들이기 때문이다. 아예 평민이나 천한 가문에서 태어나면 그 생활에 적응하면서 살아갈 수 있지만, 아버지의 화려함 뒤에서 적자들이 누리는 혜택과 풍요로움을 보며 그것을 나눌 수 없는 상대적인 빈곤감을 가지고 살아가야 하는 불행한 사람들이다. 먹을 것이 없는 사막에서 굶는 것과 진수성찬을 차려놓은 밥상 옆에서 굶는 것의 차이와 마찬가지이다. 그런데 이 양저에게 드디어 기회가 찾아왔다.

제나라 경공 때의 일이다. 안정되었던 나라가 정치권력의 분열과 관리들의 부패와 무능으로 점차 혼란에 빠지게 되자 이를 눈치 챈 주변의 나라들이 기회를 놓치지 않고 제나라를 공격하기 시작했다. 주변국인 진나라(晉)와 연나라(燕)의 군대가 제나라의 국경을 넘어 몇몇 도시들을 함락하고 수도를 향해 진격해 오는 절박한 상황이 발생하였다. 혼란을 수습하고 군대를 파견하여 방어를 해보았지만 이미 쇠약해진 제나라의 군대는 잇따라 패배하고 만다. 제나라 경공은 다급해지기 시작했다. 그래서 자신이 실각시켰던 명재상 안영을 찾아 도움을 구한다. 안영은 인재를 알아보는데 탁월한 재상이었고, 사람을 소중히 하여 언제나 겸허한 태도로 일생을 살았던 중국의 명재상이었다. 그가 경공에게 위기에 빠진 제나라를 구하기 위한 적절한 인물을 추천했다.

"나라를 구할 자가 한 사람 있기는 합니다. 양저라는 자인데, 그는 비록 전씨의 서출이지만 그의 사람됨과 유능함은 많은 사람들의 마음을 사로잡고, 군사의 일은 적군을 위협할 만하니 왕께서 그를 한 번 만나 시험해 보시기 바랍니다."

경공은 그가 미천한 서자출신이라는 점이 마음에 걸리긴 했지만 상황이 너무 다급했기에 급히 양저를 불러 군사에 관해 이야기를 나누었다. 양저를 만난 경공은 그의 병법에 놀라고, 특히 나라를 생각하는 충성심에 감동하여 그를 장수로 삼아 군대를 이끌고 제나라의 수도를 향해 몰려오는 두 나라의 군대를 방어하도록 명령하였다. 장수로 임명되자 양저는 임금에게 부탁을 한다.

"저는 본래 미천한 신분이지만, 왕께서 이러한 저를 백성 가운데서 뽑아 중대한 임무를 주셨습니다. 그러나 병졸들은 제 신분 때문에 저에게 복종하지 않을 것이며, 백성들은 저를 신뢰하지 않을 것입니다. 이런 상황이라면 저는 미미하고 보잘것 없는 존재에 지나지 않습니다. 그러니 왕께서 총애하시고 온 백성이 존경할 만한 고귀한 신분에 있는 신하를 함께 임명하시어 군대를 감독하도록 해주십시오."

양저의 부탁이 일리가 있음을 알고 경공은 자신이 총애하던 신하인 장고(莊賈)를 군대의 감독으로 임명했다. 두 사람은 왕께 하직인사를 드리고 나오며 약속을 한다. 양저는 장고에게 지금 한 시가 급하니 내일 정

오까지 군영에서 만나기로 약속하고 양저는 급히 말을 달려 군영으로
향했다.

장고는 왕의 신임을 받고 있었고, 권세 있는 가문의 자손이었기 때문
에 교만하기 이를 데 없는 사람이었다. 사태의 심각성보다 임금에게 인
정을 받았다는 것이 그에게 더 큰 자랑거리였다. 그런 장고의 눈에 들기
원하는 측근들과 친지들은 왕에게 인정받음을 축하하며 송별연을 마련
하고 먹고 취하기를 계속했다. 연회는 밤새도록 그치지 않았고, 다음날
이 돼서야 마쳤다. 정오가 되어도 술에서 깨어나지 못한 장고는 이미 군
영에 장수인 양저가 가 있으니 천천히 가도 된다는 생각에 꾸물대며 거
의 저녁때가 돼서야 군영에 도착했다. 군대의 정문 앞에서 그를 기다리
고 서있던 양저가 술에 덜 깬 장고를 보고 물었다.

"어째서 약속시간보다 늦었습니까?"

장고는 대수롭지 않다는 듯이 거만한 태도로 답했다.
"권세 있는 자들과 고위직에 있는 친구들 그리고 친지들이 송별연을
베풀어 주어 지체되었소."

양저는 병사들이 모두 들으라는 듯이 큰 소리로 말한다.
"장수란 명령을 받은 그날부터 집을 잊고, 군영에 이르러 군령이 세
워지면 친지들을 잊으며, 북을 치며 급히 진군할 시기가 되면 자신을 잊
어야 합니다. 지금 적군들이 나라 깊숙이 쳐들어와 영토를 빼앗기고, 병
사들은 국경에서 뜨거운 비바람을 맞고 있습니다. 왕은 편히 잠자리에
들지 못하고 음식을 들어도 단맛을 느끼지 못합니다. 백성들의 목숨이
장수에게 달려있거늘 송별회가 무엇이란 말입니까?"

그리고 양저는 옆에 있던 군대의 법무관(軍正)에게 질문했다.

"군법에 약속시간을 어기면 어떻게 하도록 되어 있는가?"

장고의 지위와 왕과의 관계를 잘 알고 있는 법무관은 머뭇거리며 대답했다.

"참수라고 되어있습니다만…"

양저는 단호하게 명령했다.

"집행하라."

다급해진 장고는 사람을 보내 왕에게 도움을 구해보지만 왕의 사절이 도착하기 전에 그의 목은 잘려 병사들에게 본보기가 되었다. 양저는 병사들을 향하여 크고 단호한 어조로 말했다.

"장수가 군영에 있을 때에는 왕의 명령도 받들지 않을 수 있소."

존귀한 신분을 가진 사람도, 임금의 총애를 받는 사람도 목이 베일 수 있다는 사실을 목격한 병사들은 두려움에 떨었다.

군령을 엄격히 세운 후 양저는 병사들 사이를 다니며 본격적인 전쟁 준비를 시작했다.

그는 군대의 막사와 우물, 그리고 아궁이와 먹거리를 가장 먼저 점검했다. 그리고 이전의 전투에서 부상을 당했거나 병으로 고통 받고 있는 병사를 몸소 찾아 약을 챙기는 일까지 자신이 직접 챙겼다. 당시 군대에는 계급에 따라 그리고 전쟁 수행 능력에 따라 차등을 두어 식량과 군수품이 보급되었다. 장군에게는 당연히 양식과 재물이 많이 배당되었을 것이다. 양저는 자신에게 배당된 몫을 모두 풀어 나누어주고, 자신은 병사들 중 가장 허약한 병사와 같은 몫의 양식을 받았고, 그 음식을 병사들과 함께 앉아 먹었다.

장수가 새로 임명되어 전투를 수행하기 위한 준비를 한다면 가장 먼저 정비하고 검토해야 할 곳은 당연히 무기나 전쟁의 수행에 필요한 장비들일 것이다. 눈앞에 적국의 병사들이 진을 치고 공격해 오는 다급한 상황에서는 더더욱 군비를 점검하는 것이 시급하고 중요하다. 그런데 놀랍게도 양저는 우물가와 막사, 그리고 먹거리와 식사를 준비하는 아궁이를 먼저 살폈다. 전쟁은 사람이 하는 것이며, 전쟁의 승패는 사람에게 있다는 것을 양저는 분명히 알고 있었기 때문이다.

이 병사들은 어떤 사람들이었는가? 장군으로 임명된 양저의 출신과 신분을 문제 삼아 그에게 충성심도 신뢰도 주지 않았던 사람들이다. 하지만 양저는 이들의 기본적인 필요를 먼저 점검함으로써 병사들의 마음을 얻는 것이 군비를 점검하는 것보다 더 중요하다고 생각했다.

전쟁에서 승리하기 위해서는 두 가지 요인이 우세해야 한다. 최근 이를 하드 파워와 소프트 파워라는 개념으로 설명하기도 한다. 즉 군대의 장비와 무기, 전쟁을 수행하기 위한 인프라 즉 보급과 정보, 유리한 지형과 요새 등을 하드 파워라고 한다면, 직접 전쟁을 수행하는 병사들의 개인적인 역량, 정신적 자세, 용기와 충성심, 사기 등과 같은 것을 소프트 파워라고 한다. 무기와 장비가 우세해도 병사들의 전투의욕과 사기, 충성심이 허약하면 결코 전쟁에서 승리할 수 없다. 반대의 경우도 마찬가지이다. 아무리 열정과 충성심이 뛰어난 병사라도 전투를 위한 준비가 취약하면 승리하기가 쉽지 않다. 고대의 전투에서 하드 파워는 거의 비슷했다. 차이가 승패를 결정할 만큼 크지 않았다는 이야기이다. 결국 전쟁의 결과는 병사들의 사기가 좌우한다고 할 수 있다.

최단기간 1천만 관객 동원에 성공한 영화 '명량'(2014)에서 불과 12척의 전함만으로 일본의 300여 척이 넘는 세력을 방어한 이순신 장군과 그의 병사들 이야기를 만날 수 있다.

영화 전반에 걸쳐 강조하는 것은 병사들의 군령에 대한 자세, 그리고 국가를 위해 충성하는 것이 무엇인가 하는 문제, '죽고자하는 자는 살 것이고, 살고자 하는 자는 죽을 것(必死則生, 必生則死)'이라는 한 인생의 철학적 문제를 중요하게 다루고 있다.

'불과 열두 척밖에 없는'이라는 인식을 '우리에게는 아직 열두 척이나 되는(尚有十二 舜臣不死)'이라는 생각으로 전환시켜 용기와 자신감을 불어넣는 지도자의 의지를 만나게 된다. 전쟁의 승리와 패배에 전쟁을 수행하는 병사(사람)들의 의지가 얼마나 결정적인 요인이 되는가 하는 것을 잘 보여준다. 열두 척이 삼백여 척을 이길 수는 없다. 하지만 용기와 사기가 고조되면 승리에 대한 확신과 열정이 그들을 가만히 놔두지 않는 법이다. 나가서 지형을 살피고, 승리를 위한 조그마한 가능성에도 집중할 수 있게 해준다. 울돌목의 소용돌이 물결과 그 소용돌이가 일어나는 시간을 정확히 예측하고 관찰하는 지혜가 생기는 법이다.

양저는 이러한 원리를 정확히 알고 있었다. 병사들은 소모품이 아니고, 어쩔 수 없는 전쟁에 끌려나와 그저 언제 죽을지 모르는 채 절망하고 있는 숙명적 처지가 아니라는 점을 일깨우는 것이 시급했다. 그래서 그는 이 병사들이 존재 자체로도 충분히 가치가 있는 자들임을 증명하려 했던 것이다.

사람으로서 반드시 대우 받아야 할 기본적인 먹거리와 질병으로부터의 해방, 그리고 안락한 주거환경을 조성하는 것이 무엇보다 중요하다고 생각했다. 그가 무기창고 점검에 앞서 아궁이와 병사들의 막사를 정비한 이유이다.

그 다음 조치는 병사들 사이의 만연해 있던 불평등을 해소시키는 것이었다. 어떤 조직이든 조직상의 서열이 존재한다. 업무의 효율성을 위해 명확한 명령체계는 필수요인이다. 문제는 조직원들 개인 간의 차이에서 오는 수평적 구조에도 불평등이 존재한다는 사실이다. 수평적 구조에서 오는 불평등은 조직의 통합성을 해치는 가장 큰 적이다.

한 개인의 능력보다 팀워크를 요구하는 일이 많은 구조 속에서 개인 간의 능력 차이에서 오는 차이를 용납하는 것은 쉽지 않은 일이다. 또한 수평적 구조 속에서도 보이지 않는 경쟁이 타인에 대한 경계와 배척으로 나타나기도 한다.

오늘날 사회관계에서 집단 따돌림이나 무관심 혹은 가학이나 조롱의 대상이 되는 사람들은 대부분 약자들이다. 개인의 능력이 다소 떨어지거나 성격이나 태도, 신체적 조건들이 상대적으로 열등한 사람들이 그 대상이 된다. 군대에서 병들어 누워있는 사병들이 대우를 받거나 존중을 받는 예는 극히 드물다. 팀별로 성과를 측정하는 일이 많아 질 때, 약자들에 대한 편견은 더욱 커지는 법이다.

양저가 군영에 도착했을 때 이러한 군대 내의 불평등을 목격했다. 그래서 그는 병든 병사들을 위해 약봉지를 직접 들고 가 그들의 상처를 챙겼던 것이다. 지금은 당장 누워 병치레를 하고 있지만 이전에 그랬던 것처럼 당신도 우리의 소중한 한 구성원이며 그 역할을 담당할 주인공임을 인정해주는 것이다. 장수인 자신에게 배당된 모든 특권을 포기하고 가장 허약한 등급의 병사들과 함께 식사를 하고 그들과 동일한 처우를 자청한 것 역시 전쟁에서는 장수나 일개 사병이 모두 각자의 역할은 다르지만 동등하고 동일한 가치를 지니는 존재라는 점을 강조한 것이라 할 수 있다.

양저의 용병술은 사실상 거창하거나 대단한 것이 아니라 전쟁을 수행하는 모든 사람들이 '전투'라는 긴박한 상황에서 모두 각자의 기능을 감당하는 소중한 존재임을 인정해주는 것이었다.

세 번째 양저가 군대의 책임자의 역할을 하면서 가졌던 자세는 '버리는 것'이었다. 이는 임금의 총애를 등에 업고 방자하게 행동한 장고를 질책하는 내용에서 분명하게 드러난다.

장수는 명령을 받은 그날부터 집을 잊고, 군영에 이르러 군령 하에 있을 때에는 친지나 친우들을 잊으며, 북을 치며 급히 나아가 공격할 때는 자신을 잊어야 한다는 것이다.

전투에 임하는 자는 많은 것들을 잊어야 한다.

명령을 받아 임무를 받게 되면 그 순간부터 집(家)을 잊어야 한다. 여기서 집이 의미하는 것은 그 사람의 정체성을 만들어준 가문, 신분을 의미한다. 가문의 전통이나 출신 배경이 중시되는 사회에서 이러한 자신을 규정짓는 여러 요인이 사실상 전쟁의 수행과는 무관하다는 이야기를 하고 있는 것이다. 처음 양저가 장수로 임명되었을 때 그의 출신과 신분을 문제 삼아 복종과 신뢰를 주지 않았던 병사들과의 관계를 생각해볼 필요가 있다. 전투에 임하고 있으면서 여전히 출신과 배경을 문제 삼는 것은 효율적인 전투에 장애가 된다는 것이다. 군영에 들어서는 순간 친지나 친우들을 잊어야 한다. 이는 그가 그 동안 맺어온 사회적 관계들을 정리해야 한다는 말이다.

목숨을 담보로 하는 긴급한 전투상황에서 그의 세력이 되어왔던 우군이나 측근, 파당 등은 사실상 아무런 의미가 없다. 이러한 것들에 집착하면 오히려 군대 내에서도 파당과 파벌을 형성하고, 세력을 갖게 되어 통일적인 작전을 수행하는 데 방해가 되는 법이다.

끝으로 전투 상황이 벌어지면 자신을 잊어야 한다. 사적인 이익이나, 체면, 자존심 등은 적의 화살과 칼날 앞에 아무런 의미가 없다. 이것이 바로 양저가 이해하는 전투이며 그와 함께 전투를 수행하는 병사들에게 알려주고자 한 교훈이었다.

양저는 집과 사회적 관계, 그리고 자신을 모두 잊고 오로지 승리를 통해 국가를 위기에서 구해내고자 하는 생각만을 가졌다. 그래서 출신이나 배경, 그리고 개인의 체면이나 자존심을 쉽게 잊을 수 있었다. 그리고 그것만이 가장 효율적인 전투를 위한 방법이며 승리의 관건임을 잘 알고 있었다.

이러한 조치들을 통해 사마양저는 병사들의 기본적인 존재감을 확인시킬 수 있었고, 그들의 존재의 가치와 의미를 분명히 했으며, 자신의 모든 것을 잊고 병사들과 생사를 같이 할 수 있는 명분을 얻었던 것이다.

오늘날 우리는 크고 작은 경쟁 속에서 살고 있다. 보이지 않는 총성 속에서 전투를 수행하고 있다고 할 수 있다. 우리가 더불어 살고 함께 힘을 합쳐 싸워야 할 환경에서 가장 중요한 요인은 '우리' 이다. 이들 싸움에 우리는 각자 자신의 기능을 다해야 하고, 스스로 존재의 가치를 느껴야 한다. 지도자는 모든 구성원들이 가치 있는 존재임을 인정해야 한다. 이들이 각자의 위치에서 서로 다른 기능을 하지만 그 기능 하나하나가 전체의 생존에 필수적 요인이라는 사실을 인식해야 한다.

양저의 군대가 변했다. 불과 사흘 만에 병사들이 자리를 박차고 일어나기 시작했다. 병들어 누워있던 병사들까지도 싸움에 나설 것을 자청한다. 군대의 사기는 그 어느 때보다 높았고, 병사들의 눈은 결전의 의지로 충만해졌다. 첩자들을 통해 양저의 군영에서 일어난 일들을 보고받은 진나라의 장수는 싸움을 포기하고 병사들을 돌려 철수를 시작했다. 진나라보다 세력이 약했던 연나라 역시 싸움을 포기하고 퇴각을 명령했다. 이 기회를 양저는 놓치지 않고 두 나라의 군대를 습격하여 그들이 전에 잃었던 땅도 회복하고, 상대의 군대에 치명적인 타격을 입히고 승리한다.

우리는 사마천이 소개한 사마양저의 이야기를 통해 승리를 위한 방법론을 생각해보았다. 양저의 리더십이 보여준 '함께 승리하는 방법'에 대한 교훈이 실제 우리의 삶에 적용되기를 희망해본다.

> 장수명지일즉망기가, 임군약속즉망기친, 원포고지급즉망기신
> (將受命之日則忘其家, 臨軍約束則忘其親, 援枹鼓之急則忘其身)
>
> 장수란 명령을 받는 즉시 집을 잊고, 군영에 이르러 군령을 약속하게 되면 친우나 측근을 잊어야 하며, 북채를 잡고 공격명령이 떨어지는 급한 상황에서는 자신을 잊어야 한다.

이사
(李斯, ? ~ 기원전 208)

이사는 전국시대 말기 초나라의 상채(上蔡, 지금의 하남성 상채 서남)에서 태어났다. 그는 일찍이 하급군관으로 관리생활을 시작했으나, 야심이 커서 제나라로 건너가 순자의 문하에서 학문을 연마한다. 이때 법가를 집대성한 한비와 함께 공부하다가 스승의 만류에도 불구하고 진나라로 건너가서 자신의 야망을 펼쳤다. 그는 진시황이 6개국을 통일하는 데 모략과 정책을 제시하여 진제국의 건립과 중국의 대통일에 큰 공을 세웠다.

그러나 그는 개인의 영달과 출세라는 사욕과 이를 충족시키기 위한 야망이 너무 컸다. 지도자가 갖추어야 할 인품을 추구하기보다 명리를 좇았고, 이익 앞에서 의리를 저버렸다. 진시황이 죽은 뒤 조고(趙高)에게 매수되어 2세 황제 호해(胡亥)를 위해 유서를 위조하는 잘못을 저질렀으며, 끝내는 조고의 모함에 빠져 자신과 가문을 망치고 말았다.

"비천한 자리에 있으면서도 아무런 계획을 세우지 않는 것은 짐승이 고기를 보고도 사람들이 자기를 쳐다본다하여 억지로 참고 지내는 것과 같습니다. 그러므로 가장 큰 부끄러움은 낮은 자리에 있는 것이며 가장 큰 슬픔은 경제적으로 궁핍한 것입니다. 오랜 세월 낮은 자리와 곤궁한 처지에 있으면서 세상의 부귀를 비난하고 영리를 하찮게 여기며 스스로 아무것도 하지 않고 오히려 남에게 의탁하는 것은 선비의 마음이 아닐 듯합니다."

초나라(楚) 출신인 이사가 큰 뜻을 품고 제나라의 직하학궁에서 순자에게 공부를 배운 뒤 고국으로 돌아가지 않고 진나라로 가면서 스승에게 남긴 말이다. 재물과 군사력에만 의지하여 도덕과 명분을 소홀히 하고 천하 제패에만 열을 올리고 있는 진나라에 자신의 제자가 가겠다고 하는 것이 스승 순자의 마음에는 들지 않았을 것이다. 게다가 초나라 출신인 이사가 지금은 쇠약해졌지만 한때 장강을 중심으로 우수한 문화와 번영을 구가했던 초나라에서 중요한 역할을 하였으면 하는 바람이 있었기에 이사가 진나라로 가는 것을 만류하던 참이었다.

하지만 이사의 결심은 완고했다. 그가 젊은 시절 초나라에서 하급군관으로 있을 때 더럽고 누추한 관청의 변소에서 서성이던 쥐들을 본적이 있었다. 변소 주위의 쥐들은 사람이나 개가 나타나면 놀라 벌벌 떨면서 어쩔 줄을 몰라 했다. 하지만 창고에 있는 쥐들은 산더미처럼 쌓여있는 곡식들을 여유롭게 먹으며 사람이나 개가 와도 두려워하지 않고 오히려 안중에 없다는 듯 행동하는 모습을 보였다. 이사는 변소와 창고에 있는 쥐들의 모습을 보면서 '사람 역시 그가 어질거나 못났다고 하는 것은 자신이 처해 있는 환경에 달려 있을 뿐' 이라고 생각했다.

이사가 자신의 뜻을 펼칠 곳으로 진나라를 선택한 것은 쥐의 비유에서 알 수 있듯이 환경의 중요성을 인식했기 때문이다. 초나라 왕은 섬길만한 인물이 못되고 여섯 제후국은 모두 약소하여 공을 세울만한 나라가 될 수 없다고 판단하였다.

이사는 자신의 진나라 행을 정당화하기 위해 자신에게 가르침을 주었던 스승 순자를 비롯하여 명분론에만 너무 집착하고 있는 당시의 학자들을 비난하기까지 했다. 결국 이사는 진나라로 갔고, 당시 진나라 재상이었던 여불위의 사인(舍人)으로 있다가 진시황의 시위관으로 임명된다. 그리고 진시황이 그의 능력을 인정하여 정위(사법관)를 거쳐 승상에 임명했다. 이사는 법가의 사상을 활용하여 진나라의 천하통일에 결정적인 역할을 수행한다.

평범한 가정에서 태어나 하급군관이었던 이사가 중국 최초의 통일왕국 진나라의 승상이 되는 이야기를 사마천이 소개한 내용이다.

한 인간의 성공적인 삶을 소개하는 듯 보이지만 『사기열전』의 '이사열전'을 자세히 읽어보면 그의 삶을 성공적이었다고 말하지 않는 것을 알 수 있다. 스승 순자와의 대화내용을 열전의 가장 첫머리에 소개한 것만 봐도 사마천의 생각은 세인의 평가와 분명 차이가 있었다.

그렇다면 우리는 '사람의 성공과 실패가 환경에 달렸을 뿐'이라는 이사의 생각에 대해 좀 더 분명한 정리를 해야 할 필요성을 느낀다.

낮은 자리에 머물러 있고 경제적으로 곤궁한 상태에 있는 것이 가장 부끄럽고 슬픈 일인가? 하는 문제에 대해서도 검토할 필요가 있다. 언뜻 보면 곤궁한 처지에 있고 낮은 자리에 있으면서도 남에게 의지하고, 세상의 부귀와 공명을 시기하고 비난하는 태도를 지적하는 것처럼 보이지만 사실 이사는 그 다음 논리에서 '처지와 주어진 환경' 문제를 제기 한다. 사람이 낮고, 곤궁한 자리에 있는 것을 주위환경 탓으로 돌리고, 수단과 방법을 심지어 윤리적 명분을 버리고서라도 좋은 환경에 들어가서 출세를 하는 것을 정당화하는 듯한 이사의 생각을 읽을 수 있다.

이사가 황제에게 올린 상소문이라든지 그가 표방한 정책들을 볼 때, 이사라는 사람은 역사적 평가 이상으로 지혜와 학식이 뛰어난 사람이었음엔 분명하다. 그가 스승의 곁을 떠나며 진나라에 가서 천하통일의 과업을 이루는데 자신이 큰 역할을 할 것이라고 큰소리 칠만 했다는 생각도 든다. 하지만 '이사열전'에서 이어지는 그의 인생은 결국 그의 자리와 재물을 내려놓지 못해 선왕의 유서를 위조하였고, 충분히 진나라의 번영을 위해 일할 수 있는 사람(진시황의 적장자인 부소)과 충신(몽염 장군 등)들, 황손들을 희생시키는 오점을 남기고 만다. 그가 추구한 높은 자리와 풍요로운 생활의 집착으로 인해 조고라는 간신의 농단에 휘말려 자신은 물론 가문이 멸문지화를 당하는 결과를 초래한다.

흔히 이사의 삶은 같은 시대를 살았고, 함께 공부했던 한비(韓非)의 삶과 비교되곤 한다. 순자의 문하에서 함께 공부한 한비는 한나라(韓) 출신이다. 그는 자신의 학문적 이상을 실현하고 출세를 위해 강대국을 찾는 대신, 쇠퇴의 길을 걷고 있는 조국을 선택했다. 비록 받아들여지지 않고 무시되고 말았지만 국가를 위기에서 구하기 위한 방안을 여러 차례 왕에게 올렸다. 하지만 당시 한나라의 임금이나 조정의 신료들은 부패와 쾌락에 빠져 그의 충언을 귀담아 듣지 않았다. 자신의 학문적 성과와 국가를 위한 정책들이 무시되는 상황에서 그는 좌절하거나 포기하지 않았고, 조용히 물러나 자신의 생각을 정리하여 마침내 『법가』를 집대성하는 업적을 남긴다.

그의 사상과 정책들은 진나라의 왕에게 전해졌고, 진시황은 그를 한 번 만날 수 있다면 죽어도 여한이 없겠다는 최고의 찬사를 보냈다. 마침 내 진시황을 만났지만 당시 재상이었던 이사가 한비의 능력을 잘 알고 있었기에 그를 진시황과 단절시킨다. 그래서 한비는 모처럼 알아주는 사람을 만났건만 타국에서 비참한 최후를 맞게 된다. 이사와 한비의 삶 의 모습은 이처럼 다르다.

한 사람은 통일왕국의 재상으로 오랫동안 부귀와 권세를 누렸고, 다 른 한 사람은 고국에서 버림받고, 타국에서 자신의 뜻도 펼치지 못한 채 비참하게 죽어갔다. 하지만 한 사람은 탐욕과 부정, 그리고 본받지 말아 야 할 지도자의 대명사로 평가되고, 다른 한 사람은 수천 년의 역사 속에 수많은 제왕들의 통치술과 철학, 정책 수행에 도움을 주면서 지금도 살 아있다. 역사에서 살아 숨 쉬는 삶이 어떤 삶인가를 잘 알려주는 인생들 이다.

> 처비천지위이계불위자 차금록시육 인면이능강행자이
> (處卑賤之位而計不爲者 此禽鹿視肉, 人面而能彊行者耳)
> 고후막대어비천, 이비막심어궁곤
> (故詬莫大於卑賤, 而悲莫甚於窮困)
> 구처비천지 위곤고지지 비세이악리, 자탁어무위
> (久處卑賤之位, 困苦之地 非世而惡利, 自託於無爲)
> 차비사지정야
> (此非士之情也)

비천한 지위에 있는 자가 아무런 계획을 세우지 않는 것은 마치 짐승이 고기를 앞에 두고 사람들이 쳐다본다는 이유로 그냥 지나침과 같다.

따라서 비천함만큼 부끄러운 것이 없으며 곤궁한 것만큼 슬픈 것도 없다.

오랫동안 비천하고 곤궁한 처지이면서 세상의 부귀를 비방하기만 하고 남의 이득을 부정하며 스스로 아무것도 하지 않는 것을 자랑으로 여기는 것은 선비의 정서가 아닐 것이다.

인상여

전국 시대 조(趙)나라 출신의 정치가이다. 집안이 가난하여 조나라의 환관 무현(繆賢)의 사인(舍人)으로 일했다. 혜문왕(惠文王) 때 진나라 소왕(秦昭王)이 유명한 구슬인 화씨벽(和氏璧)을 진나라의 성 15개와 바꾸자고 요구해 왔다. 고민에 빠진 혜문왕에게 무현의 천거로 왕명을 받들고 진나라에 사신으로 가서 기지를 발휘하여 구슬도 보전하고, 진나라의 위협도 무사히 해결하고 돌아왔다. 이후 여러 차례 공을 세워 상대부(上大夫)가 되었다.

혜문왕 20년 진나라의 왕과 조나라의 왕이 민지(澠池)에서 회담하는 자리에서 조나라 왕이 수모를 당하지 않도록 한 공으로 상경(相卿)의 지위에 올랐다. 장군 염파(廉頗)보다 높은 지위였다.

염파가 이를 모욕이라 여겨 인상여를 해치려하였으나 인상여는 몸을 낮추고 염파를 피했다. 염파와 충돌하지 않고 피한 것이 조나라의 안전을 위해 그랬다는 사실을 안 염파가 자신의 잘못을 뉘우치고 사죄하였고, 인상여는 염파와 문경지교(刎頸之交)를 맺었다.

완벽을 위한 사투

사마천은 조나라 혜문왕 시절에 활약한 염파라는 장수와 인상여라는 재상을 열전에서 소개하고 있다. 인상여는 혜문왕이 총애하던 환관 무현(목현이라고도 일컬음)의 집사로 있던 신분이 미천한 사람이었다. 하지만 자신이 모시고 있던 환관이 임금에게 큰 죄를 지었을 때 조언을 하여 목숨을 구하게 했던 것으로 보아 지혜를 갖춘 총명한 사람이었다.

조나라 혜문왕은 큰 고민이 생겼다. 초나라의 '화씨의 벽'(한비자에 소개된 초나라 화씨가 발견한 귀중한 보물을 말한다. 당시 제후들은 전국에서 이름난 보물을 손에 넣으면 자신들이 패자의 정통성을 갖는다고 생각했다)을 손에 넣었는데, 이를 안 강대국 진나라 왕이 성(城) 15개와 그 보물을 바꾸자며 비록 제안의 형식을 띠었지만 사신을 보내 위협했기 때문이다. 15개의 성을 넘겨주지 않을 것은 분명한데, 이를 빌미로 보물을 빼앗고, 조나라의 자존심을 꺾으려는 의도를 알았기 때문이다. 고민하는 혜문왕에게 환관 무현은 인상여를 추천했다.

이렇게 해서 인상여는 혜문왕을 만나게 된다. 인상여를 만나자 혜문왕은 물었다.
"화씨의 벽을 넘겨주어야 하는가?"

인상여는 주저함 없이 대답했다.
"넘겨주셔야 합니다. 성과 바꾸자고 말하고 있지만 분명 그렇게 하지 않을 것입니다. 하지만 화씨의 구슬을 넘기지 않으면 이를 빌미로 조나라를 침략할 것입니다. 만약 보물을 넘겨주었는데, 진나라가 15개의 성을 내어 주지 않는다면 그것은 진나라의 허물이 될 것입니다."

이렇게 말하면서 '화씨의 벽'과 함께 자신을 사신으로 보내달라고 요구했다. 자신이 반드시 조나라의 위기를 해결하고, 동시에 '화씨의 벽'을 지키겠다고 다짐하였다.

혜문왕은 다소 석연치 않은 구석이 있었지만 너무 당당한 인상여의 태도로 인해 그를 사신으로 진나라에 파견했다.

보물을 가지고 조나라에서 사신이 왔다는 소식을 듣고 진나라 왕은 궁전의 한 누각에서 인상여를 맞이한다. 보물을 건네자 기뻐하며 이를 비빈과 신하들이 함께 돌려보며 흡족해하였다.

여러 정황으로 보아 성을 받을 것이 불가능해 보이자 인상여는 그 보물에 한 가지 흠이 있는데, 그것을 알려주겠다고 하면서 '화씨의 벽'을 다시 돌려받는다. '화씨의 벽'을 손에 넣은 인상여는 돌연 갑자기 얼굴빛을 바꾸어 결연한 표정을 지으며 누각의 한 기둥 앞에 기대어 서서 말했다.

"진왕의 제안을 받았을 때, 조나라에서는 임금과 신하들이 모여 회의를 했습니다. 모두가 진나라 왕이 결코 성을 주지 않을 것이므로 이 보물을 보내서는 안된다고 말했습니다. 그 때 저는 진나라와 같은 큰 나라의 위엄이 있는데 그럴리가 있느냐고 말하며 많은 사람들의 반대에도 불구하고 예를 갖추어 이 보물을 가지고 왔습니다. 그런데 왕께서는 예의를 갖추지도 않고 사신을 평범한 누각에서 접견하고, 이 소중한 보물을 비빈들과 신하들이 함부로 돌려보는 등 조나라를 조롱하고 있습니다. 일반 백성들도 서로 사귐에 있어 서로 속이지 않거늘 하물며 진나라와 같은 큰 나라의 왕이 이럴 수 있습니까?

만약 왕께서 강제로 이 보물을 얻고자 한다면 이 보물은 신의 머리와 함께 기둥에서 박살나게 될 것입니다!"

인상여의 표정을 살피며 진나라왕은 급히 인상여를 달랬다. 이에 인상여는 "저희 군주께서 이 보물을 보내면서도 5일 동안 목욕재계하고 소중하게 다루었으니 진왕께서도 5일간 재계를 하시고 9빈의 예를 갖추신다면 이 보물을 넘겨드리겠습니다"라고 말했다.

이는 진나라왕이 성을 넘겨줄 생각이 전혀 없음을 분명히 알았기에 시간을 벌기 위함이었다. 진왕은 '화씨의 벽'을 손에 넣기 위해 할 수 없이 5일 동안 경건한 마음으로 목욕재계를 한다. 이때 인상여는 함께 온 측근 한 명을 분장시켜 '화씨의 벽'을 조나라로 다시 돌려보냈다.

목욕재계를 마친 진왕이 인상여를 불러 보물을 내어 달라고 요청했다. 인상여는 머리를 조아리며 말했다.

"진나라는 목공 이래 20여 분의 군주가 계셨는데 항상 주변국과의 협상에서 신의를 지키지 않았습니다. 왕께서도 성을 주시지 않을 것 같아 이미 '화씨의 벽'을 조나라로 보냈습니다."

허탈함과 분노에 찬 진왕이 참지 못하고 인상여를 죽이려하자 인상여는 말을 이었다.

"강대국과 약소국이 있는데 약소국이 강대국을 능멸하고 조롱하는 일은 없습니다. 임금께서 만약 '화씨의 벽'을 소유하고자 하시면 먼저 약속하신 15개의 성을 조나라에 넘기십시오. 그러면 기꺼이 조나라는 그 보물을 넘길 것입니다. 만약 그렇게 하지 않고 저를 해하신다면 천하는 진나라를 조롱하게 될 것입니다."

인상여의 말을 들은 진왕은 그에 대한 협박을 풀고, 명분을 세우기 위해 그를 사신으로 대접한 후 조나라로 돌려보내고, 다시는 '화씨의 보물'을 입에 거론하지 않았다고 한다.

벽(璧 ,보물): 둥근 옥으로 만든 보물)을 흠이 없게 한다는 의미, 또는 보물을 온전히 보전한다는 의미의 '완벽(完璧)'이라는 말이 바로 '완벽귀조(完璧歸趙, 보물을 보존하여 조나라로 돌려보냄)라는 인상여의 이야기에서 유래하게 된 것이다.

일개 환관의 집사에 불과했던 사람이 조국을 위해 자신의 머리를 부수겠다는 의지를 가졌다는 사실이 부럽고도 놀랍다. 조나라의 '화씨의 벽'은 단순히 보물, 재물의 의미보다 '조나라의 자존심'이었다. 한때 진나라와 어깨를 겨루고, 주변의 연나라와 제나라를 두려워하지 않았던 조나라가 조롱을 당하고 있고, 군주는 진나라 왕의 억지와 군사적 위협에 전전긍긍하고 있었다.

'완벽'을 추구하기 위해 자신의 목숨을 가볍게 여기는 평범하지만 충성스러운 신하가 있었기에 조나라는 국격을 유지할 수 있었다.

완벽을 추구하는 것, 완벽을 유지하는 것은 '사투(死鬪)'가 전제 되어야 함을 알려주는 내용이다. 우리 주변에는 환율로 장난을 하거나 군사력으로 혹은 막대한 시장을 내세우며 우리의 자존심과 국격을 조롱하는 나라들이 있다. 너무나 증거가 분명한 역사적 사실들을 왜곡하고, 자신들의 잘못을 인정하기는커녕 조롱과 거짓으로 일관하는 나라들도 있다.

심지어 같은 민족이지만 분단되어 오랫동안 살아온 북한의 철없는 지도자는 한 술 더 떠서 '남쪽 정부와 상대할 필요가 있는지 생각해 보겠다'며 억지를 부리고 있다.

당시 조나라에도 인상여와 같이 환관의 집사에 불과한 자 말고도 수많은 왕후장상들이 있었을테고, 자신의 지위와 학식을 뽐내는 자들이 있었을 것이다. 그런데 놀랍게도 '완벽'을 유지했던 것은 자신의 머리를 부수는 것을 두려워하지 않은 미천한 인상여의 역할이었다.

완벽은 사투에서 나오는 법이다.

생명을 걸고 군주의 위엄을 지켜내다

'화씨의 벽' 사건이 있고 몇 년이 흘렀다. 결국 진나라는 조나라를 공격하여 조나라로 가는 관문 중의 하나인 석성(石城)을 점령하고, 약 2만여 명에 달하는 조나라 사람들을 무참히 살해했다. 진나라의 침략을 막기 위해 염파를 비롯한 장수들은 최선을 다했지만 진나라는 조나라가 방어하기에 역부족이었다. 무력을 앞세워 기세등등하던 진나라 왕은 잠시 공격을 멈추고 조나라에 사신을 보냈다.

서하(西河)의 민지(澠池)라는 곳에서 조나라 왕을 만나 회담을 하고 싶다는 전갈이었다. 자국의 영토를 침범하고 수만 명의 자국민을 살해한 장본인이 만나서 회담을 하자는 전갈이 무엇을 의미하는 지 잘 알고 있었기에 조나라 왕은 두려워하며 회담에 응하려 하지 않았다.

그러나 염파와 인상여를 비롯한 신하들은 "만약 왕께서 회담에 응하지 않는다면 조나라는 나약하고 비겁한 나라라는 소리를 듣게 될 것"이라며 회담에 응하기를 종용한다. 인상여는 자신이 군주를 모시고 직접 동행하겠다고 나섰다.

내키지는 않지만 어쩔 수 없이 회담에 응하는 조나라 왕의 심정은 어떠했을까. 국경까지 마중 나온 염파 장군은 비장한 각오로 임금에게 말했다.

"이곳에서 회담 장소까지 거리와 회담 시간 등을 고려할 때 30일이면 족하다고 생각합니다. 만약 임금께서 30일 이내에 돌아오지 않으면 태자를 세워 왕통을 잇도록 허락해주십시오. 왕이 없어 우왕좌왕 하며 다른 나라들이 침략하는 빌미를 막기 위함입니다."

가장 신뢰하던 장수가 비통해하는 마음으로 전하는 이 말을 듣는 조나라 혜문왕의 심정은 더욱 비참했을 것이다. 그는 염파의 요청을 허락하고 국경을 넘어 드디어 회담 장소에 도착했다.

진나라 왕과 신하들은 거만한 태도로 조나라 왕을 맞이했다. 연회가 베풀어지고 드디어 본격적으로 진나라의 조나라 조롱이 시작되었다. 사마천은 당시 진나라 왕이 조나라 왕을 조롱했다고 묘사하였다. 먼저 진나라 왕이 조나라 왕에게 말했다.

"조나라 왕께서는 음악에 조예가 깊다고 들었습니다. 이 연회를 위해 거문고 연주를 부탁드립니다."

거문고를 미리 준비해 둔 것으로 보아 이미 계획된 것임이 분명하다.

마지못해 거문고를 연주하자 진나라 왕은 어사(御史)를 시켜 이를 기록에 남기도록 했다. 그 기록은 이렇게 되어 있었다.

"모년 모월 모시에 진나라 왕이 조나라 왕과 술을 마시는 자리에서 조왕에게 거문고를 연주하도록 했다!"

매우 모욕적인 처사가 아닐 수 없다. 이를 지켜보던 인상여가 가만히 있을 리가 없다. 그는 조왕에게 요청했다.

"진왕께서는 진나라의 음악을 즐기신다고 들었습니다. 조나라 왕과 연회를 위해 분부(옹기로 만든 타악기) 연주를 부탁드립니다."

인상여의 의도를 알아차린 진왕이 응할 리 없었다. 그리고 진왕 주변의 신하들도 이를 제지하려고 했다. 그러자 인상여가 말한다.

"임금과 저와의 거리는 얼마 되지 않습니다. 저를 만약에 무력으로 제지하신다면 신의 목의 피가 왕께 뿌려진다 해도 저는 계속 요청할 것입니다."

분위기가 돌연 험악해지자 하는 수 없이 진왕은 마지못해 인상여가 내민 악기를 툭툭 치며 대충 연주하는 척 했다. 이에 인상여는 바로 기록했다.

"모년 모월 모시 진왕이 조왕을 위해 악기를 연주했다."

이 광경을 지켜보던 진나라 신하들이 분을 이기지 못해 나섰다.

"조나라 왕은 조나라의 성 15개를 바쳐 진나라 왕의 장수를 축복해주십시오"

진나라의 신하들이 말도 안 되는 요구를 하며 조나라 왕을 협박하자, 인상여는 바로 엎드려 진나라 왕에게 요구했다.

"진나라 왕은 진의 수도인 함양을 조나라에 바쳐 조왕의 장수를 축복해주십시오."

현재 상황은 진나라가 조나라를 공격하여 영토와 수많은 인명을 살해한 긴장된 상황이었다. 왕의 자격으로 자리를 함께 하고는 있지만 조나라 왕과 그를 수행하는 신하들은 언제든지 생명을 잃을 수 있는 매우 급박한 상황이었다.

인상여의 행동이 합리적이었는가를 따지는 것이 사마천의 의도는 아니다. 목숨을 걸고라도 자신이 모시는 군주와 조국 조나라의 위엄을 지켜내려는 인상여의 충성된 모습을 말하기 위함이다. 이처럼 자신의 목숨을 아끼지 않고 국격을 지켜내려는 신하들의 모습을 보며 진나라 왕은 조나라에 대한 도발을 포기했다.

우직해보이고 불합리해 보이는 신하의 충직함이 국가를 위기에서 지켜낼 수 있다는 생각도 해본다. 때로는 너무 머리를 쓰며 이리저리 재는 것보다 우직해 보이는 무식함이 필요할 때도 있다. 진심이 넘치면 용기가 생기는 법이라고 사마천은 인상여를 평가하고 있다.

목을 베어줄 수 있는 사귐(刎頸之交)

인상여가 진왕과의 목숨을 건 회담으로부터 조나라 혜문왕을 지키고 무사히 조국으로 돌아왔다. 목숨을 아끼지 않은 충성심에 감격했던 조왕은 인상여의 관급을 높여 상경(上卿)에 임명하였다. 이 자리는 대장군 염파보다 더 높은 자리였다.

그러자 인상여와 마찬가지로 조국을 생각하며 최선을 다했던 염파가 분을 이기지 못하며 인사에 불만을 표시한다.

"나는 장수로서 국가를 위해 전장에서 늘 목숨을 담보로 싸웠고, 성과 요새, 전선의 선봉에서 적과 싸워 큰 공을 세웠다. 그러나 인상여는 겨우 혀와 입만 놀려 과분한 자리를 차지했다. 또한 인상여는 (환관의 집사 노릇이나 하던) 미천한 자가 아닌가!"

출신까지 들먹이며 인상여의 진급에 대해 강한 불만을 보이는 염파의 심정을 전혀 이해하지 못할 바도 아니지만, 타인의 공적을 자세한 내용도 모른 채, 자신의 입장만을 생각하며 폄하하는 염파의 모습이 장수답지 못하다는 것이 사마천의 지적이다. 아무튼 염파는 분을 이기지 못해 공공연한 자리에서 이렇게 말했다.

"만약 인상여를 만나면 반드시 모욕을 줄 것이다."

이 소식을 들은 인상여의 대응은 어떠했을까? 인상여는 염파 장군을 피하는 방법을 사용했다. 조회(朝會)가 열려 염파와 마주칠 상황이 생기면 병을 핑계대거나 다른 일을 구실로 그와 한자리에 만나는 것을 피했고, 혹시 외출할 때 염파 장군의 수레가 보이면 급히 자신의 수레와 함께 숨어 있다가 그가 지나간 후에 움직였다.

한두 번도 아니고 계속되는 이런 인상여의 태도에 화가 난 것은 인상여를 따르는 무리들이었다. 어느 날 인상여를 추종하던 자들이 인상여에게 말했다.

"우리가 가족과 친지를 떠나 나리를 섬기는 까닭은 오직 나리의 높은 절개와 강인함 그리고 국가에 대한 충성이라는 높은 뜻을 사모하기 때문이었습니다. 그러나 나리께서는 염파 장군보다 서열이 높음에도 불구하고 (비겁하게) 염파의 거짓 모함을 피할 뿐 대응하지 않습니다. 이는 평범한 자들도 부끄러워하는 일입니다. 이제 우리는 나리를 떠나고자 합니다."

갑작스런 추종자들의 항변에도 조금도 흔들림 없이 인상여는 말했다.
"이보게나, 자네들은 염파와 진나라 왕 중 누가 더 두려운가?"

인상여의 추종자들은 "그것이야 물론 진나라 왕이 더 두렵지요."

인상여는 정색을 하고 이들을 타일렀다.
"나는 진나라왕의 위세와 협박에도 굴하지 않고, 그를 진나라의 궁전에서 꾸짖었고, 또한 목숨을 위협하며 조롱하는 자리에서도 진왕과 그의 신하들을 부끄럽게 하였소. 지금 진나라가 우리 조나라를 감히 침공하지 못하는 것은 염파 장군과 내가 있기 때문이오. 만약 우리 둘이 싸운다면 이는 진나라의 침략을 돕는 일이 될 것이오."

잠시 말을 멈춘 인상여는 먼 하늘을 바라보며 생각에 잠겼다가 다시 추종자들을 향해 준엄하게 말했다.

"나도 부끄러움을 아는 사람이고, 특히 출신에 대해 비난 할 때는 얼굴을 들지 못하였소. 하지만 내가 염파를 피한 것은 나라의 위급함을 먼저 생각하고 사사로운 원망을 뒤로 하기 때문이오."

그의 진심을 이해한 추종자들은 인상여의 높은 뜻 앞에 다시 무릎을 꿇었다.

이 소식이 염파에게 전해지자 염파는 스스로 형벌도구를 등에 지고 인상여를 찾아와 무릎을 꿇고 말했다.

"내가 상경의 높은 뜻을 이해하지 못하고 저급하게 행동하였습니다. 저를 벌해 주십시오."

진심으로 사죄하는 염파를 일으키며 인상여는 이후 죽음을 함께하기로 하는 벗이 되자고 약속한다. 우리에게 익숙한 '문경지교' 즉 목을 베어줄 정도의 사귐이라는 고사가 바로 여기에서 유래하였다.

사마천은 인상여와 염파의 '문경지교'의 약속 이후에 이들이 어떤 사귐을 가졌는가 구체적으로 설명하지 않았다. 다만 『사기열전』에서는 이후 염파 장군이 전투에 나가 승리한 공적을 나열하고, 또 인상여가 선봉에 서서 전투에서 승리한 이야기만을 줄곧 소개되고 있다.

사마천의 의도는 사람의 관계가 개선되고 회복되면, 이후에는 자신들에게 맡겨진 임무에서 완벽한 성공을 거두는 결과를 얻을 수 있다는 교훈을 표현한 것이다.

인상여는 국가의 자존심을 지키기 위해 자신의 머리를 박살내려 했고, 자신이 모시는 군주의 위엄을 지키기 위해 목숨도 불사했던 강인한 인물이다. 그는 또한 관계를 회복하고 마음을 모으기 위해 '용감하고 지혜로운 비겁함'을 교훈으로 보여주었다.

금양호공투 기세불구생
(今兩虎共鬪 其勢不俱生)
오소이위차자 이선국가지급이후사수야
(吾所以爲此者 以先國家之急而後私讐也)

지금 우리 두 호랑이가 서로 싸운다면 형세로 보아 둘 다 살아남지 못할 것이다. 내가 그를(염파 장군)에 대해 그렇게 하는 것(몸을 낮추고 피하는 것)은 나라의 위급함을 먼저 생각하고 사사로운 원한을 뒤로 하기 때문이다.

원앙
(袁盎 ~기원전 148)

전한 초(楚)나라 출신의 정치가이다. 자(字)는 사(絲)고, 원앙(爰盎)
이라고도 불린다. 임금의 측근에서 호위와 명령을 받드는 낭중
(郎中)으로 관직생활을 시작했다. 이후 직간(直諫)을 잘해 이름이
조정에 알려졌다.

제나라 땅의 재상(齊相)과 오나라 땅의 재상(吳相)을 역임했다. 오
왕이 특히 그를 후대했다. 평소 조조(晁錯)와 사이가 좋지 않았
다. 경제(景帝)가 즉위하자 조조가 어사대부(御史大夫)가 되었는
데, 관리를 시켜 그가 오왕의 뇌물을 받았다고 무고하여 서인(庶
人)이 되었다. 조조의 삭번(削藩) 정책으로 오초(吳楚)가 반란을
일으키자 황제에게 조조를 죽여 오나라에 사과하라는 건의를 하
였다. 오초 7국의 난이 진압된 후 초나라의 재상으로 파견되었다
가 중앙으로 등용되지 못하자 병을 핑계로 사직했다. 나중에 양
효왕(梁孝王)을 황제의 후사로 결정하는 일을 중지하라고 간언을
올렸다가 안릉(安陵)의 곽문(郭門) 밖에서 양효왕이 보낸 자객의
손에 죽임을 당했다.

원앙은 한나라(漢) 문제(文帝, 제위 기원전 180~157)때 활동했던 사람이다. 한때 왕실 외척의 사인(私人)으로 있었지만 그 강직함과 올곧음이 뛰어나 어떠한 권력에도 자신의 양심을 팔지 않는 사람이었다.

한나라를 세운 고조가 늙고 병들자 그의 아내인 여태후가 자기 가문의 힘을 위세로 한 왕실을 농락하던 혼란의 시기가 있었지만 여태후의 죽음으로 다시 유(劉)씨의 한 왕실이 권력을 회복하던 때가 원앙의 활동 시기였다. 당시 한 왕실의 권력회복에 공을 세운 주발이라는 사람이 있었는데 제위에 오른 문제는 그의 공을 치하하여 그를 승상으로 삼고 정중하게 예우했다. 황제의 태도에 의기양양해진 주발은 조회(朝會)때에도 거만하게 행동하고 안하무인의 태도를 취했다. 하지만 황제는 이를 꾸짖지 않고 오히려 그를 직접 전송하는 모습을 보이는 등 각별하게 대했다. 다른 신하들은 이처럼 군신의 예를 허무는 행위에도 권력의 보복이 두려워 입을 다물고 있었다. 그러나 원앙은 이를 지나치지 않았다. 원앙이 하루는 황제를 찾아가 질문했다.
"폐하께서는 승상을 어떤 사람이라고 생각하십니까?"

황제는 원앙의 의도를 알아차리고 단호하게 답했다.
"그는 사직의 신하요."

황제의 대답이 떨어지기 무섭게 원앙이 반박했다.
"승상은 공을 세웠다고는 할 수 있지만 사직을 보존할 만한 업적을 이룬 사직의 신하는 아닙니다.
사직의 신하란 군주가 살아있을 때는 같이 살고, 죽을 때는 같이 죽어

야 합니다. 여태후가 실권을 잡고 여 씨들이 전횡을 일삼아 유 씨 왕조가
위기에 처했을 때 승상은 병권을 쥔 태위의 자리에 있으면서도 왕실의
보존을 위해 아무런 조치도 취하지 않았습니다. 다행히 태후께서 돌아
가시고 대신들이 여씨 일족을 모반으로 다스리자 병권을 쥐고 있던 승
상이 우연히 공을 세우게 된 것입니다. 그러므로 승상이 공을 (우연히) 세
웠다고는 할 수 있지만 사직의 신하는 아닙니다."

원앙은 계속해서 황제와 승상이 군신의 예를 그르치고 있음을 지적하
고 있다.

"그런데도 승상은 그 교만함이 하늘을 찌르고, 폐하께서는 겸양의 태
도를 보이시니 이는 군주와 신하가 예를 잃고 있는 것입니다."

황제는 이후 승상에 대해 위엄과 권위를 취하였고, 승상은 황제를 두
려워하게 되었다. 갑자기 황제의 태도가 변화된 것을 의아하게 생각하
고 있었던 주발은 황제가 자신에 대한 태도가 변한 것은 원앙 때문임을
알게 되었다. 그는 원앙을 원망하며 말했다.

"나는 네 형과 친한 사이인데 네가 조정에서 감히 나를 헐뜯다니…"

그러나 원앙은 승상의 원망에 대꾸하지 않았다. 군신의 예를 바로 세
워 왕실과 국가의 질서를 바로잡으려는 대의를 사적인 관계와 사소한
'헐뜯음'으로 받아들이는 승상의 인물됨에 대꾸의 가치조차 없다고 판
단한 듯하다.

결국 주발은 승상의 자리에서 물러나 자신의 봉지로 돌아가게 된다.
황제의 신임을 상실한, 한 때 오만했던 승상은 자신의 봉지에서도 대접

을 받지 못한다. 봉지의 한 사람이 주발을 모함하여 그가 모반을 꾀하고 있다고 황제에게 글을 올렸다. 화가 난 황제는 곧 그를 잡아들여 처형하고자 했다. 많은 신하들이 두려움에 입을 다물고 사실을 확인조차 하려고 하지 않았다. 이때 원앙이 격노한 황제 앞에 나서서 그를 변호했다. 평소 곧은 삶의 자세를 가진 원앙이 사실이 아니고 모함임이 분명한 상황에서 가만히 있을 수 없었던 것이다.

결국 주발의 반역모의는 모함임이 드러나고 오해가 풀려 주발은 처형을 면하게 되었다. 그의 회생에 원앙의 변호와 역할이 결정적이었음은 두 말할 나위가 없다.

사마천은 이 일을 계기로 주발과 원앙의 교분이 더욱 두터워졌다고 적고 있다.

한때 승상이었던 주발은 개인적인 원한으로 자신을 '헐뜯어' 자신의 권력을 앗아갔다고 생각했던 원앙이 자신이 결정적인 어려움에 처해있을 때 홀로 분연히 일어나 변호했다는 사실에 감동했다. 이전에 그가 한 모든 행동이 용서가 되고, 그동안 원앙에 대해 품고 있던 원망이 한 순간에 사라지게 되었다. 그리고 그에 대해 마음을 열고 두터운 교분을 쌓게 되었다. 이후 두 사람에 대한 이야기는 소개되지 않았지만, 두 사람의 관계가 어떠했을 것이라는 것은 쉽게 짐작할 수 있다. 기대하지 않았던 아니 결코 기대할 수 없었던 사람으로부터 도움을 받는다는 것은 그 정도와 강도가 훨씬 높은 법이다. 원앙은 자신의 소신 있는 행동으로 상대의 신심을 얻는 '가치의 극대화'를 이룬 셈이다.

강후소위공신 비사직신
(絳侯所謂功臣, 非社稷臣)
사직신주재여재, 주망흥망
(社稷臣主在與在, 主亡興亡)
승상여유교주색, 폐하겸양, 신주실례
(丞相如有驕主色, 陛下謙襄, 臣主失禮)

강후는 공신이긴 하지만 사직의 신은 아닙니다.
사직의 신이란 주군과 함께 하며, 주군과 시작과 끝을 함께 하는
자를 말합니다.
(그럼에도) 승상은 임금께 교만한 태도를 취하는데, 폐하는 겸손하
게 그를 대합니다.
이는 신하도 군주도 모두 예를 잃은 것입니다.

장석지
(張釋之, ? ~ ?)

전한시대 남양(南陽) 출신의 정치가, 사법가이다. 자는 계(季)이다. 한문제(文帝) 때 황제의 경호직인 기랑(騎郞)에 임명된 후 오랫동안 승진하지 못했는데, 그의 재능을 알아 본 원앙의 추천에 의해 황제를 측근에서 모실 수 있는 알자(謁者)와 알자복야(謁者僕射)가 되었다. 황제에게 지혜와 감동을 주어 황제는 늘 그를 곁에 두고자 했다. 공거령(公車令)의 직을 수행하고 있을때, 태자가 양왕(梁王)과 함께 수레를 타고 입조했는데 사마문(司馬門)에서 내리지 않자 두 사람이 탄 수레를 정지시키고 불경함을 탄핵했다. 임금은 그의 법을 다루는 모습을 보고 중대부(中大夫)에 임명했다. 나중에 정위(廷尉)가 되었는데, 형벌의 집행이 공정하고 인의가 가득하다는 평판을 얻었다.

옳고 유능함 VS 따뜻함

한나라(漢) 문제(文帝, BC 202~BC 157) 때 장석지라는 관리가 있었다. 그는 황제가 궁밖에 나서면 황제의 수레 곁에서 말을 타고 호위하던 기랑(騎郎)이었다. 야심이 많고, 공부도 많이 했지만 자신의 재능을 알아주는 사람들이 없었던 것 같다. 눈에 띌 만한 공적도 없었고 남들이 알아주지도 않아 십 년이 넘도록 승진도 못한 채 형 집에 얹혀살면서 말단 관리 생활을 했다. 그러던 어느 날 지루한 말직의 호위병 신세를 한탄하며 말한다.

"오랜 말단 관리생활을 하느라 형의 재산만 축내고 뜻도 이루지 못했구나."

그는 관직을 그만두고 고향으로 돌아가기로 결심했다. 그러나 이런 장석지를 알아보는 눈이 있었다. 바로 당시 군대의 고급 장교(중랑장)이었던 원앙이었다. 원앙은 그의 재능이 아까워 황제의 알현을 돕는 관리(알자, 謁者 5품관)로 추천했다. 비로소 황제의 측근에서 일을 할 기회를 얻게 된 것이다.

어느 날 조회(朝會)가 끝날 즈음에 황제로부터 '나라와 백성을 편하게 하는 일'에 대한 의견을 말할 기회를 얻게 되었다. 그 동안 그가 공부했던 진나라의 멸망과 한나라의 등장에 대한 이유를 비교하며 긴 시간 동안 자신의 의견을 말했다.

황제는 그의 진가를 알아보고 황제의 측근에서 의견과 정책을 개진할 수 있는 직책(알자복야, 2품관)에 임명했다.

한나라 문제는 한고조의 아들로 여태후가 죽고, 그동안 여씨 일가의 전횡으로 혼란스러웠던 궁궐의 질서가 정리되면서 즉위한 황제이다. 그는 그의 제위를 물려받은 아들 경제(景帝, BC188~ BC141)와 함께 유학을 국가의 통치이념으로 확립하고, 소모적인 전쟁을 자제하였으며, 내치에 힘써 경제를 안정시킨 황제이다. 아마도 그는 혼란과 분열, 권력의 독점에 따른 폐해를 뼈저리게 경험했기에 안정과 평화를 최우선으로 추구했던 것 같다. 사람들은 한나라 초기의 안정되고 풍요로운 시기를 문경치세(文景治世)라고 부른다.

어느 날 문제와 장석지가 동물원에 놀러갔다. 호랑이 우리 앞에서 황제는 동물원의 고급관리(상림위)를 불러 동물에 관해 여러 가지 질문을 했다. 하지만 이 관리는 우물쭈물 할 뿐 대답을 잘 못하고 당황해했다.

이때 동물우리를 보수하는 직책의 말단 관리가 곁에 있다가 황제의 질문에 상세히 답했다. 사마천은 이 말단관리가 기회를 잡아 자신의 능력을 과시하기 위해 마치 메아리가 울리듯 황제의 질문에 신속하게 답했다고 묘사하고 있다. 대화를 마친 황제는 장석지에게 말했다.

"책임 있는 관리라면 이와 같아야 하지 않소? 우물쭈물하던 저 책임자는 신뢰할 수가 없소."

황제는 자신의 질문에 능숙하게 답한 색부(嗇夫)를 동물원의 최고 관리자로 임명하라고 장석지에게 명령했다. 황제의 명령에 장석지는 잠시 생각을 한 후 이렇게 답했다.

"폐하께서는 강후 주발을 어떤 인물로 생각하십니까. 또 제후인 장상여(張相如)는 어떤 인물이라고 생각하십니까?"

황제는 갑작스런 질문에 의아해 했지만 바로 대답했다.
"덕망이 있고, 장점이 많은 사람이오."

장석지는 황제의 답변을 듣고 조용히 말했다.
"강후와 장상여는 덕망이 있고 현명한 사람이라고 하셨습니다. 이 두 사람은 일찍이 어떤 일을 말할 때 우물쭈물하며 제대로 표현하지 못했습니다. 그런데 이들은 자신의 통치와 백성을 위하는 일에 어느 누구와 비교할 수 없을 정도의 정성을 보인 사람입니다. 그런데 폐하께서는 어찌 이 색부의 수다스러운 말재주를 본받으라고 하십니까?"

장석지는 자신이 황제에게 발탁되었던 근거인 '진나라 패망의 원인'에 대한 의견을 재차 반복한다.
"진나라는 도필리와 같은 보잘 것 없는 벼슬아치를 임용하였기 때문에 서리들이 앞을 다투어 일을 서둘러 처리하고 사소한 것을 자질구레하게 파헤치는 것으로 뛰어나다고 뽐내곤 했습니다.
그러나 이러한 행동으로 인하여 일을 형식적으로 처리할 뿐 백성을 가엾게 여기는 정이 없는 폐단이 생겨났습니다. 그래서 황제는 잘못을 지적해주는 말을 들을 수 없었고, 나라는 나날이 쇠퇴해 불과 십여 년 만에 천하는 마치 흙더미가 산사태로 무너지듯 처절하게 허물어지고 말았습니다.
지금 폐하께서는 색부의 말주변을 높이 사서 파격적으로 승진시키려 하시는데, 신은 천하 사람들이 바람 따라 휩쓸리듯 말재주나 임기응변에만 지나치게 힘써 다투고, 실제적인 일, 즉 그가 책임맡은 대상에 관련한 일에는 소홀히 할까 염려됩니다."

장석지의 간언을 들은 문제는 그의 의견이 옳다고 생각하여 자신의 명령을 거두었다.

맹자는 '간언(諫言)'을 '황제가 어떤 행동을 취하는 것을 멈추게 하는 것'이라고 했다. 장석지는 한문제가 한 관리를 승진시키는 행동을 이미 마음에 결정하고 행동을 취하는 것을 멈추게 하는 역할을 한 것이다. 태평성세를 이루는데는 간언의 기능이 작동을 하고 있는가 없는가가 중요한 관건임을 보여주는 사례이다. 그렇다면 장석지는 왜 황제의 결심을 막았을까?

국가의 기강이 바로서고, 질서를 회복하는데 있어서 기능과 옳고 그름이 인재를 발탁하는 판단의 근거가 될 수 없음을 분명이 알았기 때문이다. 황제의 질문에 적절하고 성실한 답변을 하지 못한 관리가 정당하다는 것이 아니며, 또 자신의 직무에 관련해서 전문적인 지식을 가지고 능숙하게 답하는 색부가 비난의 대상이 될 수도 없다. 어쩌면 자신의 일을 책임진다는 의미에서 오히려 색부는 칭찬을 받아 마땅하다. 하지만 장석지는 그러한 관리의 모든 업무가 어디에 초점을 맞추고 있는가가 더 중요하다고 지적하고 있다. 아무리 정당하고 옳은 행위라도 그 행위가 자신들이 책임져야 할 백성들을 소홀히 여기는 결과를 만들어 낸다면 버려야 한다고 말하고 있다.

장석지는 색부가 취한 행동이 백성들을 가볍게 여기는 폐단을 만들어 낼 수도 있다는 논리를 진나라의 사례를 들어 설명하고 있다. 하급관리를 눈앞의 말재주만으로 판단하여 파격적인 승진을 시킨다면 이를 흉내내는 많은 관리들이 발 빠르게 눈앞의 성과만 추구하여 일을 형식적으로 처리하는 관행을 만들 것이고, 사소하고 자질구레한 흥밋거리를 파헤침으로 권력자의 입맛에 드는 행위를 자랑하는 풍토를 만들 것이라는 것이다. 결국 황제의 잘못을 지적하여 중단하도록 하는 간언의 기능은 기대할 수 없을 것이고, 결국 진나라와 같이 처절한 붕괴만 초래할 뿐이라는 논리이다.

어떤 조직이든 집단이든 심지어 진리의 문제를 다루는 종교단체에서조차 항상 분열과 혼란이 일어나는 것은 옳고 정당한 사람들 그리고 능력이 있는 사람들이 너무 많기 때문이다. 대체로 옳은 말을 하는 사람들과 능력이 뛰어난 사람들은 사납다. 양보도 배려도 없으며, 현란한 말로 그리고 정당함을 무기로 비판과 단죄를 일삼는다. 자신의 정당함과 효율적이고 유능한 대처가 도움과 위로를 절실하게 필요로 하는 사람들에게 상처를 주는 모습으로 나타난다. 그래서 모든 일들이 효율적으로 진행되는 것 같은데, 항상 주변에 시체들만 나뒹굴고 있는 것이다. 보호받아야 할 고아와 과부들은 설 곳이 없다. 장석지는 한 나라가 진나라와 같이 패망의 길로 접어들지 않고 안정되고 풍요롭게 되기 위해서는 옳고 정당하고, 유능한 관리가 아니라 비록 우물쭈물 했지만 덕망이 있고, 백성을 귀히 여기는 관리들이 필요하다고 말한다.

오늘 우리나라의 정치판을 보면 옳고 정당한 사람들 유능한 사람들이 너무 많다. 자신들의 정당함을 무기로 주변의 비판거리를 참지 못하는 사람들이 언제나 넘쳐나고, 남의 뒤나 캐고, 자질구레한 흥밋거리나 터트리며 대단한 것을 한 것인 양 떠벌리는 관리들이 판을 치고 있다. 반면에 상처받고 지쳐 절망의 한숨을 쉬는 국민들은 점점 더 늘어나고 도움이 절실한 백성들은 나날이 늘어만 간다.

　사마천은 장석지를 열전에 등장시키면서 진정한 국가의 존립 이유를 망각한 이러한 옳은 자들, 유능한 자들은 사실상 필요가 없다고 말하고 있다. 옳고 유능함으로 목소리를 높이며 사납게 구는 사람들보다 우리가 책임져야 할 일이 무엇인지를 분명히 아는 따뜻함을 가진 사람이 필요한 이유이다.

가장 화려한 무덤

　항상 직간을 올리긴 했지만 그 지혜로움으로 인하여 장석지는 날이 갈수록 황제(한문제)의 신임을 얻게 되었다. 얼마 지나지 않아 장석지는 황제를 수행하며 보좌하는 중랑장에 임명이 된다.

　어느 날 황제는 장석지와 함께 자신이 향후 묻히게 될 능침인 패릉에 갔다. 전통시대의 제왕들은 제위에 있는 동안 자신이 죽고 난 후 장사지내게 될 묏자리를 미리 준비하였다. 좋은 자리를 잡아 묘소를 쓰는 것이 후대에도 좋은 영향을 미친다는 생각 때문에 온갖 정성을 다해 자신의 묏자리를 선정하고, 그 묘를 어떻게 꾸밀 것인지, 함께 부장할 물건들은 무엇인지, 장례는 어떻게 진행할 것인지를 정하여 유언했다. 그러면 다음 보위를 물려받는 자는 그 유언에 따라 제일 먼저 공식적인 업무로 선왕의 장례를 주관하게 된다. 한문제 역시 자신의 묏자리를 정하고 패릉이라 이름했다.

　기록에 의하면 문제는 자신의 묏자리에 정성을 많이 기울인 황제이다. 그리고 제위에 있는 동안 자주 향후 자신의 보금자리가 될 패릉을 방문했다. 한문제의 패릉이 산을 등지고 구릉을 따라 묘를 쓰는 황제능침의 전형이 된 것도 무관하지 않다.

한문제는 꿈자리가 이상하다든가, 조정의 어려움이 있을 때면 어김없이 패릉을 찾곤 했다. 세월이 지나면서 육체와 정신이 점차 약해짐을 느끼게 되자 패릉을 찾는 횟수가 늘어났다. 중랑장 장석지와 함께 패릉을 방문했을 때도 문제는 자신이 사랑하는 애첩 신부인을 대동했다. 높은 언덕에 올라가서 신부인에게 그녀의 고향으로 가는 길을 알려준다.

"저 곳이 한단으로 가는 길이오"

황제는 지그시 눈을 감고 생각을 하더니 신부인에게 비파를 타도록 하고, 그 곡조에 맞추어 노래를 불렀다. 황제의 노랫소리는 몹시 처량하고 슬펐다고 전해진다. 자신에게도 끝이 있다는 것을 알고, 사랑하는 사람과 헤어짐을 생각했을 것이며, 제왕의 자리에서 경험한 수많은 일들을 되돌아 본 듯하다. 그리고 자신이 떠나면서 무엇을 남기고 갈지, 후손들에게 어떤 모습으로 비추어질 지를 고민한 듯 하다. 황제는 신하들에게 말했다.

"아! 북산(北山)의 돌로 겉관을 만들고, 모시와 솜을 끊어 틈을 막고, 그 틈새를 옻으로 붙이면 어찌 열 수 있겠소?"

아마 자신의 치적을 널리 알리고, 화려했던 자신의 통치기간을 드러낼 많은 보화와 소중한 물건들을 자신과 함께 부장하라고 명한 후에 혹시 그 물건들이 도굴될 것을 걱정했던 것 같다. 황제의 '우울한 근심'에 곁에 있던 신하들은 한결같이 대답했다.

"절대로 열지 못할 것입니다."

글의 내용상 주변의 신하들은 황제의 심기를 살피는 것이 우선이었지, 사실상 황제의 무덤이 도둑을 맞든 그렇지 않든 그다지 중요하지 않았던 것 같다. 이 때 '분위기 파악을 못하는' 장석지가 또 나선다.

"만일 황제의 무덤 속에 사람들이 귀하게 여기고, 좋아하는 화려하고 값진 물건을 넣어 둔다면, 남산(南山, 촉지방의 가장 단단한 강도의 암석을 가지고 있는 산)의 돌로 겉 관을 만들고, 무쇠를 녹여 틈을 막을 지라도 꺼낼 틈이 있을 것입니다. 그러나 그 속에 폐하의 소중한 통치의 가치만을 넣고, 소박하게 꾸미며, 화려하고 값진 것들을 부장하지 않는다면 돌로 만든 관을 쓰지 않더라도 무슨 걱정을 하겠습니까?"

황제는 장석지의 말을 듣고 옳은 말이라 칭찬한 후, 구경(九卿)의 반열에 속하는 정위에 임명한다. 최고 통치자들은 자신의 통치와 제위의 업적을 드러내기 위해 또 그 화려한 영화와 번영의 모습을 후세에 전하기 위해 자신의 무덤을 화려하게 장식한다. 석상을 세우고, 웅장한 건축물들을 조성한다. 뿐만 아니라 자신과 함께 온갖 귀중한 물건들을 함께 매장하여 자신의 영화를 영원히 누리려고 한다. 그래서 화려함을 드러냄과 동시에 그 화려함을 도둑맞을까봐 고민한다. 이런 황제의 '어리석은 고민'에 장석지는 입을 닫거나 다른 신하들처럼 눈치를 보며 넘어갈 수 없었다. 황제의 화려함은 성공적인 통치와 그가 풍요롭고 평안케한 백성들의 칭송 그 자체였음을 지적한다. 한문제는 장석지의 진심을 이해했고, 그의 간언에 귀를 기울였다. 충신은 현명한 군주가 있어야 생기는 법임을 다시 한번 깨닫게 하는 일화이다.

중국 역대 황제릉 중 외형과 부장품이 가장 소박하고, 정갈한 무덤이 한무제의 패릉이다. 외형으로 보면 평범하다 못해 남루해 보이지만 무덤의 원형을 본래의 모습에서 조금도 변형됨 없이 잘 보존되고 있는 무덤이 패릉이기도 하다. 장석지의 지적대로 패릉은 화려하고 사치스러운 보석들로 장식되지 않고, 자신의 책임을 다했던 황제의 통치와 백성 및 신하들과 소통했던 겸허하고 현명한 지도자의 인품으로 채워졌기 때문이다. 중국 역대 황제릉 중 가장 화려하고 진정으로 가치 있는 곳이 패릉이라고 하는 이유를 알 것 같다.

장석지와 한문제의 패릉이야기를 읽는 중에 북한의 '백두혈통' 이야기가 주요뉴스를 채운다. 그 혈통이 무슨 혈통인지 잘은 모르겠지만, 아마도 자신들의 화려함을 드러내기 위해 구조물과 건축물을 조성하고 사치와 방종을 일삼는 혈통이 아닌가 생각된다. 곳곳에 비슷비슷한 형상의 돼지를 세워놓고 옷을 입혀놓은 듯한 동상들이 하늘을 찌를 듯 서있다. 그리고 백성들은 영양상태가 좋지 못해 왜소하고, 호시탐탐 탈출을 생각하며 밤을 지세운다. 겉은 화려하지만 사실상 세상에서 가장 저급하고, 가치 없는 혈통의 행태들이다.

법(法)의 존재이유

장석지의 사려 깊은 간언(諫言)과 지혜, 그리고 진나라의 패망원인을 분석하는 능력은 한문제를 감동시켰다. 한문제의 신임을 받으면서 그는 종종 황제와 수레를 함께 타고 이동을 하는 등 황제와 함께하는 시간이 늘어났다. 일반적으로 사람들은 권력을 가진 사람과 가까워지면 자신도 모르게 오만해질 수도 있고, 그 권세를 빌어 위세를 부리기도 한다. 한편으론 권력의 맛을 알게 되면서 그 지위를 누리고자 권력자에게 더 가까이 가려는 시도를 하기도 하지만 장석지는 그런 사람이 아니었다.

황제의 신임으로 궁궐의 각종 문들을 관리하고, 황실의 수레를 감독하는 공거령(公車令)에 임명되었을 때의 일이다. 한문제에게는 한 명의 공주와 두 명의 아들이 있었는데, 큰 아들은 후에 자신의 보위를 잇게 될 태자(景帝)였고, 둘째 아들은 학문이 뛰어나고 예의가 바르며, 특히 막내였기에 문제가 특별히 사랑한 양왕이었다. 하루는 이 태자와 양왕, 즉 문제의 두 아들이 수레를 타고 궁궐의 사마문(司馬門)을 지나면서 수레를 탄 채로 지나려고 했다. 사마문은 궁궐의 외문(外門)으로 황태후와 황제를 제외한 모든 사람은 문 앞에서 수레나 말에서 내려 걸어서 궁궐문을 통과해야 한다. 이를 본 장석지는 급히 달려가 수레를 가로막았다. 그리고 사마문에서 내리지 않은 것은 불경죄에 해당한다고 탄핵하며 태후전에 보고했다. 이 소식이 박태후(薄太后, 문제(文帝)의 모친)에게 알려지자 황제인 문제는 관을 벗고 사죄하며 말했다.

"자식을 엄하게 가르치지 못한 탓입니다."

이에 황태후가 태자와 양왕을 용서한다는 조서를 내렸고, 그들의 불경을 용서하고 나서야 황제의 두 아들은 궁궐에 들어갈 수 있었다. 태자란 향후 보위를 잇게 될 권력자임이 분명하고, 또 절대 권력의 두 혈육의 권세를 거스르는 것은 쉽지 않은 일이다. 그래서 장석지가 공거령의 직을 수행하기 전에 이들 황자들은 통상 수레를 탄 채 이 문을 출입하였을 것이다. 사실상 법으로 정해지긴 했어도 탄핵까지 일으키며 태후전까지 알릴 큰일은 아니라고 생각할 수 있다. 황제 역시 자식들의 일이라 조용히 넘어가주길 바랬을 수도 있다. 하지만 장석지는 법 앞에서는 누구도 평등하다는 원칙을 스스로 지켜냈다.

얼마 후 장석지가 정승의 반열인 정위에 올랐을 때의 일이다. 황제가 외출을 하여 위수(渭水) 위의 한 다리를 지나고 있을 때, 행인 한 명이 갑자기 뛰어나오는 바람에 황제의 말이 놀라고 갑자기 수레가 멈추는 일이 생겼다. 일반적으로 황제가 길을 지나면 앞서 황제의 행차를 알리고 길을 청소하며 통행을 금지한다. 놀란 황제가 화를 내며, 그 행인을 붙잡아 장석지에게 심문하도록 했다. 장석지는 그 행인의 이야기를 자세히 듣고, 그가 황제의 행렬이 지난 줄 알고 실수로 이런 사태를 일으킨 것임을 알게 되었다. 그래서 황제의 행차를 잠시 방해한 죄만을 물어 가벼운 벌금형을 내렸다. 장석지의 판결을 들은 문제는 그를 불러 화를 내며 말했다.

"이 놈이 직접 내 말을 놀래게 했소. 내 말이 온순하였기 망정이지 다른 말 같았으면 나를 떨어뜨려 다치게 했을 것이오. 그런데 정위는 그 놈의 죄가 고작 벌금형이라고 판결하셨단 말이오?"

장석지는 문제의 화난 반응에 한 치도 물러서지 않았다. 그의 답변에는 황제의 질책에 대한 공분(公憤)이 담겨있었다.

"법이란 황제와 천하 사람들이 모두 공평하게 지켜야 하는 것입니다. 현행법에 의하면 제가 판결한 것이 분명합니다. 그런데 그 피해자가 황제라고 해서 더 무거운 벌로 다스린다면 백성들이 향후 법을 믿지 못할 것입니다. 폐하께서 현장에서 호위병을 시켜 그 자의 목을 베어버리라고 하셨다면 호위병들은 그렇게 했을 것입니다. 하지만 폐하는 이 죄인을 정위에게 맡기셨습니다. 정위는 천하의 법을 공정하게 다스리는 책임을 가진 자입니다(그리고 그 책임은 바로 황제께서 부여한 사명입니다). 그런데 피해자에 따라서 법을 무겁게도 하고 가볍게도 한다면 백성들은 그들의 손과 발을 어느 곳에 두겠습니까? 폐하께서는 이 점을 분명히 살피시기 바랍니다."

황제는 한참 생각을 하다가 마침내 말했다.
"그대의 판결이 옳소"

장석지는 법의 기능과 목적이 무엇을 위한 것인지 분명히 알았던 사람이다. 또한 법을 적용함에 있어 그 법의 주도권을 쥐고 있는 자들이 양보하지 않으려는 어떠한 불평등도 인정하지 않았다. 오히려 그는 그 법의 존재이유가 법을 제정하고, 집행하는 기득권자들에 비해 상대적으로 약한 '백성들'에 있음을 강조한다. 법을 주도하는 기득권은 항상 법의 적용과 혜택을 누리고자 하는 속성이 있다. 그래서 자신들이 정해놓은 법에 스스로 피해를 입었다고 생각하면 정한 처벌 그 이상을 요구하는 난폭함을 보인다. 당연히 자신들에게 수혜가 있을 때에는 법에 대해 한없이 관대하다.

수조 원의 손실을 입히고도 책임은커녕 수천억 대의 상여금 파티를 하면서 양심의 가책을 느끼지 않는다. 법을 악용하고 편의대로 적용하여 자신들의 주머니를 두둑이 채우고, 문제가 발생하면 그 책임을 약한 자들에게 전가하려는 행태를 스스럼없이 자행한다. 힘없고 약한 백성들은 원인도 모른 채 비싼 전기요금을 물어야 하고 더워도 에어컨을 틀 수 없고, 추워도 난방 기구를 마음대로 쓸 수 없다.

장석지는 이런 기득권자의 태도를 견딜 수 없었다. 그래서 화가 잔뜩 난 황제 앞에서조차 당당하게 "폐하께서는 이 점을 분명히 살피시기 바랍니다!"라는 목숨을 건 항변을 주저하지 않았다. 법의 존재이유와 기능에 대한 대상과 목적이 보호해야 할 백성들의 안위와 공평함의 증거가 되지 않는다면, 또한 법의 존재가 주인공인 '백성'을 외면한다면 그것은 이미 법이 아니라는 장석지의 태도가 명확히 드러나는 일화이다.

장석지와 같은 법의 존재이유를 명확히 아는 관리와 지성인들이 편만 (遍滿)하여 법을 기만하고, 조롱하는 권력을 통제하는 사회가 하루속히 왔으면 좋겠다.

사기중유가욕자 수고남산유유극
(使其中有可欲者 雖錮南山猶有극)
사기중무가욕자, 수무석곽 우하척언
(使其中無可欲者, 雖無石槨 又何戚焉)

(묘실 안에) 사람이 갖고자 하는 것(진귀한 보물)을 넣어둔다면 남산 (南山)의 강한 돌을 겉관으로 삼고 쇠를 녹여 틈을 막아도 오히려 간극이 있을 것입니다.
(그러나) 그 안에 사람이 욕심내는 것이 없다면 돌로 만든 관이 없어도 어찌 그것에 도끼질을 할까 두려워하겠습니까?

법자, 천자소여천하공공야
(法者, 天子所與天下公共也)
금법여차이경중지(今法如此而更重之)
시법불신어민야(是法不信於民也)

법이란 임금과 천하의 백성들이 함께 지켜야 하는 것입니다.
지금 법이 이미 정해져있는 데 법이 정한 것보다 무거운 형벌을 내리면 백성들이 법을 신뢰하지 않을 것입니다.

공손홍
(기원전 200~기원전 121)

전한 치천(菑川) 설현(薛縣) 출신의 정치가. 자는 계(季) 또는 차경(次卿)이다. 젊었을 때 옥리(獄吏)로 있었는데, 죄를 지어 쫓겨났다. 집안이 가난해 바닷가에서 돼지를 치며 살았다. 마흔의 나이에 접어들면서 『춘추공양전(春秋公羊傳)』을 익혔다. 무제(武帝) 건원(建元) 원년(기원전 140) 현량(賢良)에 추천되어 박사(博士)에 올랐다가 흉노(匈奴)의 일 때문에 관직에서 물러났다. 원광(元光) 5년(기원전 130) 현량대책(賢良對策)에 제일(第一)로 뽑혀 박사가 되고, 내사(內史)와 어사대부(御史大夫)를 역임했다.

원삭(元朔) 5년(기원전 124) 승상이 되고 평진후(平津侯)에 봉해졌다. 최초로 승상이면서 후(侯)의 봉작을 받았을 뿐만 아니라 포의(布衣)에서 승상으로 봉작까지 받은 사람은 그가 처음이었다. 검소하게 살아 집안에 재산을 남겨두지 않았다.

승상 공손홍은 제나라 치천국 설현 사람으로 너무 가난하여 바닷가에서 돼지를 길렀다. 그러나 배움에 관한 열정과 의지를 포기하지 않고 마침내 마흔이 넘어 『춘추』와 관련된 여러 학설들을 배웠다.

마침 한나라에서는 효문제의 뒤를 이어 효무제가 즉위하여 현량의 선비와 문학의 선비를 불러들였다. 이때 공손홍은 나이가 60이었으나 추천을 받아 현량으로 박사가 되었다. 황제에 즉위한 무제는 흉노의 문제로 골머리를 앓고 있던 터라 박사들을 흉노에 사신으로 보내어 대책을 마련하도록 하고 흉노를 제압할 수 있는 정보를 입수하도록 했다. 공손홍 역시 사신으로 흉노에 파견되었는데 그가 돌아와서 보고한 내용이 무제의 마음에 들지 않았다. 무제는 그를 무능하다고 질책하면서 노여움을 표시했다. 이에 공손홍은 병을 핑계로 벼슬을 그만두고 귀향한다.

그로부터 몇 년이 지난 후 한왕실에서는 인재의 필요성을 느껴 다시 전국적으로 선비를 추천한다는 조서를 내린다. 치천국에서는 재차 공손홍을 추천하였는데, 공손홍은 극구 사양한다.

"저는 일찍이 칙명을 받아 서쪽 경사(京師, 황실이 있는 수도를 말함)로 갔다가 무능하다하여 벼슬을 그만두고 돌아왔습니다. 바라건데 다른 사람을 추천해주십시오."

그러나 공손홍의 학문적 깊이와 현명함을 알고 있는 치천국에서는 한사코 그를 추천하여 결국 태상(太常)의 판단을 받게 되었다. 태상은 추천된 선비 백여 명에게 나라를 다스림에 필요한 정책을 논술하는 대책(對策)을 제출하도록 했다. 공손홍의 답안은 거의 꼴찌에 가까웠다. 하지만 그 답지를 본 한무제는 공손홍이 제시한 답안을 1등으로 선택했다.

사마천은 공손홍의 집안이 가난하여 바닷가에서 돼지를 길렀다고 묘사하고 있다. 농업을 생활의 근간으로 삼고 있던 사회에서 바닷가에 산다는 것, 가축을 길러 생계를 도모한다는 것은 이미 지역사회에서 정서적으로, 사회적으로 배제되어 있음을 암시한다. 특히 제나라의 설 땅은 대표적인 평야지대로 광활하고 기름진 농경지가 풍부하였으며 수량도 풍부하여 농사에 매우 유리한 지역이었다. 이런 곳에서 그의 집안이 가난하였다는 것은 이미 부모로부터 물려받은 경제적 환경이 좋지 않았다는 것을 말해준다. 또한 공손홍은 모친과 사별한 후 계모와 함께 살았다. 어려서부터 물질적으로 곤궁하였고, 부모로부터 받아야할 사랑을 받지 못했음을 짐작할 수 있다.

이런 상황에서 벗어나기 위해 그가 할 수 있는 것이 무엇이었을까? 젊은 시절 설현의 옥리로 근무한 적이 있으나 죄를 지어 면직 당했다고 기록되어 있다. 옥리란 교도소를 경비하거나 관리하는 오늘날의 교도관만을 지칭하는 직무가 아니다. 옥리는 교도소이나 형벌을 관리하는 교도관의 직무 외에도 정찰이나 치안유지를 위한 동원, 심지어 법률과 관련된 업무를 담당하는 자를 총칭한다. 법의 중요성과 법치 사상이 강하게 작용하던 진나라 시대에는 다른 어떤 직무보다 힘을 쓸 수 있는 자리가 옥리를 포함한 사법관들이었다. 하지만 법의 통제가 국가의 효율적 운용이나 민심을 얻는데 부작용이 많다는 인식이 팽배하여 덕에 의한 통치와 법률의 간소화를 국가정책으로 수용한 한나라 때 옥리의 위상은 크게 추락했다. 사법적 판단의 오류, 효율적이고 즉각적인 범인의 체포 및 색출 등 옥리가 죄를 짓는 사례들은 매우 다양하였다.

우리는 흔히 '옥리가 죄를 지었다'고 하면 뇌물을 받고 범죄자를 비호하거나 편의를 봐주는 것으로 생각하지만 당시의 수많은 기록들은 옥리가 직접적인 죄를 짓는 경우보다 책임을 지고 물러나는 죄를 많이 볼 수 있다. 조직의 문제로, 상급자의 실수와 판단에 연루되어 같은 죄를 억울하게 받는 경우도 많이 있었다.

공손홍이 옥리로 있으면서 어떠한 죄를 지었는지 분명하게 소개되지는 않았지만 그의 평소 생활 태도와 윤리의식으로 볼 때 부정을 저질러 면직된 것은 아닌 것으로 보인다. 그는 비록 가정형편으로 정상적인 선비의 길을 걷지는 못했지만 자신의 환경과 처지에서 벗어나기 위한 길이 학문에 있다는 것을 알았고, 춘추학에 집중한 것으로 보아 실천과 궁행을 중시했음을 알 수 있다. 이런 그가 사소한 부정에 연루되었던 것 같지는 않다. 사마천은 공손홍이 계모에게 조차 효성을 다했다고 기록하고 있다. 그는 충분한 가족의 사랑과 경제적 지원을 받지 못했음에도 불구하고 부모를 원망하지 않았으며 심지어 계모를 위해 3년상을 치르는 모범을 보였다.

만학도 공손홍

이러한 공손홍에게 배움의 기회는 40세가 넘어 찾아오게 된다. 공자의 분류에 의하면 마흔은 불혹(不惑)의 나이이며, 학자들은 생물학적 고려를 한다면 당시의 마흔은 오늘날의 55세에서 65세에 해당하는 나이라고 한다. 사마천은 공손홍이 '마흔이 넘어서야 『춘추(春秋)』에 대한 여러 학설을 배웠다'고 기록하고 있다. 『춘추』는 오경(五經) 중의 하나로 기원전 5세기 초에 공자가 엮은 것으로 알려진 역사서이다. 춘추시대 노나라 은공 원년(기원전 722년)부터 애공 14년(기원전 481년)까지의 사적을 연대

순으로 엮은 편년체 역사서이다. 이 시기에 해당하는 동주(東周)시대 전반기를 '춘추시대'라고 부르는 것도 바로 『춘추』라는 역사책의 명칭에서 유래한 것이다.

공자가 『춘추』를 엮기 전에 이미 노나라에는 『춘추』라 불리는 사관(史官)의 기록이 존재하고 있었다고 한다. 춘추시대 주요 국가에도 이미 사관을 두어 사적을 기록하였는데, 진(晉)나라에서는 『승(乘)』, 초나라에서는 『도올(檮杌)』, 노나라의 『춘추』가 대표적인 예이다. 『춘추』는 1800조(條)의 1만 6천 500여 자로 이루어져 있으며 간략한 서술을 특징으로 한다. 공자는 역사적 사실을 간략하게 서술하고 설명이나 비평을 하지 않았는데, 직분을 바로잡는 정명(正名)과 선악을 판별하는 포폄(褒貶)의 원칙에 따라 용어를 철저히 구분하여 서술했다. 예를 들어 사람이 죽었을 때도, 사(死), 망(亡), 졸(卒), 진(盡), 멸(滅), 시(弑), 살(殺), 붕(崩), 거(去), 귀(歸) 등을 구분하였으며, 다른 나라를 침략했을 때도 침(侵), 공(攻), 벌(伐), 입(入), 취(取) 등의 표현을 구분하여 그 용도와 명분에 맞게 사용했다. 공자는 『춘추』에서 단순히 역사적 사실만을 전달하는 것이 아니라 대의명분을 밝혀 그것으로서 천하의 질서를 바로 세우려고 했다. 이로부터 명분에 따라 준엄한 기준으로 기록하는 것을 '춘추필법(春秋筆法)'이라고 한다.

공손홍이 마흔이 넘어 『춘추』를 공부하고 여러 학설을 배웠다는 사마천의 표현을 다시 생각해볼 필요가 있다. 역사서에 무슨 학설이 있다는 말인가? 위에 설명하였듯이 공자가 엮은 『춘추』는 명분에 따라 용어를 엄격하게 구별하여 사용했고, 내용이 매우 간략하여 의미를 파악하는 것이 쉽지 않다. 따라서 이후 수많은 학자들이 이해를 돕기 위해 그 의미를 해석하고 풀어주는 주석서인 '전(傳)'을 지었다. 『춘추』에 대한 학자들의 관심과 주석서가 너무 많았고 이를 위한 연구가 지속되자 '춘추학'이라는 새로운 학문분야가 나타나기도 했다. 한나라의 역사가 반고(班固)가 지은 『한서(漢書)』 '예문지'에 당시 『춘추』에 대한 주석서가 모두 23가(家) 948편이나 되었다고 기록하고 있다.

이 가운데 전국시대 학자인 공양고(公羊高)가 지은 『공양전(公羊傳)』, 곡량숙(穀梁俶)이 지은 『곡량전(穀梁傳)』, 좌구명(左丘明)의 『좌씨전(左氏傳)』을 '춘추삼전(春秋三傳)'이라고 한다. 『공양전』과 『곡량전』은 경문해석, 즉 용어와 글자의 해석을 중심으로 한 것이고 『좌씨전』은 『춘추』에 기록된 역사적 사실을 실증하여 해설하는 데 중점을 두고 있다. 이처럼 『춘추』에 대한 해석을 놓고 학문의 분야가 될 정도로 다양한 학설들이 존재하였는데 공손홍은 이를 매우 세밀하게 공부한 것으로 보인다. 공손홍은 호무생으로부터 『춘추공양전』을 전수받았다. 공손홍은 『공양전』을 토대로 대의명분을 중시했으며 공자를 정치가로 보고 『춘추』는 중국이 하나라는 대일통(大一統)사상을 담고 있는 정치서로 받아들였다. 이는 마침내 진정한 중국 통일을 꿈꾸는 한무제의 지지를 받게 되었다. 한무제의 지원과 지지에 힘입어 공손홍은 동중서와 함께 '공양학'이라는 새로운 학풍을 수립하게 된다.

경제적 조건도, 신체적 나이도 모든 면에서 불리한 자칭 '산동촌놈' 공손홍은 공자의 『춘추』 정신을 국가의 이데올로기로 정착시키는데 기여하였고, 이를 계기로 말단 관직에서 승상, 그리고 마침내 제후(평진후)로 책봉되는 입지전적 인물이 되었다. 승상이 제후로 임명되는 것을 '승상봉후(丞相封侯)'라고 하는데 한나라 건국이후에 '승상봉후'로서는 최초이다. 그의 모든 정치 활동은 철저히 대의명분에 입각하였으며 탄탄한 유학의 학습으로 인해 한무제의 신임을 한 몸에 받았던 것이다.

그런데 공손홍이 처음부터 한무제의 신임을 받은 것은 아니었다. 무제가 막 즉위하였을 때 인재를 구하기 위해 전국에 현량과 문학의 선비를 선발하는 과정을 통해 공손홍이 관리의 생활을 시작한다. 그는 흉노에 대한 보고를 자신의 정치철학과 학문을 통해 체득한 명분에 의해 올렸으나 무제는 이를 싫어했고, 분노했다. 『춘추공양학』을 학습한 공손홍의 흉노에 대한 대책은 분명 명분에 입각한 내용이었을 것이다. 훗날 서남이(西南夷, 베트남과 중국의 국경지역)에 대한 입장에서도 그랬다. 한족의 정통성을 강조하고 중국 내부의 통일을 주장하던 공양학파에게 오랑캐는 공격의 대상이 아니었다. 이들을 정복하는 과정에서 수고와 희생을 해야 하는 중국 백성의 안위가 우선이었다. 공손홍의 보고는 분명 '흉노는 정벌의 대상이 아니니 무관심이나 방치해도 된다'는 내용이었을 것이다. 하지만 강역의 확장과 중앙아시아로 연결되는 교통의 요충지를 장악하려는 것이 한무제의 큰 야망이었다는 것을 생각하지는 못했던 것같다. 따라서 한무제는 그를 무능하다고 판단하였고, 자신의 뜻을 몰라주는 선비들에게 분노했을 지도 모른다. 흉노에 대한 보고 내용은 구체적으로 소개되지 않았지만 서남이의 상황을 사마천은 상세히 기록하고 있다.

한나라 무제는 서남이를 통제권에 두기 위해 군(郡)을 설치하였는데 (우리 한반도에도 네 개나 되는 군을 설치했다. 이를 한사군(漢四郡)이라고 한다) 파와 촉의 백성들(지금으로 말하면 운남성과 사천성 사람들)이 부역을 통해 이

군을 유지해야 했다. 백성들이 고달파하며 불만을 호소하자 무제는 공손홍에게 그 상황을 살피도록 하였다. 공손홍은 조사를 마치고 돌아와서 서남이는 쓸모없으며 오히려 가치 없는 것을 위해 천자의 백성이 고통을 받고 있다고 보고 했다. 군을 폐쇄해야 한다고 까지 했다. 그러나 무제는 이번에도 그의 의견을 무시했다.

어쩌면 공손홍은 한무제의 생각을 알고 있었을 것이다. 하지만 그의 학문에 대한 자세로 볼 때 황제가 원한다고 하여 대의명분을 거스리는 보고를 할 수 없었다. 공손홍은 바로 이런 사람이었다. 한무제는 비록 공손홍이 자신의 생각과 의도와는 다른 보고를 올리긴 했지만 이는 그가 무능해서라기보다 대의명분을 지키려는 마음임을 알게 되었다. 그래서 그의 의견에 따르지는 않았지만 오히려 그를 신임하는 태도를 보인다. 한무제를 비롯한 당시의 사람들이 공손홍을 평가한 것을 보면 이러한 사실을 잘 알 수 있다.

"공손홍은 사람됨이 넓고 비범하며 견문이 넓었다. 언제나 남의 임금이 된 자는 넓고 크지 못함을 염려하고, 남의 신하가 된 자는 검소하게 절약할 줄 모르는 것을 염려해야 한다고 했다. 공손홍은 베로 이불을 만들어 덮고 밥을 먹을 때는 고기반찬을 두 가지 이상 놓지 않았으며, 계모가 죽었을 때는 3년 동안 상복을 입었다. 조정에서 회의가 열릴 때면 그는 찬반의 실마리만 진술하여 임금이 스스로 결정을 내릴 수 있도록 하고 얼굴을 맞대고 상대방의 잘못을 지적하며 논쟁하기를 즐겨하지 않았다. 이에 천자는 그의 행실이 돈후하고 변론에 여유가 있으며 법률이나 관리 능력에도 뛰어나고 또 유가 학설에서 근거를 찾는 것을 보고 몹시 좋아했다."

신문, 천하지통도오, 소이행지자삼

(臣聞, 天下之通道五, 所以行之者三)

왈, 군신, 부자, 형제, 부부, 장유지서, 차오자천하지통도야

(曰, 君臣, 父子, 兄弟, 夫婦, 長幼之序, 此五者天下之通道也)

지, 인, 용, 차삼자천하지통덕, 소이행지자야

(智, 仁, 勇, 此三者天下之通德, 所以行之者也)

고왈, 력행근호인, 호문근호지, 지치근호용

(故曰, 力行近乎仁, 好問近乎智, 知恥近乎勇)

지차삼자, 즉지소이자치, 지소이자치, 연후지소이치인

(知此三者, 則知所以自治, 知所以自治, 然後知所以治人)

천하미유불능자치이능치인자야, 차백세불역지도야

(天下未有不能自治而能治人者也, 此百世不易之道也)

신이 듣건대 천하에는 변하지 않는 도(道)가 다섯 가지가 있고, 이를 실행하는 방법은 세 가지가 있다고 합니다. 즉 군신, 부자, 형제, 부부, 장유의 질서 이 다섯 가지는 천하에 변하지 않는 도리(道)이고, 지혜(智), 어짊(仁), 용기(勇) 세 가지는 천하의 변하지 않는 덕(德)으로 도리를 실천하는 방법입니다.

따라서 실행하기를 힘쓰는 것은 어짊이라 할 수 있고, 의문을 가지고 되묻는 것은 지혜에 가까우며, 스스로 부끄러움을 아는 것은 용기 있는 행동이라 할 수 있습니다. 이 세 가지를 알면 스스로 자신을 다스릴 줄 알게 되고, 자신을 다스릴 줄 알게 되면 비로소 남을 다스릴 방법도 알게 되는 것입니다.

천하에 자신을 다스리지 못하면서 남을 다스릴 수 있는 사람은 지금까지 없었습니다. 이는 백 세대가 지나도 바뀌지 않는 도리입니다.

주보언
(主父偃)

전한시대 제나라 땅(齊國, 오늘날의 산동성) 임치(臨淄) 출신의 정치가. 어린 시절 종횡술(縱橫術)을 배웠고, 훗날 『역(易)』과 『춘추(春秋)』 등 백가(百家)의 사상을 학습했다. 무제(武帝)에게 글을 올려 흉노나 남월을 정벌함 보다 내치에 집중할 것을 간했다. 황제의 권위를 세우고, 나라의 안정을 위해 제후왕(諸侯王)의 세력을 약화시키고 추은(推恩)을 명분으로 삼아 자제들에게 분봉(分封)하여 제후(侯)로 삼을 것을 건의했다. 또 삭방군(朔方郡)을 두어 흉노(匈奴)에 대항하라고 건의했다. 모두 무제가 받아들여 낭중(郎中)에 오르고, 한 해 동안 네 번 승진하여 중대부(中大夫)에 올랐다. 원삭(元朔) 2년(기원전 128) 외직으로 나가 제왕상(齊王相)이 되었다. 나중에 제왕과 누이의 간사한 일을 알려 제왕을 자살하게 했지만 그 역시 모함을 받아 멸문지화를 당했다.

왕따 주보언

주보언은 제나라 임치 사람이다. 주보가 성이고, 언이 이름이다. 주보언은 전국시대의 합종과 연횡술을 배웠는데, 만년에 가서 『역(易)』과 『춘추(春秋)』를 공부하여 유가의 학술을 익혔고, 제자백가의 학설들을 학습했다. 따라서 그는 경세가로부터 출발하여 유학자의 대열에 뒤늦게 합류한 사람이라고 할 수 있다. 사마천이 주보언을 소개하면서 그가 제나라의 여러 유생들과 교류하였으나 그를 두텁게 예우하는 이가 없었고, 제나라 유생들이 서로 짜고 그를 배척하였으므로 제나라에서 받아들여지지 못했다고 하였는데 이는 그가 유학자라기보다 경세가의 모습을 보였기 때문으로 보인다. 제나라는 공자를 비롯한 제자(諸子)들의 학문적 분위기가 농후한 곳이었고 선비들이 적극적으로 활동하던 곳이었기에 학문을 응용하여 정책을 논하는 경세가들이 별로 대접받지 못하였다.

소위 학문을 하는 사람들의 배타성과 아집을 지적하려고 한 사마천의 의도였을까? 주보언은 경제적으로 매우 힘든 시기를 보냈지만 그를 돕는 사람이 없어 결국 제나라를 떠나야 하는 상황에 처하게 된다.

고향을 등지고 북쪽으로 연나라와 조나라, 중산지역을 돌아다녔지만 상황은 마찬가지였다. 그는 나그네와 같이 떠돌며 빈한한 생활을 할 수밖에 없었다.

젊고 야심에 찬 무제가 등극한 후 주보언은 더 이상 제후들의 나라에서는 유세할만한 이가 없다고 생각하고 드디어 관중지역으로 들어가 장군 위청을 만났다. 이후 위청이 여러 차례 무제에게 추천했던 것으로 보아 위청은 그의 능력과 사람됨을 긍정적으로 평가한 듯하다. 하지만 무제는 여러 차례 추천을 받았음에도 불구하고 그를 찾지 않았다. 관중지역에서도 주보언의 처지는 나그네 생활을 할 때와 별반 다르지 않았다. 여전히 곤궁하였고, 오래 머물며 주위 사람들에게 신세만 지고 있었다. 이곳에서도 여러 관리들과 선비들 대부분이 그를 싫어했다고 사마천은 적고 있다.

이쯤 되면 우리는 주보언의 사람됨, 즉 인격에 문제가 있는 것은 아닌지 의심하지 않을 수 없다. 그의 학문적 성향, 경세가들에 대한 선비들의 비판적 태도, 제후들이나 관리들의 능력에 대한 평가는 다양할 수 있다. 누군가가 인정하고 호의적이면 또 누군가는 그를 싫어하고 비판적일 수 있다. 하지만 사마천이 그를 소개하는 내용을 보면 거의 모든 사람들이 그를 싫어하고 배척하고 있음을 알 수 있다. 이처럼 대부분의 사람들이 그를 좋아하지 않았다면 그것이 과연 주보언의 유세 내용이나 학문에 대한 태도 때문만일까?

자신의 생각과 자신의 역할(재능)에 대해 제후에게도 황제에게도 인정받기 힘들다고 생각한 주보언은 더 이상 관중지역에서는 머물 명분도 여력도 없어졌다. 마침내 그는 마지막 방법으로 천자에게 자신의 생각을 개진하고 귀향할 결심을 한다. 그가 좌절감과 피곤함 속에서 황제에게 올린 글은 다음과 같이 시작한다.

"신이 듣건대 현명한 군주는 간절한 충고를 미워하지 않고, 널리 의견을 들어 보고, 충성된 신하는 감히 가혹한 벌을 피하지 않고 솔직하게 간언하므로 일에 실책이 없고, 공을 만세에 전한다고 합니다. 지금 소신은 감히 충성심을 감추거나 죽음을 피하지 않고 어리석은 계책을 말씀드립니다. 바라옵건대, 폐하께서는 신을 용서하시고 잠시 살펴봐 주십시오."

　황제에게 올린 주보언의 상소문의 첫머리는 공손홍과 마찬가지로 철저한 명분론에 입각하고 있다. 주보언은 현명한 군주와 충성된 신하의 명분(名)에 관해 언급하고 있다. 현명한 군주는 신하들의 진정성이 있는 충고를 배척해서는 안 되며 널리 의견을 경청해야한다고 말한다. 널리 의견을 듣는다는 것은 입장과 관점이 다른 의견도 들어야 한다는 의미이다. 황제의 주위를 감싸고 있는 특정한 생각을 가지고 있는 신하들의 의견만 경청해서는 상황을 직시할 수 없다는 뜻이다. 주보언의 이 글에서 그가 그동안 자신이 개진한 의견들이 황제의 측근에 포진한 주류세력들과 다르다는 이유로 틀렸다고 규정되고 배척되었음을 알 수 있다.

　그는 또한 '충성된 신하'의 명분에 대해서도 언급하고 있다. 충성된 신하는 비록 가혹한 처벌을 받더라도 솔직하게 간언해야 한다고 말한다. 주보언이 충성된 신하의 마땅히 해야 할 책무를 말하고 있는 것은 충신에 대한 일반적 정의(定意)를 말하는 것이 아니라 현재 상황을 지적하는 말이다. 오초칠국의 난 이후 강화된 제후와 신료들에 대한 통제가 신하들의 솔직한 간언을 가로막아 소통이 되지 않고 있음을 지적하고 있다. 즉 현재 제후나 천자를 모시는 신하나 빈객, 학자들이 형벌에 대한 두려움 때문에, 또 황제의 눈 밖에 나지 않기 위해 솔직하고 명확한 의견을 올리지 못한 불충을 저지르고 있다는 말이다.

　이러한 상황, 즉 황제가 신하의 간언을 들음에 있어 편벽함을 갖고 있고, 신하들이 형벌이 두려워 마땅히 해야 할 말을 하지 못하는 것을 견딜 수 없어 자신은 명분을 바로세우기 위해 목숨을 걸고 글을 올린다는 말이다. 왜 제후를 비롯한 관리들과 학자들이 그와 거리를 두려고 했는지 알 수 있는 대목이다. 주보언과 같이 잃을 것이 없는 사람은 또한 허물과 과오 앞에 당당한 사람들의 공통적인 특징은 말을 가려서 할 줄 모른다는 것이다. 그의 직언과 과격한 표현들은 일부 무관들에게 잠시 설득력을 가질 수 있으나 기득권을 누리고 있는 사람들에게는 언제나 가시와 같은 존재이다.

사마천은 주보언이 한무제에게 올린 상소문의 내용은 모두 아홉 가지 내용을 다루고 있는데 이중 8가지가 율령(律令)에 관한 것이고 한 가지가 흉노 토벌에 관한 것이었다고 설명하고 있다.

내용 자체가 법률과 명령을 다루고 있다는 점을 본다면 그가 왜 많은 사람들로부터 배척을 당했는지 분명히 알 수 있다. 소위 법과 명령은 기득권을 가진 사람들이 자신들의 특권을 유지하기 위해 만들고 존속시키는 법이다. 혼란의 시기에는 더욱 그렇다. 현명한 군주가 법을 바로 세운다는 것은 법이 특정 부류를 위해 기능하는 파행을 바로잡아 공법(公法)의 기능을 강화한다는 의미이다. 기득권자들이 편할 리가 없다. 제나라 시절부터 그의 이런 일관된 태도는 그를 빈궁한 나그네로 만들기에 충분했던 것이다.

싸움보다 우선해야 할 것

주보언이 한무제에게 올린 상소문의 내용을 살펴보면 가장 먼저 군법에 관련된 이야기가 나온다. 이는 국가의 안위와 관련된 절박한 내용들이며, 특히 흉노토벌에 관한 그의 분명한 입장이 드러나 있다.

"『사마법(司馬法)』에 '나라가 크고 강하더라도 싸움을 좋아하면 반드시 멸망하고, 천하가 태평하더라도 전쟁을 잊고 있으면 반드시 위태로워진다'라고 했습니다. 천하가 태평스러운 데도 대개(大凱, 군대의 승전을 기념하는 개선곡)를 연주하고, 봄에는 수(蒐)라는 사냥을 하고, 가을에는 선(獮)이라는 사냥을 하는 것, 또 제후들이 봄에 군대를 정비하고, 가을에 군사를 훈련시키는 것은 곧 전쟁을 잊지 않기 위함입니다. 반면에 화를 내는 것은 덕을 거스르는 일이고, 무기는 흉기이며, 싸움은(최후의 수단으로 취해야할 소극적인 해결책) 소인배들의 일입니다. 옛날 군주는 이러한 일에 매우 신중했습니다. 대체로 싸워 이기는데 힘을 소진하고, 함부로 무력을 쓰는 자 치고 후회하지 않은 자가 없습니다."

'전쟁'이라고 하는 것은 동서고금을 막론하고 재앙이며 저주이다. 주보언의 지적대로 전쟁은 많은 돈과 인명의 손실을 초래하며 목숨을 걸고 적진에 나라 싸우는 병사들은 물론 후방에 있는 백성들도 군비를 제공하기 위해 희생이 불가피하다. 삶의 터전이 전장(戰場)으로 확대되면 그 피해는 더욱 처참해진다. 성경에서도 전쟁 때에 임신한 사람은 '저주를 받은 자'라고 묘사하고 있다. 전쟁이 벌어지면 가장 큰 피해를 보는 사람은 보호를 필요로 하는 사회적 약자들이다.

따라서 백성 덕으로 통치할 의무가 있는 임금의 대표적인 명분(名)은 전쟁을 도모하지 않는 것이다. 『사마법』을 인용하여 평소에 전쟁을 잊지 않기 위해 군사를 훈련하고, 군대를 정비하는 것 또한 전쟁을 하기 위함이라기보다 전쟁을 사전에 막기 위한 조치이다. 전쟁의 비참함과 패배의 고통을 상기하면서 강한 군대를 육성하여 전쟁에 휘말리는 것을 막아야 한다는 말이다. 전쟁을 피하기 위한 강한 군대와 정비된 군사, 그리고 확고한 군법의 존재 이유를 설명한 후 그는 곧 전쟁은 소인배들의 최후 선택임을 강조한다.

당시 한나라가 추진하는 정벌 전쟁을 염두에 둔 말이다. 주보언은 전쟁은 화를 내는데서 비롯한다고 말한다. 그리고 화를 내는 것은 덕을 거스르는 행위라고 주장한다. 다시 말하면 전쟁은 어떠한 경우에도 덕을 거스르는 행위라는 것이다. 전쟁에 쓰이는 무기는 '흉기'이고 싸움은 최후의 수단으로 취해야 하는 소극적인 수단이어야 한다고 말한다. 이 역시 덕을 거스르는 행위라는 것을 전제하고 있다. 주보언은 전쟁이 덕을 거스르고 결국에는 나라를 망하게 하거나 백성들을 곤궁에 처하게 한다는 것을 증명하기 위해 진시황과 고조의 흉노정벌을 예로 들고 있다. 진시황은 그렇다 치고, 한 제국(漢)의 건국자이자 한무제의 직계 선조인 고조의 실책을 들먹이는 것은 목숨을 걸지 않고는 할 수 없는 일이다. 상소문의 서두에서 말했듯이 '충성된 신하의 목숨을 건' 간언이다.

"옛날 진나라 시황제가 싸워 이긴 기세에 의지하여 천하를 조금씩 병탄하더니 전국(戰國)을 통일했습니다. 그 공적은 하은주 삼대의 그것과 같습니다. 진시황은 이후에도 싸워 이기는 것에만 힘써 싸움을 그치지 않고 흉노를 치려고 하였습니다. 이때 재상인 이사가 이를 만류하였습니다."

그는 진시황의 전쟁도발을 만류하는 이사의 간언을 상세히 기록하고 있다.

"전쟁을 해서는 안 됩니다. 저 흉노는 성곽을 쌓아 놓고 일정하게 사는 곳이 없고, 식량을 저장하지 않으며 새 떼가 모였다 흩어지듯 이리저리 옮겨 다니므로 제압하기 어렵습니다. 가볍게 무장한 군사로 적진 깊숙이 들어가면 식량이 떨어질 것이고, 군량을 보급하면서 행군하면 행동이 둔해져 목적한 바를 이룰 수 없을 것입니다. 흉노의 땅을 얻는다 해도 이익이 될만한 것이 없으며, 흉노백성을 후대할지라도 그들을 계속 통치할 수는 없을 것입니다. 그렇다고 해서 승리한 연후에 그들을 몰살하면 그것은 백성의 부모 된 자의 도리가 아닙니다. 중국을 황폐시키면서까지 흉노와 싸우는 것은 좋은 계책이 아닙니다."

이사의 간언을 설명하며 주보언 역시 한무제에게 전쟁의 부덕(不德)을 호소한다.

"그러나 이사의 간언에도 불구하고 진나라 시황제는 드디어 몽염 장군에게 병사를 이끌고 흉노를 치게 하였고, 천리의 땅을 개척하고 황하를 경계로 삼았습니다. 그러나 이 땅은 염분이 많은 소택지로 오곡이 자라지 못했습니다. 새로운 지역을 지키기 위해 진나라는 천하의 장정들을 징발하여 북하(北河) 일대를 지키도록 했습니다. 병사들은 비바람 속에 십여년 동안 헤아릴 수 없을 정도로 많은 사람이 죽었고, 결국 북하를 건너 북쪽으로 진격하지도 못했습니다. 이것이 어찌 병력이 부족하고 군사장비가 갖추어지지 않은 탓이겠습니까?

그 이유는 형세가 그럴 수 없었기 때문입니다. 또 천하의 백성들에게 말의 먹이와 군량을 운반하도록 하였는데 많은 양을 운반하였으나 정작 목적지에 도착한 것은 얼마되지 않았습니다. 남자들은 최선을 다해 농사를 지어도 군량이 부족하고, 여자들은 밤낮 길쌈을 하여도 군막을 만들기에 부족했습니다. 백성은 황폐해져 고아와 과부와 노인과 허약한 자들을 부양할 수 없어 길바닥에 죽은 자들이 서로 이어져 있었습니다. 급기야 천하가 진나라를 배반하기 시작했습니다."

주보언은 계속해서 한 제국 고조황제의 예를 들고 있다.

"고조황제는 천하를 평정한 후에 변경지대를 공격하고 흉노족이 대(代)의 산골짜기 부근에 모여 있다는 말을 듣고 이들을 치려고 했습니다. 이때 어사 성(成)이 만류하고 나섰습니다.

'그것은 안 됩니다. 대체로 흉노는 짐승처럼 모였다가 새처럼 흩어지는 속성이 있어 이들을 뒤쫓는 것은 그림자를 치는 것과 같습니다. 지금 폐하의 성덕으로 흉노를 공격한다고 해도 신은 위험한 일이라 생각합니다.' 그러나 고조는 그의 말을 듣지 않고 흉노를 공격했다가 결국 평성에서 포위되고 말았습니다. 고조가 이 일을 몹시 후회하고 유경을 보내 화친약속을 맺게 한 후에야 천하는 전쟁을 잊게 되었습니다. 그래서 병법에서는 '군사 10만 명을 동원하면 하루에 천금을 쓰게 된다'라고 했습니다."

오랜 전쟁으로 지친 백성들의 마음을 헤아려 전쟁으로 인해 국가의 도움을 필요로 하는 사람들, 전쟁으로 희생당한 백성들을 위로해야 함에도 불구하고 자신의 야심과 교만에 의해 전쟁을 계속 진행하다가 백성들의 마음을 잃은 역사적 사례를 들추어내고 있다. 군대를 동원하는 것이 얼마나 큰 비용과 희생을 필요로 하는지를 '병법'의 내용을 들어

상기시키면서 백성을 위하는 군주가 취해야 할 선택에 대해 목숨을 건 간언을 올리고 있다. 주보언은 싸움 자체를 부정하는 것은 아니다. 중국 내지의 전투에 익숙한 장수들이 전혀 환경과 특성이 다른 상대와 싸움을 하는 것은 결국 모두에게 상처와 희생만 강요할 것이라는 것이다. 백성들의 안위와 평안을 우선하지 못하는 싸움에는 어떤 경우에도 명분이 없다는 말이다. 주보언의 간언은 한나라의 한무제에게만 국한되는 이야기는 아닌 것 같다. 지금 우리도 명분 없는 싸움을 일삼고 있는 것은 아닌지 돌아봐야 한다. 백성들이 서서히 등을 돌리고 있음에도 말이다.

> 신문, 명주불악체간이박관, 충신불감피중주이직간
> (臣聞, 明主不惡切諫以博觀, 忠臣不敢避重誅以直諫)
> 시고사무유책이공류만세
> (是故事無遺策而功流萬世)

> 신이 듣건대 총명한 임금은 간절한 간언을 미워하지 않고 넓게 보고 들으며, 충신은 감히 가혹한 벌을 피하지 않고 직간을 해야 한다고 합니다. 그래야만 모든 일에 실책이 없어 그 공이 만세에 전한다고 합니다.

> 『주서』 왈, 안위재출령, 존망재소용
> (『周書』曰, 安危在出令, 存亡在所用)
> 『주서』에 이르기를, 나라의 안위는 천자의 명령에 달려 있고,
> 나라의 존망은 어떤 인물을 쓰느냐에 달려 있다.

전숙
(田叔)

진나라 말, 전한 시대 초기에 활동했던 정치가로 오늘날의 산동성 곡옥 출신이다. 제나라 왕족의 후손으로 운명이 다한 제나라의 운명을 생각하며 도교의 일파인 황로학에 심취한다. 학문에 몰두함과 동시에 검술을 연마하여 문무를 겸비한 인물로 알려져 있다. 조나라왕 장오를 섬겨 낭중(郞中)이 되었으나, 장오의 모반으로 체포되었다. 조왕이 처형된 뒤 결백이 입증되어 석방된후, 한나라의 요충지인 한중군 태수로 임용되었다. 이후 문제 때 벼슬을 그만두었고 경제 때 원앙이 양왕 유무(劉武)를 살해한 사건의 조사관에 임명되었고, 자신의 고향인근인 노나라의 재상이 되었다가 재임 중 사망했다.

'백발'을 그리워 함

사마천은 한나라를 세운 고조부터 문제와 경제의 치세까지 덕망있는 관리로 활동한 전숙(田叔)의 이야기를 소개한다. 본래 제나라의 명문가인 전씨(田氏)의 후손으로 조나라에서 태어난 전숙은 검술을 좋아하고, 사람 사귀기를 즐겨했던 야심찬 젊은이였지만, 악공거라는 스승을 통해 황로학을 배운 후, 평생을 스스로에게 엄격하고, 청렴하게 살았던 인물이다.

조나라 재상이 추천하여 왕의 측근인 낭중에 임명되지만 그의 관직 생활이 너무나 정직, 청렴, 공정, 성실하여 그 이상의 자리로 승진하지 못했던 사람이다. 예나 지금이나 너무나 청렴하고 정직하고 성실하면 승진이 어렵다. 이는 적절한 부정과 융통성을 용인하는 관료제도의 결점을 반영한다. 정직하고 성실한 부하를 부담스러워하고, 투명하고 강직한 부하를 받아들일 수 있는 상사는 그에 못지않은 성품과 행실을 가져야 하는 법이다.

그가 조나라 왕과 더불어 모반죄에 연루되어 한나라의 장안으로 압송되었는데, 혐의를 벗고 조왕이 풀려나게 되자, 조왕의 추천으로 한나라의 군수로 임명되어 한나라와 관계를 맺기 시작하였다. 고조가 죽고 나서 한나라가 잠시 여태후를 중심으로 황실에 혼란이 있었지만, 수습되고 문제가 즉위하였다. 문제가 덕망 있는 인재를 추천하라고 했을 때, 함께 조나라에서 죄수로 끌려오면서도 절개를 지킨 맹서(孟舒)를 잊지 않는 의리를 보인다. 한때 맹서가 운중의 군수로 재임할 때, 흉노의 침입을 제대로 막지 못하고 수백 명의 백성만 죽게 했다는 이유로 맹서를 탐탁지 않게 말하자, 그는 지친 군사와 백성을 차마 동원하여 전투를 하지 못하게 할 정도로 백성을 아끼고 사랑했던 인물이라고 변호한다. 맹서의 마음을 알았던 운중의 백성들이 마치 아들이 아비를 섬기듯, 동생이 형을 소중히 여기듯 앞을 다투어 흉노의 침략을 막았기에 희생이 컸던 것이라고 설명하면서 맹서의 덕성과 백성을 아끼는 마음을 황제에게 전했다.

이후 경제의 치세까지 전숙은 황제의 존경을 받으며 관직생활을 유지한다. 전숙의 사려 깊음과 현명함을 높이 산 경제는 자신의 아들이 왕으로 있는 노나라에 전숙을 재상으로 임명, 아들의 통치를 돕도록 했다.

노나라의 재상에 임명된 지 얼마 안 되어 수백 명의 백성들이 그에게 몰려와 노나라 임금이 자신들의 재물을 약탈했다고 제소하였다. 전숙은 백성들의 우두머리 스무 명쯤을 골라내어 50대의 태형에 처하고, 나머지 백성들은 20대의 태형을 명령하였다. 억울해하는 백성들을 향해 전숙은 말했다.
"노왕은 너희들의 군주가 아니냐? 어찌 군주를 제소할 수 있는가?"

이 소식을 들은 노나라 왕은 부끄러워하며 자신의 창고의 돈을 내어 전숙에게 들고와서 자기 대신 백성들에게 변상해줄 것을 부탁했다. 이때 전숙은 조용하게 그러나 엄숙하게 젊은 왕에게 말했다.
"왕께서 빼앗고 탈취한 것을 저에게 돌려주시라고 하시니 그러면 왕은 나쁜 사람이 되고 저는 좋은 일을 하는 것이 됩니다. 이는 왕을 모시는 신하의 도리가 아닙니다. 저는 결코 변상하는 일에 관여하지 않겠습니다."

왕은 자신에게 재물을 빼앗긴 백성들을 일일이 불러 자신이 직접 그 피해에 대해 변상했다. 왕의 존엄함을 해치지 않고, 백성들의 억울함을 외면하지 않는 전숙의 현명한 판단이었다. 왕의 허물도 백성들의 손해도 가벼이 여기지 않는 전숙의 지혜가 드러나는 일화이다.

노나라 왕은 사냥을 좋아하여 정사를 소홀히 하고, 빈번하게 사냥터에서 시간을 보내곤 했다. 정무에 집중하고 공무를 살펴야 할 왕이 너무 많은 시간을 유희에 허비하는 것에 대해 많은 신하들이 걱정을 했지만 차마 나서서 이를 막지 못하고 있었다. 전숙은 왕이 사냥터를 갈 때마다 연로한 몸을 이끌고 그를 수행했다. 나이 많은 신하가 사냥터에 따라오는 것은 여간 불편한 일이 아니었다. 따라서 왕은 그때마다 전숙에게 관사에서 쉬라고 했지만 오히려 전숙은 햇볕이 강하게 내려쬐는 사냥터의 한 구석에 앉아 그를 기다리곤 했다. 불편함을 느낀 노왕이 마침내 사람을 보내 햇볕에 앉아있는 재상을 관사로 모시라고 명령했다. 왕이 보낸 신하에게 전숙은 따끔하게 말한다.

"우리의 귀한 왕이 뙤약볕에서 몸을 드러내고 사냥을 하는데 신하된 내가 어찌 혼자 관사에 가서 편히 쉬겠느냐!"

노나라왕은 이후 자리를 비우고 밖에 나가 노니는 것을 삼갔다고 한다. 지도자를 보좌하는 자리에 있는 관리, 한 나라의 정신적 기둥이 되어야 하는 원로들의 역할이 어떠해야 하는지를 잘 보여주는 일화이다.

주기적으로 찾아오는 선거철이 되면 행사나 기념회가 넘쳐나고 각종 이벤트들이 줄을 잇는다. 행사와 유희가 늘어나는 것을 보면 선거철이 다가온다는 것을 굳이 광고하지 않아도 잘 알 것 같다. 어느새 시간이 있어 글들을 썼는지 출판기념회가 줄줄이 이어지며, 언제 사회적 소외계층이나 사회적 약자들에게 관심을 가져왔다고 불편한 그들을 불러 잔치를 베풀며 야단법석을 떤다. 아무리 보아도 초대된 주인공들의 얼굴은 즐거워 보이지 않는다. 연예인들만 대목을 만났다고 한다.

이런 철없는 정치인들이 '놀고 있는' 현장에 원로들이 보이지 않는다. 쓴소리를 해야 만 하고, 할 수 있는 어른들이 이런 놀이판의 입구에 그저 앉아있기만 해도 혈세를 가지고 장난치는 철없는 정치인들을 바로잡을 수 있을 것이라는 생각을 해본다. 전숙과 같은 '백발'의 추상같은 눈초리가 아쉽다.

> 왕자탈지, 사상상지, 시왕위악이상위선야 상무여상지
> (王自奪之, 使相償之, 是王爲惡而相爲善也 相毋與償之)

> 왕이 빼앗은 것을 재상을 시켜 변상하게 하면 이는 왕이 악한 사람이 되고, 재상이 선한 사람이 되는 것입니다. 재상(전숙)은 이 배상의 일에 간여하지 않겠습니다.

> 숙이관졸, 노이백금사, 소자인불수야, 왈, '불이백금상선인명'
> (叔以官卒, 魯以百金祠, 小子仁不受也, 曰, '不以百金傷先人名')

> 전숙이 재임중에 죽자 노나라에서 백금을 제사 비용으로 하사했다. (전숙의 아들 전인은) 받기를 거절하며 말했다.
> "황금 백 근으로 인해서 선친의 이름을 욕되게 하고 싶지 않습니다."

엄안
(嚴安)

제나라 출신의 춘추학을 공부한 학자로서 주보언, 서락 등과 함께 활동하였다. 유학을 존숭하고, 국가의 새로운 이데올로기가 필요하다는 시류에 따라 낭중에 임명되어 황제가 정책을 결정하고, 명령을 반포하는데 자문역할을 하였다. 엄안은 한무제의 변방공략 및 잇따른 전쟁 계획에 대해 반대의 뜻을 가지고 있었다. 이는 백성들의 안위를 먼저 살피는 것이 주군의 가장 큰 책임이라는 '명분론'에 입각한 것이었다. 하지만 이미 변방공략을 자신의 최대 역점 사업으로 삼고 있던 한무제는 이들의 의견을 무시하였다.

이후 기록이 없는 것으로 보아 한무제의 결정에 실망하여 고향으로 돌아가 학문에 정진한 것으로 보인다.

엄안(嚴安)의 헌책(獻策)

　제나라 출신 선비 엄안 역시 한무제가 계획하고 추진하고자 하는 변방공략 및 군(郡)의 설치에 반대하는 글을 황제에게 올렸다. 그는 상소문에서 자신의 반대 입장이 역사적 사실에 근거함을 밝히고 있다. 서락이 '토붕', '와해'라는 의미를 은유적으로 사용하여 황제를 설득하려 했다면, 엄안은 사실에 입각한 역사의 시대적 흐름을 통해 현재 한나라의 형편과 황제의 생각이 잘못되었다고 지적하였다.

　그는 가장 먼저 은나라를 계승한 주나라의 '치세(治世)'를 언급하고 있다. 주나라가 왕통을 이어받아 천하를 잘 다스렸을 때, 특히 성왕과 강왕 때 가장 융성하였고, 이상적인 시대였다고 말한다. 태평한 시대의 특징은 민심이 후박하고 여유로우며 풍속이 부드럽다는 것이다. 개인과 사회가 모두 여유롭기에 따뜻하고 차분하다. 사람들은 사납게 굴지 않으면서 조용하고 법을 어기는 자들이 줄어들고 교화가 이루어져 문화와 예술이 꽃을 피운다. 예의와 배려가 넘쳐나며 덕담과 미담이 끊이지 않는다. 엄안은 주나라가 태평한 시기를 보내고 있을 때, 형법이 이미 존재하고 있었으나 사십 여 년 동안 버려진 듯했다고 말한다. 죄를 다스리는 옥리나 사법관들이 한가하고 할 일이 없다는 것은 축복받은 사회라는 것이다. 감옥이 소용이 없고, 형리들의 역할이 거의 없는 사회가 주나라 초기의 모습이었다.

　이후 주나라는 비록 쇠퇴기에 접어들긴 했지만 춘추 오패가 차례로 일어나 주나라 천자를 도와 안정을 유지할 수 있었다. 현인과 성인으로 묘사되는 이 다섯 명의 제후들은 천하의 질서를 중시하여 주왕실에 대한 예의에서 벗어나지 않았으며, 난폭하거나 간사함, 풍속을 해치는 해악과 맞섰다는 공통점을 가지고 있었다. 부국강병의 기치를 내세워 백성들의 풍요롭고 여유로운 생활이 예절과 질서를 알게 된다는 생각에 따라 백성들의 안정된 생활을 통치의 최우선으로 삼았던 제왕들이다.

중국천하가 안정되고, 백성들의 안위가 보장되기 위해서는 백성들을 위하는 강력한 통치권이 행사되어야 하며, 그 통치권을 행사하는 군주는 백성의 안위를 최우선으로 해야 한다는 역사적 교훈이다. 그러나 춘추오패 이후 덕과 지혜를 갖춘 제왕도 그리고 마땅히 제왕을 보위해야 할 현명한 신하들도 나오지 않자 중국은 혼란과 불안의 소용돌이에 빠지게 되었다. 질서가 무너지고 예절이 사라진 사회에는 언제나 힘을 앞세우는 무법자들이 등장하기 마련이다. 이들의 공통점은 자신들의 욕심을 채우기 위해 법과 질서를 무시한다는 점이다. 현인들은 이러한 자들을 가리켜 '무도(無道)한 자'라고 말한다. 마땅히 지켜야 할 도리를 지키지 않는다는 의미이다.

엄안은 제나라의 왕위를 찬탈한 전상(田常)과 진나라(晉)를 분열시킨 육경이 그런 사람이라고 말하고 있다. 무도한 자들이 힘을 발휘하는 시대에는 반드시 침탈, 모략, 분열이 반복되는 법이다. 제나라의 왕위가 전씨들에게 넘어가고, 진나라가 분열되어 조, 위, 한 삼국으로 나눠지면서 '전국시대(戰國時代)'가 시작되었다. 그야말로 '전국(戰國)'시대, 즉 전쟁이 그치지 않는 재앙의 시대가 시작된 셈이다. 엄안은 전국시대가 시작되는 시기를 다음과 같이 묘사하고 있다.

"이때부터 백성들의 괴로움이 시작되었습니다. 그래서 강한 나라는 침략을 일삼고, 약한 나라는 지키기에 급급하여 혹은 합종을 하고 혹은 연횡을 하며 바퀴를 부딪치며 수레를 달리니, 투구와 갑옷에 서캐와 이가 들끓건만 백성들은 호소할 길이 없었습니다."

한나라가 다른 나라를 공격하고, 전쟁을 일으키는데 있어 어떤 명분도 목적도 없었다. 힘이 강하면 주변의 약한 나라를 침략하여 재산과 백성들의 삶을 차지하는 것이 당연하고 자연스러운 행위였다. 전쟁을 수행하는 병사의 수레들이 서로 부딪히며 발하는 소리는 끊이지 않았고, 권력자의 야심을 만족시키기 위해 목숨을 걸고 전장을 누벼야 하는 병사들은 자신들의 옷을 세탁할 겨를조차 없어 이가 들끓는 고통을 덤으로 가져야 했다. 그러나 더욱더 불행하고 절망적인 것은 이를 피하고 싶고, 중단하고 싶은 분열과 분쟁의 순간을 백성들의 바램만으로 그칠 수 없다는 것이었다. 어느 곳에도 하소연조차 할 수 없는 상황, 이것이 바로 전국시대를 살았던 백성들의 절망적인 삶이었다.

그런데 이런 절망 속에 한 가닥 서광이 비치기 시작했다. 전국7웅 중 하나였던 진나라(秦)가 다른 제후국들보다 월등한 세력으로 부상하기 시작한 것이다. 어쩌면 당시 계속되는 전쟁에 지치고 궁핍한 생활을 했던 백성들은 누가 되었든 천하가 하나로 통일된다면 이 지긋지긋한 '전국(戰國)'에서 해방될 것이라 생각했을 것이다.

엄안의 설명대로 드디어 진나라가 천하를 통일하자 시황제는 제후국들의 무기를 모두 녹여 종(鍾)을 만들었다. 다시는 무기로 사용되지 않도록 하겠다는, 이전과 같은 전쟁의 소용돌이에 빠지지 않겠다는 의지의 표현이었다. 당시 선량한 백성들은 이제는 전쟁의 불안과 공포, 고통에서 벗어나게 되었다며 현명한 천자의 조치에 감격했다. 엄안의 묘사에 의하면 당시 백성들은 저마다 새로운 세상에 다시 태어났다고 생각했다고 한다.

하지만 백성들의 이러한 희망과 기쁨은 잠시뿐이었다. 오랜 전쟁에서 벗어나 이제는 안정된 세상에서 생업에 힘쓰며, 편안한 생활을 할 것이라는 기대가 서서히 무너지기 시작했다. 선조들에게 들은 오래전 요순시대의 '고복격양(鼓腹擊壤)'의 환영(幻影)과 주나라 성왕, 강왕 시대의 태평성세에 대한 소망이 물거품과 같이 소멸되고 말았다. 진시황은 천하통일의 대업에 만족하지 않았다. 강역을 더 넓히겠다는 의지뿐 아니라 자신이 누릴 권세와 명예, 그리고 눈앞의 이익에 대한 집착이 끝이 없어 보였다. 그는 자신의 이익이 백성들의 안위보다 우선하였기에 혼란시기의 습관대로 교활한 지혜와 권세와 이익을 탐하는 자들을 등용시켜 하수인으로 사용하였다.

반면에 백성들의 안위를 위해 예와 도리를 회복해야 한다고 주장하는 신의(信義)가 있는 신하들을 처참하게 제거하기 시작했다. 법이 존재하는 목적을 망각하고 이 법을 무기로 백성들을 억압하고 통제하기 시작했다. 명분을 잃은 법치(法治)는 마땅히 법의 보호를 받아야 하는 대상들에게 얼마든지 공포의 무기가 될 수 있다는 다양한 역사적 교훈을 남겨주었다.

진나라의 오류는 법이 존재하지 않거나 법치를 시행하였다는 것이 아니라 법치를 '제대로' 시행하지 않았기 때문이라고 역사가들은 평가한다. 진시황은 자신의 제국이 영원히 지속되기를 강력히 소망했다. 그가 불사약을 구하기 위해 무모한 행위를 하여 웃음거리가 된 것도, 통치권을 극대화하여 지존의 권위를 확립하고자 무리한 치장을 한 것도, 모두 자신이 이룬 업적이 영속하기를 바라는 마음에서 출발한 것이다. 자신과 자신을 이을 진나라의 통치자는 역대 어떤 군주나 제왕보다 강력하고 완벽해야 된다고 생각했다. 그래서 '황제'라는 명칭도 얻었고, 통치권에 도전하지 못하도록 법식과 율령을 수정했다. 자신의 뒤를 이을 황제는 독자적인 명칭 대신에 2세, 3세… 만세가 되어야 했다. 그러나 역사는 그의 바램을 무참하게 짓밟아 버렸다. 마치 조롱하듯이 그의 기대와 소망을 우스갯거리로 만들었다. 아무도 상상할 수 없었던 극히 짧은 시간 불과 20년이 채 안 되는 2세 황제 때에 진나라는 숱한 오명을 안은 채 역사의 무대에서 사라지고 말았다. 엄안은 진나라의 비극을 다음과 같이 분석했다.

"만약 진나라가 형벌을 가볍게 하여 백성들을 위로하고, 부세와 부역의 짐을 덜어주어 백성들의 주머니와 배를 채워주고, 인의를 존중하여 권세와 눈앞의 이익을 탐하지 않고, 교활한 지혜를 배격하고 좋지 못한 풍속을 바로잡았다면 진시황의 바램대로 진나라는 오랜 시간 동안 통일 제국의 위업을 유지했을 것입니다."

진나라는 전국시대의 수백 년 동안 수없이 많은 전쟁을 수행했고, 수없이 많은 경세가들과 현자들의 도움으로 강하고 부유한 국가를 만들고 유지하는 법을 배워왔다. 전국 각지에서 모여든 탁월한 관리들을 통해 통일국가의 기반을 조성했고, 법과 제도를 정비함은 물론 전국적으로 효율적인 행정시스템을 구축했다. 국가발전의 근간인 도로와 운하 같은 인프라를 구축했고, 도량형, 화폐 등을 통일적으로 규격화했으며, 문자와 음악, 의식 등의 문화적 격식도 갖추었다. 한 국가가 망할 때 나타나는 조짐은 전혀 보이지 않았다. 강력한 리더십, 화려하고 부유한 문화요소들, 결코 패배를 모를 것 같은 강력하고 단단한 군대를 소유했다. 그런데 진나라는 불과 20년도 채 못 되어 전혀 지도자의 자격을 갖추지 못한 진승, 오광과 같은 동네 건달들의 반란세력의 공격을 받고 무너지기 시작했다.

엄안은 이 역설적인 역사적 사건을 한나라 무제 시기에 되돌아보면서 진나라의 실패가 국가가 갖추어야 할 리더십, 제도, 경제력, 군사력 등에 그 원인이 있는 것이 아니었다고 말한다. 권세와 이익을 좇는 무도한 자들이 황제의 눈과 귀를 막고 아첨하는 말들을 쏟아내자 황제는 초심을 잃고 야심을 키웠다. 마침내 마음이 교만해져서 현실에 만족하지 못한 것이 화근이었다고 엄안은 지적했다.

진시황은 다시 군대를 동원하여 흉노와 남월, 즉 북과 남으로 강역을 넓히기 위해 새로운 전쟁을 시도하였다. 새로운 세상에 대한 기대에 부풀어 있던 백성들의 얼굴에 다시 어두운 그림자가 드리워지기 시작했다. 남자들은 전쟁터로 끌려 나가야 했고 군량을 위해 고달픈 삶을 시작해야만 했다. 여성들 역시 군수물자를 위해 길쌈으로 밤을 지새웠다.

국가로부터 마땅히 보호받아야할 사회적 약자들은 거리로 내몰리고 생존의 문제를 고민해야 하는 지경에 이르게 되었다. 기댈 곳도 호소할 곳도 잃어버리게 되자 그들의 얼굴에서 웃음도 사라지게 되었다. 엄안은 당시의 상황을 이렇게 묘사했다.

"십여 년간의 싸움에 장정들은 갑옷을 입고 여자들은 물자를 실어 나르느라 그 괴로움을 견딜 수 없어 삶을 마다하고 스스로 길가의 나무에 목을 매어 죽은 자가 끊이지 않았습니다."

나무는 자신들이 결실해야 할 탐스러운 열매 대신에 한숨과 절망에 절인 백성들의 처참하고 앙상한 육신들을 주렁주렁 매달고 있어야만 하는 처지가 되었다.

그토록 강력하고 완벽해보였던 진나라와 진나라의 황제를 비롯한 관리들에게서 배신감을 느낀 백성들이 돌아서기 시작했다. 이는 진나라에 의해 망한 조국을 회복하기 위한 정치적인 결단이 아니었다. 그것은 생존에 대한 절규였고, 인간다운 삶에 대한 처절한 선택이었다. 희망을 잃은 백성들은 그들을 대신하여 진나라에 대항할 자가 누구인지는 관심의 대상이 아니었다. 그들이 자격을 갖추었는지, 어느 지역 출신인지, 신분이 무엇인지, 이러한 것은 아무런 문제가 되지 않았다. 다시 절망의 수렁으로 빠져들어가는 자신들의 지친 육체와 영혼을 구해준다면 지푸라기라도 잡고 싶었을 것이다.

엄안은 진시황이 죽자 각 지역에서 일어난 반란세력을 일일이 열거했다. 지방의 유력자들은 물론이고 심지어 심산유곡의 호걸들, 동네의 무뢰배들도 일어나는 등 진나라에 반기를 든 사람들이 너무 많아 일일이 적는 것이 불가능할 정도라고 말한다. 이들은 사전에 어떤 모의도 하지 않았고, 약속을 한 것도 아니었지만 함께 모였다.

살기위해서, 이 절망적이고 저주스러운 삶을 더 이상 견딜 수가 없어 그냥 모였던 것이다. 굶어죽으나 반역죄로 몰려 죽으나 이미 자신들을 버린 국가나 지도자들의 배신에 견딜 수 없어 그들은 모였던 것이다. 진나라의 멸망을 엄안은 이렇게 설명하고 있다.

"이것은 당시 진나라의 포악한 정치가 그렇게 만든 것입니다. 진나라가 천자의 귀한 자리에 있었고, 천하를 소유할 만큼 부유했으면서도 후

손이 끊기고, 조상의 제사조차 끊어지게 된 것은 전쟁을 지나치게 일삼은 데서 비롯된 재앙입니다."

그런데 지금 한나라의 야심찬 지도자 한무제 역시 통일왕국의 통치에 그치지 않고 강역에 대한 야심을 내비치고 있다. 황제를 부추겨 전쟁의 필요성을 주장하는 신하들이 넘쳐난다. 이들의 주장에 근거가 없는 것은 아니다. 더 넓은 지역을 공략하여 국가의 위상과 재정을 견고히 하고, 더 많은 자본을 축적하면 나라는 더 부강해질 수 있다.

변경(邊境)에서 이민족들의 침략으로 혼란이 일어나는 것을 막기 위해 군사적 행동을 취하는 것도 결국에는 모두 백성들을 위한 일이라고 주장할 수도 있다. 하지만 공손홍을 비롯하여 주보언, 서락, 엄안 등이 더 중요하게 생각했던 것은 백성들의 안위였으며, 통치자와 백성들과의 관계였다.

국가가 책임져야 할 임무, 지도자들이 동원할 수 있는 권력, 비용, 군사가 무엇을 위해 존재해야 하는지를 묻고 있는 것이다. 길거리에 보호받지 못한 사회적 약자들의 주검이 늘어서 있는 것이나 길가의 나무들에 절망과 공포 속에서 죽어간 백성들의 시신이 매달려 있다면 국가도 지도자들도 그 원인이 되는 일을 포기해야 한다는 것이다.

이것이 바로 한무제 시기에 『춘추』를 통해 대의명분을 학습한 양심 있는 학자들의 간언이었다.

드레스덴 통일구상도 중요하고, 아시아태평양 시대를 넘어 유라시아를 관통하는 세계를 향한 비상도 중요하다. 분단된 민족의 통일을 위해 우방과 연대를 하는 것도 반드시 이루어야 하는 중요한 사안이다.

하지만 지금 우리에게 필요한 것은 절망과 좌절 속에서 스스로 삶을 포기하는 지친 국민들의 삶을 돌아보는 것이다. 국가로부터 보호받아야 할 사회적 약자들이 소외되고 지도자들과 기득권자들의 야심에 찬 채찍질에 무력하게 눈물과 한숨을 지으며 등짝을 내밀고 있는 국민들을 위로해야 한다. 국가가 이러한 기능을 포기하게 되면 마침내 스스로 삶을 포기하는 자들이 넘쳐나게 된다.

우리나라의 자살률은 수년 동안 당당하게 OECD 국가들 가운데 1위 자리를 고수하고 있고, 하루에 5.3명이 산업현장에서 죽어가는 형편도 다른 나라가 도저히 따라올 수 없는 당당한 1위이다.

우리의 지도자가 세계를 다니며 엄청난 역할을 하고 있으며 대우받고 있는 자랑스러운 대한민국의 위상 뒤편에 지금 이 순간도 삶과 죽음의 경계를 고민하며 한숨 쉬고 있는 소중한 삶들이 있다. 사람 사는 세상에서 살고 싶은 선량한 백성들의 소망을 외면한다면 아무리 대박난 국가도 소용이 없다는 역사적 교훈 앞에 우리는 지금 서있는 것이다.

향사진완기형벌, 박부렴, 성요역, 귀인의, 천권리, 상독후, 하지교, 변풍이속, 화어해내, 즉세세필안의
(鄕使秦緩其刑罰, 薄賦斂, 省繇役, 貴仁義, 賤權利, 上篤厚, 下智巧, 變風易俗, 化於海內, 則世世必安矣)

(진나라가) 형벌을 늦추고, 부역과 세금을 가볍게 해 요역을 덜어주고, 인의를 귀하게 여기며, 독실하고 후덕한 것을 숭상하고, 교활한 지혜와 기교를 하찮게 여겨 나쁜 풍속을 바로잡아 천하를 올바로 이끌었다면 (진나라는) 대대로 평안을 누렸을 것입니다.

서락
(徐樂)

한나라 무제 시기에 낭중(郎中)에 임명되었던 관리. 한무제가 내
치를 돌보지 않고 외부와의 전쟁을 통해 자신의 야심을 실현하
고자 하는 것에 대해 상소문을 올려 반대하였다. 그의 일생에 관
한 기록은 상세히 알려지지는 않았지만, 공손홍, 엄안 등과 함께
춘추학을 공부한 것으로 알려져 있으며, 강직하고, 인의를 추구
하는 삶을 살았던 사람으로 전해지고 있다.

토붕(土崩)과 와해(瓦解)

한제국이 성립된 후 왕조 초기의 혼란과 무질서를 수습하고 점차 안
정을 이루다가 문제와 경제의 통치기를 지나면서 비로소 평화와 풍요를
바탕으로 안정을 이루게 된다. 우리에게 잘 알려져 있는 '문경치세(文景

治世'이다. 오랜 전쟁과 가혹한 국가의 통제와 수탈에 지친 백성들이 비로소 지친 몸을 편히 누이고 굶주림에서 해방되는 시대를 만나게 되었다. 그러나 이제 좀 안정을 찾고, 여유롭고 평온한 세상을 누리고자 하는데, 젊고 야심이 많은 무제가 제위에 오르면서 서서히 불안감이 조성되기 시작한다. 한무제가 변방 부족 특히 북방의 흉노와 서남 변경의 남월에 대한 정벌을 추진하였기 때문이다.

재상 공손홍을 비롯하여 주보언 등은 변방의 이민족들을 공략하기 위해 군량과 군막을 마련하는 등 전쟁 준비를 위해 또 다시 백성들이 희생을 해야 하는 것은 명분상 옳지 못하다고 만류하고 나섰다. 하지만 한무제의 야망을 포기시키기에는 역부족이었다.

조나라 출신의 경세가이자 춘추학을 공부한 서락(徐樂)이라는 선비가 황제를 만류하기 위해 글을 올렸다. 이를 서락헌책(徐樂獻策)이라 하는데 이 글에서 서락은 '토붕' 과 '와해' 라는 은유를 동원하여 현재 한나라의 상황에서 현명한 군주가 선택해야 할 것이 무엇인지 따지고 든다.

'토붕' 은 지반이 붕괴되는 것을 의미하며, '와해' 는 지붕에 얹은 기와가 부서지는 것을 의미합니다. 토붕과 와해 모두 혼란과 파괴, 무질서, 불행을 뜻하는 부정적 표현이지만 와해는 상대적으로 적은 피해를 의미하며 토붕은 땅이 꺼지며 그 위에 놓였던 모든 것들을 삼켜버리는 '멸망' 과 '소멸' 이라는 돌이킬 수 없는 재앙을 의미합니다.

서락은 한무제에게 토붕과 와해를 역사적 사건에서 찾아내 예로 들어 설명한다. 회복할 수 없는 멸망을 의미하는 토붕을 그는 진나라의 말기

현상이라고 묘사했다. 천하통일이라는 대업을 이루고 만세까지(영원히) 지속될 것 같았던 진나라는 불과 2세 만에 지반이 붕괴되는 비극을 만나게 되었다. 서락은 이 혼란의 시기 즉 토붕현상이 일어나는 진나라의 상황을 설명하면서 반란군의 지도자였던 진섭을 언급한다.

진섭은 귀한 신분이나 부유함이나 명예도 갖지 못한 자로서, 지도자의 자리에 결코 오를 수 없는 평범한 사람이었는데, 그런 보잘것없는 사람이 큰 소리를 한 번 내자 백성들이 구름떼처럼 모여들었고 그를 지도자로 만들고, 반역을 일으키는 일에 동조하였다고 설명한다. 비록 진섭의 반란이 진나라 멸망의 직접적인 원인이 된 것은 아니지만 향후 각 지역의 반란과 저항에 불을 지폈으며 유력한 제후들이 진나라에 반기를 들게 하였다는 점에서 진나라 멸망의 일등공신 역할을 한 것은 분명하다. 어떻게 이처럼 자격도 없고 재능이 탁월하지 못한 평범한 사람이 반란의 지도자가 되었을까?

서락은 땅이 꺼지는 토붕이라는 개념을 들어 진나라의 멸망은 사실상 진섭이 일으킨 외부적인 반란에 의한 것이 아니고 황제 스스로가 자초한 내부적 요인 때문이었다고 설명하고 있다. 그가 말하는 토붕의 원인은 세 가지였다.
① 백성이 곤궁함을 호소해도 군주가 이를 살피는 일에 소홀히 한 것
② 아래(백성들)에서 원망을 해도 위에 있는 지도자들이 이를 인식하지 못한 것
③ 앞의 두 가지의 결과적인 현상인데 혼란과 곤궁함으로 풍속이 어지러워져 정치가 제대로 이루어지지 못하는 것이 그것이다.

이러한 징조가 지속되면 지도자의 자질이 전혀 없는 사람이 등장하여 백성들을 선동해도 강력한 지지를 받는다는 말이다. 서락은 이러한 토붕의 징조들이 반란을 일으켰던 진섭의 '밑천'이 되었다고 말한다.

토붕의 징조가 강하면 강할수록 명분 없는 지도자들의 밑천은 든든해지는 법이다. 민생이 고달프고, 기득권자들의 횡포가 날이 갈수록 심해지며, 정치인들이 지속적으로 국민들을 실망시킨 결과 우리는 이 사회에서 정말 '형편없어 보이는 사람들'의 SNS에 벌떼와 같이 사람들이 모여드는 것을 목격하고 있다. 토붕이 천하의 근심이며, 지반은 이렇게 해서 한 순간 무너지는 법이다.

그렇다면 '기와가 부서진다'는 의미를 담고 있는 와해는 무엇일까? 서락은 와해를 '오초칠국의 난'이라는 역사적 사건을 예로 들고 있다. 이 난은 기원전 154년 무제의 부친인 경제 때에 제후국인 오나라와 주변 6개 제후국이 연합하여 일으킨 난이다. 제후들의 세력을 약화시키기 위해 영토를 삭감하거나 자제들에게 분할 상속하도록 해서 그 세력을 약화시키려 하자 이에 불만을 품고 유력제후들이 난을 일으킨 것이다. 서락은 이번에도 반란을 일으킨 주동자들의 자질을 먼저 논하고 있다. 토붕의 예를 들면서 진섭의 자질을 논한 것과 연결시키기 위한 의도로 보인다. 난을 일으킨 7국의 제후들은 만승의 제후이며, 수십만 명의 무장한 군사를 거느리고 있었고, 관내의 어떠한 선비와 백성들도 포용할 수 있는 막대한 재력을 소유한 자들이었다. 진섭과는 완전히 반대되는 자격과 조건을 가진 자들이었다.

이러한 완벽한 조건을 갖추었음에도 이들은 한 자 한 치의 땅도 얻지 못하였고, 중원에서 패하여 포로가 된다. 서락은 '와해' 역시 혼란을 야기하지만 아무리 완벽한 조건을 갖추어도 토붕으로 이어지지 않았던 원인은 진섭이 그랬던 것과 같이 실제 반란을 일으키고 주도한 사람들에 의해 결과가 만들어지지 않았다고 말한다. 고조와 문제 등 선왕들의 은택이 남아있어 백성들이 평안함을 느끼며 풍요로운 생활을 누리고 있다면 반란지도자들은 그들이 아무리 완벽한 자격을 갖추고 있어도 그들의 밑천이 될 만한 지지를 얻을 수 없다는 뜻이다. 따라서 나라의 흥망성쇠는 결국 백성들을 통치하는 현명한 군주의 처신에 달려있다는 것을 강조한 것이다.

군주가 백성의 필요에 적극적으로 대처하고 그들의 안위를 살피는 것은 단순히 군주 개인의 정치적 치적이나 명예, 권위를 드높이는 것에 그치지 않고 국가의 존망과 관계되는 것이라는 지적이다. 나라에 흉년이 들거나 경제적 조건이 악화되고, 게다가 변방에서 크고 작은 불안한 일들이 벌어지면 백성들은 편안함을 누리지 못하게 된다. 편안함을 누리지 못하면 동요하게 될 것이고, 동요의 정도가 지나치게 되면 결국에는 국가를 위해하려는 자들의 '든든한 밑천'이 되는 것이다. 이것이 바로 토붕의 형세이다.

이는 비단 국가의 지도자들에게만 해당하는 말은 분명 아니다. 한 가정을 비롯하여 기업이나 크고 작은 조직의 책임을 맡고 있는 책임자들이 항상 눈앞에 적어놓고 되새겨야 하는 내용이다. 조직의 존망은 어떤 외부적 조건보다 지도자와 구성원 사이의 관계에 있다는 사실을 잊어서는 안 될 것이다. 지도자는 다른 무엇보다 자신이 책임져야 하는 사람들의 안위와 행복에 우선순위를 두어야 한다. 가족 구성원이 불행하다면 그 가문이 아무리 외부적으로 훌륭해 보여도 어느 순간 무너지게 될 것이고, 직원들이 불행하고 불만에 가득한 기업은 아무리 훌륭한 실적을 자랑해도 한 순간에 사라지게 될 것이다. 반대로 구성원들이 만족하고 행복하면 이는 바위 위에 기초를 둔 집과 같아서 어떠한 외풍에도 꿋꿋하게 견딜 수 있는 '잘 지은 집'이 되는 것이다.

신문, 천하지환재어토붕, 부재어와해, 고금일야
(臣聞, 天下之患在於土崩, 不在於瓦解, 古今一也)

신이 듣건대 천하의 우환은 토붕에 있는 것이지
와해 때문이 아닙니다. 이는 예나 지금이나 한 가지입니다.

민차유불안기처자의. 불안고이동, 이동자, 토붕지세야
(民且有不安其處者矣. 不安故易動, 易動者, 土崩之勢也)

불안해 하는 백성이 그곳에 많이 있는듯 합니다. 편안함을 느끼
지 못하면 동요하기 쉽고, 동요하기 쉬운 것은 곧 토붕의 형세가
되는 것입니다.

정당시
(鄭當時)

정당시의 자는 장(莊)이고 진(陳)나라 출신이다. 그의 할아버지는
정군(鄭君)이라는 사람인데, 한 때 항우의 장군이었으나 항우가
죽은 후에 한나라로 귀순했다. 한나라의 고조가 항적의 신하였던
사람들이 항왕이라는 호칭을 계속 사용하자, 앞으로는 이름을 부
르라고 했는데, 정군 만은 그 명을 따르지 않아 불경죄로 축출되
었다.

　　사마천이 『사기열전』에서 정당시를 소개한 내용을 살펴보면 사마천
은 먼저 그의 자(字)가 '씩씩하다', '건장하다' '무성하다' 는 의미를 가
진 '장(莊)' 이라고 소개한다.
　　일반적으로 별칭이나 그 사람의 특징을 호칭에 담을 경우에는 호칭하
는 사람의 바램을 담는 경우가 많다. 아니면 그 사람의 특징을 그대로 이
름에 담는 경우도 있다. 따라서 신체가 허약하여 '좀 건강했으면 좋겠

다' 는 의미를 갖고 있을 수도 있고, 아니면 건장한 외모를 소유하여 한 눈에 봐도 대장부의 풍모를 느낄 수 있었기 때문에 혹은 그렇게 되기를 원하는 마음이 담겨있을 수도 있다.

전한시대의 진나라 지역은 오늘의 하남성 일대로 동서와 남북이 만나는 교통의 요지였다. 교통의 요지라 하는 것은 전시와 같은 혼란기에는 치열한 전장이 되는 곳이고, 안정과 평화 시에는 유동인구가 많기 때문에 상업이 발달하고, 다양한 문화가 유행하는 특성을 갖는다. 중국인들이 중요시하는 전통과 정체성 등이 상대적으로 약할 수밖에 없는 지역이다. 오히려 넘쳐나는 다양한 문화와 정보로 인해 변화에 쉽게 반응하고 유행에 민감한 경향이 있는 지역이다. 그래서 진나라 출신이라고 하면 '가볍고, 신의가 부족하며, 상황에 따라 태도가 변하는 사람들' 이라는 선입관이 있었다.

사마천은 또한 그의 할아버지인 정군의 이야기를 그의 소개에 덧붙이고 있다. 그는 한나라의 건국자인 고조와 천하대권을 다투었던 항우의 부장이었다. 고조와는 적이었던 사람이다. 그러나 항우가 죽고 고조가 승리하자 한나라에 귀순하였다. 귀순을 하였음에도 고조의 명령에 불복하여 불경죄로 쫓겨나게 된다.

사마천이 정당시를 소개하는 내용들은 정당시가 한나라에서 출세하기 위해 갖추어야 할 조건들이 전혀 없었음을 암시하고 있다. 신체적 조건이나, 개인적 자질, 출신지역, 집안의 내력 등 그 어느 것도 그의 출세를 위해 도움이 되는 것이 없어 보인다. 그래서 그는 협객이 되었고 당시에 이미 비주류의 사상으로 취급되던 황노사상에 관심을 갖는다. 황노

사상은 기득권의 전횡과 인간의 이기심에 저항하는 도가 계열의 사상체계이다.

그러나 정당시는 열악한 조건을 극복하고 태사, 우내사를 거쳐 국가의 재정을 총괄하는 대사농의 지위에 오르게 된다. 오늘날 장관에 해당하는 구경(九卿)의 반열에 오르게 된 것이다. 무엇이 이를 가능하게 하였는지 사마천은 그의 행적을 자세히 소개하고 있다.

정당시는 닷새에 한 번 돌아오는 휴일에 수레를 여러 대 교외에 배치시켜 놓고 옛 친구나 빈객들을 초청하여 대접하기를 쉬지 않았다. 그는 손님들을 초대하는 데 있어 골고루 초대하지 못할까봐 전전긍긍했고, 덕망 있는 사람들을 사모하여 그런 사람들을 만나지 못할까 두려워했다. 그는 아직 나이도 젊고 벼슬도 낮았지만 그가 교제하며 알고 지내는 사람들은 대부분 할아버지 연배이고 천하의 명사들이었다. 정당시는 전문지식을 갖고 있는 사람이나 다양한 지식을 가진 사람들과 골고루 교류함으로써 균형 있는 지식을 쌓을 수 있었다. 또한 연장자들과 교제함으로써 경험을 통해 쌓아올린 '지혜'를 얻었다.

누군가에게 무엇을 배우기 위해 그들을 초대하고 교제하는 것은 자신이 모든 것을 해결할 수 없다는 겸손한 마음에서 비롯되는 법이다. 정당시는 이들과 교류하면서 '밤낮으로 접대하여 때로 다음날 새벽까지 이르기도 했다'고 사마천은 전한다.

비용도 많이 들었을 것이고, 체력적으로도 힘이 들었을 것이다. 하지만 이들과의 교류를 통해 더 큰 것을 얻을 수 있었기에 계속할 수 있었다. 또한 나이든 사람을 대접하는 것 역시 쉽지 않은 일이다. 사람이 나이가 들면 말들이 많아지고, 고집도 만만치가 않다. 자신이 살아온 경험과 축적해 온 지식들에 대한 확신이 강해 상대에 대한 배려도 인정도 후하지 않은 법이다. 그래서 노인들을 상대하는 것은 보통 힘든 일이 아니었을 것이다. 그런데 정당시는 그가 교제하고 알고 지내는 사람들이 대부분 할아버지 연배였다고 한다.

태사(太史)로 재직할 때 그는 부하 직원들에게 '손님이 오면 귀천을 가리지 말고 문간에 세워두는 일이 없도록 하라'고 주의시켰다. 손님을 대할 때에는 자신이 더 높은 신분임에도 자신을 낮추었다. 언제나 나라에서 받은 봉록이나 하사품을 빈객들을 대접하는데 아끼지 않았다.

사마천이 정당시를 높게 평가한 점은 누구든 칭찬 받을 만한 일이나 공이 있는 경우 자신이 먼저 나서서 축하하고 소문을 퍼뜨렸다는 점이다. 누군가 허물이 있거나 실수가 있다면 어떤 일이 있어도 그것을 덮어주려고 힘을 썼다. 좋은 말을 전할 때는 너무 늦게 말하는 것이 아닐까 두려워할 정도였다. 사람들을 추천할 때는 언제나 구체적인 예를 들어 자신보다 현명함을 드러내려고 노력했다. 관리들의 이름을 함부로 부르는 적이 없으며, 지위를 따지지 않고, 사람들과 이야기할 때는 상대의 마음을 상하는 일이 없도록 주의했다.

성공하는 사람들의 습관을 다루는 책들이 많이 있다. 성공한 사람들은 어떤 행동이나 태도를 갖는가 하는 것을 관찰하여 훈련하면 성공할 가능성이 높아지기 때문이다. 출세할 조건을 거의 갖지 못했던 정당시가 자신도 구경에 올랐고, 그에게 영향을 받아 구경에 오른 자가 예닐곱 명이나 되었다고 하니 그의 삶의 태도와 자세를 배울 필요가 있다고 생각한다. 이를 다음과 같이 정리해 볼 수 있다.

1. 자신의 지식과 지혜가 한계가 있음을 인정하고 다양한 전문가나 연장자들, 덕망 있는 명사들과 교류하기를 즐긴다.
2. 사람들과 교제할 때는 이 사람을 다시는 만나지 못할 것을 두려워하는 마음을 갖는다. 명사와 전문가들은 나에게 지식과 지혜를 공급하는 귀한 사람들이기 때문이다.
3. 교류할 때 상대방을 높이며, 겸손한 태도를 취한다.
4. 다른 사람의 잘한 점을 널리 퍼뜨리고, 실수나 허물은 무슨 일이 있어도 들춰내지 않는다.
5. 말로써 상대방의 마음을 상하게 하지 않도록 조심한다.
6. 사람들의 이름을 함부로 부르거나 자신을 드러내기 위해 다른 사람을 폄하하지 않는다.

객지, 무귀천무류문자
(客至, 無貴賤無留門者)

손님이 찾아오면 귀천을 가리지 말고 정중히 모시고, 문에 세워두는 법이 없게 하라.

미상명리 여관속언, 약공상지, 문인지선언, 진지상, 유공후
(未嘗名吏 與官屬言, 若恐傷之, 聞人之善言, 進之上, 唯恐後)

관리들의 이름을 함부로 부르지 않았고, 관속들과 말을 나눌 때에도 그들에게 상처를 줄까봐 늘 조심하였다. 사람들의 착한 일을 듣게 되면 이를 임금께 전하면서, 전하는 말이 늦지 않았을까 걱정하곤 했다.

2

천리마의
등에 붙은 파리

몽염
(蒙恬)

진나라의 장군으로 대대로 국가에 큰 공을 세운 무인의 집안에서 태어났다. 기원전 221년 제(齊)나라를 멸망시킬 때 큰 공을 세워 진시황의 신임을 얻게 되었고, 진시황은 자신의 후계자로 생각하던 부소를 도와 북방의 변경을 지키는 임무를 부여한다. 기원전 215년 흉노(匈奴)정벌 때 활약이 컸으며, 이듬해 만리장성을 완성하였다. 북쪽 변경을 경비하는 총사령관으로서, 상군(上郡)지역에 주둔하면서 자신의 군대의 실력자로 부상하게 된다. 그러나 시황제(始皇帝)가 죽자, 환관 조고(趙高)와 승상(丞相) 이사(李斯)의 흉계로 투옥, 자살하였다.

진나라가 전국시대의 혼란한 정국을 평정하고 천하를 통일함에 있어 가장 공이 컸던 사람은 몽염 장군이다. 진나라에는 몽염 말고도 백기나 왕전 등 훌륭한 장수들이 많이 있었지만 몽염 장군의 집안은 3대째 훌륭한 장수를 배출하며 진나라에 결정적인 군사적 업적을 세웠다. 몽염 장군의 할아버지인 몽오 장군은 제나라에서 진나라로 건너와 소왕을 섬겨 벼슬이 상경에 이르렀고, 장양왕 때에는 한나라, 조나라, 위나라를 차례로 공격하여 재기할 수 없을 정도로 무력화시켰다.

몽오 장군의 손자인 몽염 장군은 왕전의 부장으로 전투에 참여하여 초나라, 제나라를 복속시키는데 결정적인 역할을 했다. 이처럼 대를 이어 진나라에 결정적인 군사적 승리를 안겨준 몽씨 가문에 대해 진시황은 최고의 대우를 했다.

사마천은 『몽염열전』에서 진시황이 몽씨 가문을 '항상 존중하고 남다르게 아끼며, 신임하고 현명하다고 칭찬했다' 고 적고 있다. 몽염 장군에게는 몽의라는 동생이 있었는데, 진시황은 몽의를 아껴 늘 곁에 두고 궁궐을 나갈 때나 들어올 때 언제나 함께 수레를 타고 다녔다. 최고의 예우와 신임을 보여준 것이라 할 수 있다.

진시황은 천하를 통일한 후 몽염 장군에게 군사 30만을 주어 변방의 흉노를 막기 위한 장성을 쌓는 중요한 일의 책임을 맡도록 하였다. 그리고 그의 동생인 몽의는 상경에 임명하여 중요한 정책 수립에 참여하게 했다. 궁궐내의 많은 신하들은 나라밖의 변경에는 몽염 장군이 있고, 궁궐 안에는 몽의가 있다고 말하며, 이 둘은 충신이고 진시황의 총애가 크기에 감히 몽 씨 형제와 경쟁하려하지 않았다고 한다.

그런데 진시황이 궁궐을 떠나 천하를 주유하던 도중 사망하게 되고, 진시황의 의도와 무관하게 호혜가 황제의 자리를 물려받게 되었다. 이

과정에서는 간사하고 음흉한 환관 조고의 계략이 있었다. 그는 진시황이 유서에 남긴 대로 맏아들 부소가 황제가 되면 자신의 자리가 사라질 것을 두려워하여 자신과 관계가 깊은 호혜가 황위를 물려받도록 유서를 위조했다. 그리고 부소를 지지하던 몽염 장군과 부소에게 자결을 명령하는 내용을 유서에 적어 넣었다. 사자의 전갈을 받고 맏아들 부소는 아버지의 뜻에 따라 자결을 하지만 몽염 장군은 상황이 의심스러워 다시 한번 명령해줄 것을 요구하면서 버티다가 결국 수감되었다.

호혜가 진시황의 뒤를 이어 황제로 등극하자 조고는 정치적 후환을 없애야 한다며 황제의 형제들과 정적들을 제거하기 시작했다. 이때 조고는 몽염 장군의 동생인 몽의에 대해 무고했다. 내용은 진시황이 호혜를 태자로 삼으려 할 때 몽의가 반대했다는 것이다. 조고의 모략으로 몽의는 황제의 명령을 받아 죽게 되었다. 조고가 몽의를 무고하여 죽게 한 것에는 이유가 있었다. 진시황이 통치를 할 때 조고가 국가에 큰 죄를 짓자 진시황은 몽의에게 심리를 하라고 명령한 적이 있었다. 몽의는 철저히 조사한 후 그 죄는 사형에 해당한다고 보고하고 집행을 하려고 했다.
그러나 황제는 조고의 능력이 아까워 죄를 사면하고 다시 기회를 주었다. 간신히 목숨을 건진 조고의 마음속에는 늘 몽의에 대한 복수심이 있었을 것이다. 조고는 몽의의 죽음에 만족하지 않고, 그의 형인 몽염 장군마저 제거하려고 했다. 여러 가지 이유를 들어 몽염의 죄를 묻는데, 몽염 장군이 그 의도를 모를 리 없었다. 그는 역사적 사실들을 들어가며, 황제가 충신의 말에 귀를 기울이지 않고, 간신배의 모략에 빠질 경우 황제 개인은 물론 국가의 큰 어려움을 초래하여 백성들마저 어려움에 처한다는 예를 들며 사자를 설득했다. 하지만 정치적 실리를 계산하는 자들이 그의 말을 들어줄리 만무했다.

죽음을 앞에 둔 몽염 장군은 자신의 삶을 돌아본다. 조상대대로 진나라에 충성을 하며, 진나라를 위해 목숨을 걸고 전장을 누볐고, 천하통일의 결정적 공을 세웠으며, 통일 후에도 황제의 명에 따라 변방에서 그 힘들고 어려운 임무를 충성스럽게 수행한 것 밖에 없는데, 왜 억울하게 죽어야 하는지 아무리 생각해도 하늘의 뜻을 이해할 수 없었다. 오랜 생각 끝에 그는 자신의 억울한 죽음이 장성을 쌓기 위해 수없이 많은 산을 깎으면서 지맥을 끊었기 때문이라고 한탄한다. 그 역시 황제의 명령이었는데….

이렇게 해서 진나라 통일의 최고 공을 세운 한 가문이 몰락하게 된다.

역사의 기록들을 볼 때마다 몽염 장군의 예와 같이 정말 정당하고 올바르게 살았음에도 정당한 보상은커녕 억울한 대우나 심지어 죽임을 당하는 경우를 만나게 되는데, 이럴 때마다 적지 않게 당황하게 된다. 그렇다면 정당하게 사는 것의 의미가 무엇일까? 악당들이 득세하고, 충신과 정의로운 사람들이 불행을 당하는 모습을 어떻게 설명해야 할까? 간접 경험을 하는 제3자도 당황스러운 데 정작 그 일을 당하는 본인들은 어떨까 하는 생각도 해본다. 몽염 장군처럼 결국 자신이 명령을 받고 수행한 일이 지맥을 끊어 하늘을 노하게 했을 것이라는 결론으로 마음의 위안을 받을 수밖에 없음이 안쓰럽기만 하다.

우리 역시 살아가면서 억울한 일을 당하면, '내가 전생에 무슨 죄를 지었나?', '혹시 우리 조상이 무슨 큰 잘못을 저지른 것은 아닐까?', '내가 나도 모르는 사이에 하늘의 뜻을 거스른 것이 있는 것은 아닌가?' 라는 생각을 하게 된다.

사마천은 몽염 장군의 한탄에 대해 이렇게 말한다.

진시황이 오랜 전쟁을 통해 천하통일을 이루었을 때, 진나라가 가장 먼저 해야 했던 것은 전쟁의 상처와 피로가 남아있는 백성들을 위로하고, 평안하게 하는 것이다. 전쟁에서 자식과 남편과 아버지를 잃은 노인과 과부와 고아들이 현실적인 생활에 받는 고통을 국가가 보듬고 위로하고 보상해야 하는 것이 다른 어떤 것보다도 더 우선되어야 할 과제였다. 몽염 장군은 이러한 백성들을 위한 마음을 진시황에게 간언하지 않고 오히려 진시황의 야심에 편승하여 지친 백성들을 힘들게 하였다. 어찌 지맥을 끊은 것을 탓하겠는가.

우리는 어쩌면 우리의 삶 속에서 정당하고 옳다고 생각하며 하는 행동들이 사실은 그렇지 않을 수 있다는 것을 놓치고 있는지도 모른다. 나의 옳음과 정당함이 다른 사람에게 상처가 되고 아픔이 된다는 것을 망각한 채, 우리의 억울한 것에 대한 한탄과 그 이유를 엉뚱한 곳에서 찾고 있는지도 모른다.

몽염에 대한 사마천의 평가는 개인의 성공, 국가에 대한 충성, 자신의 삶에 대한 자신감, 정당한 삶에 대한 자랑이 자신이 마땅히 책임져야 할 백성들이나 보살핌의 대상이 되어야 하는 사회적 약자들에게 상처를 주고 아픔을 준다면 아무런 쓸모가 없다고 말하는 것이다.

몽염 장군과 같이 멋진 삶을 살았던 사람도 결국 놓치고 한탄으로 생을 마감한 것이 결코 우리 삶에서 반복되지 않았으면 좋겠다.

용도치자불살무죄
(用道治者不殺無罪)
이벌불가어무고
(而罰不加於無辜)

도리에 의해 다스리는 자는 죄없는 자를 죽이지 않고
무고한 사람에게 벌을 내리지 않는다.

우맹
(優孟)

춘추 시대 초(楚)나라 사람이다. 장왕(莊王)이 통치하던 때에 해학과 변론이 능해 변설을 담당하는 배우로 활동하였다. 그는 변설을 하는 동안 항상 담소하는 가운데 풍자를 통해 간(諫)을 올리는 충직한 사람이었다.

왕이 아끼는 말(愛馬)이 죽자 왕은 대부(大夫)들이 죽었을 때의 예와 같이 장사를 지내려고 했다. 주변의 많은 신하들이 간언했지만 왕의 뜻을 꺾지 못했다. 우맹은 이 이야기를 듣고 급히 궁전으로 들어와 대성통곡하면서 마땅히 임금이 죽었을 때의 군예(君禮)로 장례를 치러야 한다고 주장하면서 제후(諸侯)들이 들으면 왕이 사람은 천하게 여기고 말을 귀하게 여긴다고 생각하게 될 것이라고 비꼬았다.

초나라의 재상 손숙오(孫叔敖)는 우맹의 현명함을 알아준 유일한 관리였다. 손숙오는 청렴한 관리로 자손을 위한 재산을 남기지 않았다. 남은 가족이 걱정되어 살기가 힘들다고 생각되면 우맹을 찾아가라고 유언한다. 가세가 기울어 생계가 막막했던 손숙오의 자녀들이 우맹을 찾았다. 우맹은 그들을 돌보고, 자신이 직접 손숙오의 흉내를 내서 초나라 장왕에게 교훈한다.

우맹은 초나라 장왕이 통치하던 시기에 악인(樂人)으로 시와 문장에 능했고, 풍자를 담은 노래로 유명한 사람이었다. 당시 초나라의 재상은 손숙오(孫叔敖)라는 사람이었다. 손숙오는 우맹이 어질고 현명한 사람이라는 것을 잘 알고 있어 그를 늘 예를 갖추어 대하곤 했다. 손숙오는 재상의 지위에 있었지만 청렴한 관리였고, 공적인 일에 열심을 다하느라 가족을 위해 크게 신경을 쓰지 않았던 것 같다. 어느 날 손숙오가 병이 들어 죽을 날이 얼마 남지 않았음을 알고 아들을 불러 당부했다.

"내가 죽으면 너는 틀림없이 가난해질 것이다. 만약 그렇게 되거든 너는 우맹을 찾아가서 '저는 손숙오의 아들입니다'라고 말하도록 해라."

손숙오가 죽고 나서 몇 년이 지나자 손숙오의 아들은 아버지의 예상대로 직접 나무를 해서 등에 지고 다녀야 생계를 유지할 정도로 곤궁해졌다. 생활고에 지친 손숙오의 아들은 아버지의 유언을 기억하고 우맹을 찾아갔다.

"저는 손숙오의 아들입니다. 아버님께서 돌아가시기 전에 저에게 가난해져서 생활이 힘들거든 당신을 찾아뵈라고 당부하셨습니다."

우맹은 손숙오의 아들을 반기며 말했다.

"그대는 멀리 가는 일이 없도록 하시오. 내 주변에 반드시 머물러 있어야 합니다. 앞으로 그대의 생활은 제가 책임지도록 하겠습니다."

한편 우맹은 손숙오의 아들을 만난 이후 손숙오가 살아생전 즐겨 갖추었던 의관을 걸치고 그의 행동과 말투를 흉내 내기 시작했다. 1년 남짓 그렇게 흉내를 내니 마치 손숙오를 보는듯 하게 되었다. 평소 초나라 장왕의 곁에서 그를 보좌하던 신하들도 마치 손숙오를 보는 듯 구별이 힘들 정도였으니 말이다. 어느 날 장왕이 연회를 베풀었을 때 우맹이 앞으로 나서 잔을 올리니 장왕은 소스라치게 놀랐다. 장왕은 손숙오에 대한 신뢰가 강했으므로 그와 유사한 우맹에게 재상의 직을 맡기려 하였다. 그러자 우맹이 말했다.

"집에 돌아가 아내와 상의하고 나서 결정하면 사흘 뒤에 재상에 오르도록 하겠습니다."

장왕은 그렇게 하라고 했다. 사흘 뒤에 우맹이 장왕을 찾아오자 왕은 우맹에게 물었다.

"그대의 아내가 뭐라고 하셨소?"

우맹은 주저함 없이 왕에게 대답했다.

"제 아내는 '절대로 재상을 하지 마십시오. 초나라 재상이란 할 만한 것이 못됩니다. 손숙오 같은 분은 초나라 재상이 되어 자신의 몸과 가족을 돌보지 않고 충성을 다하고 청렴하게 초나라를 다스려 초나라 왕을 패자(霸者)로 만들었습니다. 그런데 손숙오가 죽자 그 아들은 송곳조차 세울만한 땅도 없고 가난하여 땔나무를 해서 스스로 먹을 것을 마련하고 있습니다. 손숙오처럼 될 바에야 스스로 목숨을 끊는 편이 낫습니다'

라고 말하더군요."

　　왕의 질문에 대답을 마친 우맹은 허락을 구한 후 노래 한 곡을 부르기
시작했다.

　　　　산골에 살면서 힘들게 밭을 갈아도
　　　　먹고 살기가 쉽지 않구나
　　　　몸을 일으켜 관리가 되어도
　　　　탐욕스럽고 비루한 자는 재물을 쌓아두고
　　　　치욕을 돌아보지 않는다네

　　　　몸은 죽어도 집은 넉넉하게 하려하지만
　　　　한편으론 두려운 것은
　　　　뇌물을 받고 법을 굽히어 부정을 일삼다가
　　　　큰 죄를 받아 패가망신 하는 거라네
　　　　내 어찌 탐욕스러운 관리가 될 수 있겠는가

　　　　청렴한 관리가 되려고
　　　　법을 받들어 책임을 지며
　　　　죽을때까지 죄를 짓지 않으려 한다네
　　　　청렴한 관리가 되는 일 또한 쉬운 일은 아니구나

　　　　초나라 재상 손숙오는 평생 청렴하게 살았지만
　　　　이제 처자식은 가난하여
　　　　땔나무 등짐을 져야 입에 풀칠을 하네
　　　　청렴한 관리도 할 것은 못되는 구나

　　우맹의 노래를 다 듣고 난 장왕은 진심으로 사과하고, 손숙오의 아들

을 불러 자신이 소유하고 있던 땅 400호를 봉지로 하사하여 아버지의 제사를 모시게 했다. 의리를 지키기 위해 1년이 넘는 시간을 준비한 우맹의 현명함도 대단하고, 또 정의로운 충언을 받아들이는 초장왕의 태도도 본받을 만하다.

임금님의 애마(愛馬)

초나라 장왕에게는 애마가 한 필 있었는데 장왕은 이 말을 몹시 아꼈다. 비단옷을 입히고 화려하게 장식된 집을 마련하여 이곳에서 기르며, 심지어 잠을 재울 때도 침상위에서 재웠다. 대추와 마른 고기만을 먹였는데, 음식 때문인지 오히려 말은 쌀이 찌는 병에 걸려 죽어버렸다. 슬픔을 이기지 못한 왕은 모든 신하들에게 상복을 입게 하고, 정승 바로 아래인 대부(大夫)의 예로 장례를 치른다고 선포했다. 신하들이 앞 다투어 말렸으나 장왕의 결심은 강경했다.

군주가 자신의 애마를 성대하게 장사지내겠다고 하는 소식을 듣고 우맹은 궁궐 문에 들어와 크게 소리 내어 울었다. 장왕이 놀라 그 까닭을 물으니 우맹은 울음을 거두고 대답했다.

"말은 왕께서 아끼시던 것입니다. 초나라처럼 위대하고 제후들의 우두머리가 통치하는 나라에서 무엇이든 못하겠습니까? 대부의 예로 장사지내는 것은 너무 박하다고 생각합니다. 원컨대 임금의 예로 장사 지내셔야 합니다."

우맹 또한 애마의 장례를 반대한다고 생각했는데 의외의 말을 하니 장왕은 내심 놀랐다. 그래서 어떤 방법으로 해야 하는지 구체적으로 물었다.

"옥을 다듬어 관을 짜고, 정교한 무늬를 세긴 가래나무로 덧널을 만들고, 느릅나무, 단풍나무, 녹나무로 횡대를 만드십시오. 군대를 동원하여 무덤을 파고 능묘를 조성하고, 노인들을 동원하여 흙을 나르게 하십시오. 주변의 제후국들의 사신을 초빙하여 제나라와 조나라의 사신은 운구의 앞에서, 한나라와 위나라의 사신은 운구의 뒤에서 호위하도록 하십시오. 사당을 세워 태뢰로 제사를 지내고, 만호의 읍으로 그 재원을 마련하여 항상 받들도록 하십시오. 이렇게 하신다면 제후들이 이 소식을 듣고 모두 대왕께서는 사람을 천하게 여기고 말을 귀하게 여기심을 알게 될 것입니다."

장왕은 우맹의 말이 담고 있는 뜻을 그제야 알아차렸다. 그는 곧 자신의 잘못을 깨닫고, 이제 어떻게 하면 좋겠느냐고 다시 물었다. 우맹은 장왕의 뉘우침을 알아차리고 부드러운 말투로 대답한다.

"대왕을 위하여 '육축의 예'로 장사를 지내시면 됩니다. 부뚜막을 덧널로 삼고, 구리솥을 속널로 삼아 생강과 대추를 섞어 넣고 목란과 볏짚으로 불을 때어 제사를 지내시면 됩니다. 타오르는 불빛으로 수의를 삼아 사람의 창자 속에 장사 지내는 것입니다."

우맹의 말을 들은 장왕은 왕의 음식을 담당하는 요리사(太官)에게 맡겨 아무도 모르게 처리하였다. 아끼는 말의 죽음에 감정적으로 대응했던 장왕에게 말보다 더 중요한 것이 사람이라는 것을 가르치며, 백성을 귀하게 여기고 사랑하는 것이 왕의 본분임을 교훈하고 있다.

 말이 아무리 소중하고, 임금의 사랑을 받던 것이라도 결국 사람의 창자에 장사를 지내는 것이 합당하다는 우맹의 풍자가 그의 문학적 재능을 잘 보여준다.

 념위염리 봉법수직 경사불감위비, 렴리안가위야!
 (念爲廉吏 奉法守職 竟死不敢爲非, 廉吏安可爲也!)
 초상손숙오지렴지사 방령처자궁곤부신이식 부족위야!
 (楚相孫叔敖持廉至死 方令妻子窮困負薪而食 不足爲也!)

 청렴한 관리가 되리라. 법을 따르고 직분을 지키며, 죽을 때까지
 악한 일을 하지 않도록 (하지만) 어찌 청렴한 관리가 될 수 있으랴
 초나라 재상 손숙오는 죽을 때까지 청렴함을 지켰지만, 지금 처
 자들은 궁핍하고 곤궁하여 땔나무를 지고 팔아 간신히 먹고 산
 다네. 어찌 청렴한 재상이 될 수 있으랴

조사
(趙奢)

조(趙)나라의 장수. 하급관리로 시작하여 조세와 재정에 관한 실무를 익혔고, 또한 병법에도 능해 장군으로 활약하였다. 매우 신중한 성격으로 수많은 전투에서 매번 혁혁한 전공을 세웠음에도 불구하고 추호도 자만하거나 나태하지 않고 병법(兵法)과 군사문제를 언제나 경건하고 조심스럽게 다루었다. BC 269년에 호양(胡陽)이 이끄는 진나라 대군이 한나라의 상당(上黨) 땅을 점령하고 알여(閼與) 지역까지 점령했을 때, 이를 구원하러 가서 작전을 펼쳐 대승을 거둠으로써 위기에 처한 한, 조 양국을 구원했다. 그 공로로 마복군(馬服君)에 봉해졌다.

조사의 부국강병론

사마천의 열전 중 『염파인상여열전』에 조사라는 장군이 등장한다. 그런데 인상여와 염파의 활약이 상대적으로 컸기 때문에 조사의 이야기는 생략되는 경우가 많다. 수많은 고사를 남기고 여러 차례 국가와 자신이 모시는 국왕을 위기에서 건져낸 인상여와 주변강국의 수많은 침략에 맞서 전장을 누비던 염파 장군은 실로 조나라의 구국영웅들이었다.

그런데 사마천은 인상여와 염파의 이야기 중간에 느닷없이 조사의 짧은 이야기를 끼워 넣고 있다. 그리고 조사가 인상여, 염파와 대등한 역할을 했고, 그 지위와 공적도 그들에 비해 작지 않았다고 설명한다.

조사의 이야기는 이렇게 시작된다.

조사는 재상의 대우를 받고 있는 인상여와 대장군의 지위에 있는 염파와는 달리 전답의 조세를 징수하는 하급관리였다. 어느 날 그가 세금 징수를 하다가 당시 조나라 왕의 동생이며, 선비와 문인, 책사 수천 명을 거느리며 막강한 세력을 떨치고 있는 평원군의 집에서 세금을 내지 않는다는 사실을 알게 되었다. 평원군은 전국시대의 '사공자(四公子)' 중 한 명으로 사마천이 별도의 열전을 쓸 정도의 유명한 사람이었다. 그가 빈객으로 거느린 문인과 책사가 3천여 명에 달했을 정도이니 그 세력이 얼마나 컸는지 짐작하고도 남는다. 그런데 그런 사람이 세금을 내지 않고 있었던 것이다.

조사는 여러 차례 세금납부를 권했지만, 이 하급관리의 요구가 그들의 안중에 없었던 것 같다. 결국 조사는 법을 근거로 평원군의 집에서 재무를 관리하는 사람 9명을 잡아 법의 규정대로 처형했다.

소식을 들은 평원군의 반응은 어땠을까. 사마천은 평원군이 화가 나서 조사를 죽이려고 했다고 쓰고 있다. 평원군은 신분이나 영향력만으로도 징세를 담당하던 하급관리 하나쯤은 충분히 죽일 수 있는 지위였다. 죽음을 각오하고 조사는 평원군에게 자신의 의견을 말했다.

"당신은 조나라의 왕족입니다. 지금 당신 집에서 나라에 대해 마땅히 해야 할 의무를 다하지 않는 것을 좌시한다면 나라의 법이 권위를 잃게 될 것입니다. 나라의 법이 손상되면 국력은 쇠약해질 것이고, 국가가 쇠약해지면 주변의 제후들이 쳐들어와서 조나라를 멸망시킬 것입니다. 그렇게 되면 당신이 지금 누리고 있는 왕족으로의 권세와 지위, 그리고 막대한 부는 하루아침에 소멸되고 말 것입니다. 그러나 당신과 같은 지도자의 위치에 있는 귀한 자가 나라에 의무를 다하면 위아래가 공평해질 것이고, 위아래가 공평해지면 국가는 부강해질 것이며, 국가가 부강해지면 조나라의 왕실, 그리고 당신을 얕보지 못할 것입니다."

조사의 말에 크게 반성한 평원군은 조사를 왕에게 추천했다. 왕은 조사에게 국가 전체의 세금관리를 맡겼다. 이후 세금이 공평하게 거둬지고 백성은 부유해졌으며, 창고는 가득 차게 되었다.

이 짧지만 무엇인가 강조하고자 하는 조사의 이야기가 인상여와 염파라는 두 거물 사이에 끼워져 있는 의미를 잘 생각해볼 필요가 있다. 국가가 강해지는 데는 인상여와 같은 지혜로운 관리도 필요하고, 염파와 같은 용맹스런 군인도 필요하다. 그러나 우리가 흔히 놓치는 사소하고, 하

찮아 보이는 것 같지만 집안 살림살이를 잘 하는 충직한 관리도 동일한
비중으로 필요하다는 이야기를 사마천은 하고 싶었던 것이다.

나라를 부강하게 하는 조사의 방법은 어쩌면 너무 단순하고, 간단해
보인다. 하지만 우리는 그 간단하고 단순한 원리를 너무 쉽게 무시한다.
사회지도층이라고 불리는 사람들이 그 좋은 머리를 이용하여 세금을 피
난시킨다. 법이 정한 세금을 다 내면서 어떻게 사업할 수 있는가? 오히
려 당당하게 항변하는 사람들을 쉽게 만날 수 있다. 탈세를 위한 노하우
한두 가지 모르면 인간취급을 못 받는다는 말도 있다. 하지만 나라를 부
강하게 하는 가장 중요하고도 핵심적인 방법은 '기본을 지키는 것'이라
고 역사는 강조하고 있다. 기본을 무시한 총명함은 언젠가는 그 총명함
으로 인해 어려움에 처하게 하는 사례를 역사는 지금도 우리에게 집요
하게 교훈하고 있다.

군어조위귀공자 금종군가이불봉공즉법삭
(君於趙爲貴公子 今縱君家而不奉公則法削)
법삭즉국약, 국약즉제후가병, 제후가병시무조야
(法削則國弱, 國弱則諸侯加兵, 諸侯加兵是無趙也)
군안득유차부호?
(君安得有此富乎?)
이군지귀 봉공여법즉상하평, 상하평즉국강, 국강즉조고, 이군위
귀척, 개경어천하사?
(以君之貴 奉公如法則上下平, 上下平則國彊, 國彊則趙固, 而君爲
貴戚, 豈輕於天下邪?)

공자는 조나라의 귀공자입니다. 오늘날 공자의 집에서 나라에 법
을 소홀히 하고 있습니다. 국법을 소홀히 하면 나라가 쇠약해지

고, 나라가 쇠약해지면 주변의 제후들이 군사를 일으킵니다. 제후들이 군사를 일으킨다면 조나라는 사라지고 말 것입니다. (조나라가 사라졌는데) 공께서 홀로 부를 누리실 수 있습니까?

공과 같이 귀한 신분의 사람이 법을 준수하면 위아래가 공평하게 될 것입니다. 위아래가 공평해지면 나라는 강해질 것이며, 나라가 강해지면 조나라는 더욱 더 견고해질 것입니다. 공께서는 왕족이시니 천하에 누가 공자를 가볍게 여길 사람이 있겠습니까?

악의
(樂毅, ? ~ ?)

위(魏)나라 초기의 장군인 악양(樂羊)의 자손이다. 현명하며 지혜를 추구하는 선비의 기질을 가진 자로써 전쟁에 능했다. 연나라의 소왕(昭王)이 현자를 초빙한다는 말을 듣고 위나라에서 연으로 가 아경(亞卿)에 임명되었고, 후에 상장군(上將軍)이 되었다. 조(趙)·초(楚)·한(韓)·위·연의 연합군을 이끌고, 당시 강대국임을 자랑하던 제(齊)를 토벌하여 수도 임치(臨淄)를 함락시키고, 탈취한 전리품과 보물들을 연나라로 옮겼다(BC 284).

그 후 5년에 걸쳐 제나라의 70여곳의 성(城)을 함락시키고, 이들을 모두 군현(郡縣)으로 하여 연나라에 소속시켰다. 소왕이 죽고 혜왕(惠王)이 즉위하자, 제나라 전단(田單)의 이간책으로 사죄(死罪)를 덮어쓰게 되어 조나라로 달아나 관진(觀津)에 봉해졌다. 그러나 혜왕이 그를 잃은 것을 후회하여 사죄해 왔기 때문에 연·조 두 나라의 객경(客卿)이 되었다.

악의 장군은 제나라의 공격으로 건국이래 최대의 위기에 직면한 연나라를 구한 장수이다. 위나라 출신이긴 하지만 연나라 왕에게 충성을 맹세한 이후 그 의리를 저버리지 않고, 자신을 신임해 준 연나라 소왕에게 승리로 보답한다.

거의 멸망 직전까지 갔던 연나라는 악의 장군의 전술과 지략, 그리고 군사적 능력으로 오년 동안 제나라의 70여개 도시를 함락시켜 연나라에 복속시키는 혁혁한 공을 세우게 된다.

그런데 연나라 소왕이 죽고 그의 아들 혜왕이 즉위하면서 사정이 달라진다. 사마천은 혜왕이 태자 때부터 악의 장군을 좋아하지 않았다고 한다. 물론 어린 태자에 빌붙어 출신을 따지고, 공적을 시샘하는 간신들의 탓이다. 혜왕과 악의 장군의 관계를 간파한 적들은 유언비어를 퍼뜨리며 모함을 하였다. 결국 악의 장군은 제나라 왕이 되어 연나라를 공격할 것이라는 말을 지어내기까지 하였다.

혜왕은 악의 장군을 해임하고 측근들이 추천한 장수를 대장군에 임명하였다. 결국 연나라는 제나라의 공격을 받아 빼앗았던 땅을 모두 빼앗기고 다시 망국의 위기에 빠지게 되었다. 다급해진 혜왕은 조나라로 망명해 있는 악의 장군에게 편지를 쓴다. 아버지와 악의 장군의 관계까지 들먹이며 빨리 돌아와 나라를 구해줄 것을 호소하였다.

편지를 받은 악의 장군이 연나라 왕의 편지에 답장을 한 것이 『사기 열전』 '악의열전'에 전문이 실려 있다. 이 글을 〈보연왕서(報燕王書)〉라 한다.

편지의 본론에 가장 먼저 등장하는 글이

신문현성지군(臣聞賢聖之君) 불이녹사친(不以祿私親)
기공다자상지(其功多者賞之)
기능당자처지(其能當者處之)
고(故) 찰능이수관자(察能而授官者) 성공지군야(成功之君也)
　　　논행이결교자(論行而結交者) 입명지사야(立名之士也)

신이 듣건데, 현명하고 성스러운 군주는 사사로운 친분에 의해
녹봉을 정하지 않고 그 공이 많은 자에게 상을 주며
그 능력이 합당한 자에게 자리를 주는 법입니다.
따라서 능력을 잘 관찰하여 관직을 하사하는 사람이 바로 성공
　　　한 군주이며 행위를 잘 판단하여 교분을 맺는 자는 그 이
　　　름을 세우는 선비인 것입니다.

이렇게 시작한 편지는
　어질고 성스러운 군주가 공을 세우면 그것이 무너지지 않기에
　역사에 이름이 남고, 앞을 내다보는 밝은 눈을 가진 선비가 공명
　을 이루면 손상됨이 없기에 후세에 칭송을 남기게 됩니다.

　오늘도 어김없이 뉴스의 대부분을 장식하며, 우리를 좌절시키는 내용
들은 대부분 '사사로운 친분에 의해 상과 녹을 주고받으며, 교분을 맺어
왔던 무리' 들의 소식들이다. 혈연, 지연, 학연. 그리고 동기들… '우리가
남이가' 하는 전근대적인 끈들의 묶임에 의한 그들만의 잔치.

　현명하고 성스러운 지도자, 그 공명을 후세에 남기며 칭송을 받는 지
도자는 '논공행상(論功行賞)'에 당당해야 함을 충고한다. 결국 악의 장군
은 연나라로 가지 않았다.

찰능이수관자(察能而授官者) 성공지군야(成功之君也)
논행이결교자(論行而結交者) 입명지사야(立名之士也)

능력을 잘 관찰하여 관직을 하사하는 사람이 바로 성공한 군주
이며 행위를 잘 판단하여 교분을 맺는 자는 그 이름을 세우는 선
비이다.

추양
(기원전 206~기원전 129)

전한(前漢)시기 제나라 땅이었던 임치(臨淄) 사람으로 문장과 변설에 뛰어나 명성을 얻었다. 경제(景帝) 때 오왕(吳王) 유비(劉濞) 문하에서 활동하면서, 오왕에게 한(漢)나라에 모반하지 말 것을 상소했지만 받아들여지지 않았다. 나중에 양효왕(梁孝王)에게 의탁해 그의 식객이 되었다.

양승(羊勝) 등의 참소로 투옥되었는데, 간곡한 상소문을 올려 석방되었다. 그 글이 바로 『옥중상양왕서(獄中上梁王書)』다. 그 후 양왕(梁王)의 상객(上客)이 되었다.

좁은 문을 선택하는 것

추양은 제나라 사람으로 양나라에서 유세(遊說)를 하고 있었다. 그는 시와 문장으로 지혜와 계책을 올려 통치자에게 도움을 주던 사부가(辭賦家)로 분류되던 사람이었고, 화려한 문장과 지혜로 명성을 얻었다. 그는 양나라에서 역시 사부가로 활동하고 있는 장기(莊忌), 매생의 무리와 교류하였다. 결국 오랜 노력 끝에 양승, 공손궤라는 사람과 함께 양나라 효공의 참모가 되었다.

그런데 기쁨도 잠깐, 믿었던 양승이 추양을 시샘하여 무고하자 양나라 효공은 그를 수감하도록 하고 처형할 구실을 찾고 있었다.

사마천이 『사기』를 쓰면서 자신이 비록 당시 사회에서는 도무지 용납될 수 없는 처벌을 받고 비참한 생활을 하지만 아버지와 시대의 소명을 완수하지 않고서는 '마음대로 죽을 수 없었다' 고 고백한 것처럼, 추양 역시 남의 나라를 떠돌며 자신의 뜻을 펼치려다 어처구니없는 모함을 받아 죽어서 오명을 남기는 것이 두려웠다. 그래서 그는 효공에게 '옥중 서신' 을 올린다. 추양이 자신의 억울함과 확인되지 않은 모함을 듣고 충신의 진정성을 알아주지 못하는 양나라 효공에게 역사에 등장하는 많은 이야기를 통해 설득과 교훈을 남기고 있다. 사마천은 이를 자세히 『노중련추양열전』에 소개하고 있다.

'충성된 신하는 군주에게 대가를 받고, 진실한 사람은 의심을 받지 않는다는 옛 사람의 잠언이 거짓말이었습니다' 라는 말로 편지는 시작된다. 추양은 이러한 옛 교훈을 순수하게 믿어왔지만 지금 임금께서 자신의 일을 처리하는 것을 보니 그 말이 맞지 않는것 같다고 항변한다. 이를 뒷받침하기 위해 자객이었던 형가와 위선생의 사례도 들고 있다. 그런데 결국 편지의 말미에 추양은 중요한 이야기를 던진다. 사마천이 『범저채택열전』에서 소개한 바로 범저 이야기이다.

범저는 비록 위나라에서 갈비뼈가 부러지고 이가 빠졌지만 진나라에와서 결국 제후의 지위를 누리게 된 인물이다. 자신이 모셨던 사람에게 질투를 받아 인간으로 참기 어려운 고통을 당했다. 너무 심하게 맞아서 갈비뼈와 이가 부러졌고, 기절하자 변소 옆에 던져져서 거적으로 둘둘 말린 채 뭇 사람들의 소변 세례를 받았던 사람이다. 죽은 것으로 알고 내다 버리라는 명령이 내려지자 자신을 옮기는 사람에게 범저가 한 말을 기억해 낸 것이다.

"나를 살려주시오. 나를 살려주면 내가 반드시 당신에게 보답을 할 것이오."

이 일화를 소개하면서 사마천은 범저의 자존감을 강조했다. 자신이 목표하는 신념과 의지가 강하였기에 오줌범벅이 된 비참한 상황 속에서도 '보답과 보상'을 이야기 할 수 있었던 사람이다. 그런데 추양은 이 범저 이야기로 빗댄 간언이 받아들여지지 않자 스스로 강물에 뛰어든 신도적(申盜狄)과 참소가 판을 쳐서 진정성이 받아들여지지 않는 세상이 싫어 돌을 짊어지고 스스로 바다에 뛰어든 서연(徐衍)의 이야기를 하나로 묶어서 소개하고 있다.

이들은 자신들의 계획, 목표와 이상이 반드시 실현될 것을 믿고, 사사로이 붕당을 만들어 의지하려는 마음을 버리고 홀로 몸을 세웠기 때문에 다른 사람들로부터 질투를 받았다고 설명한다. 신도적과 서연은 그런 세상이 자신들을 받아들이지 않더라도 도의상 구차하게 조정에서 당파를 만들어 군주의 마음을 흔드는 일을 하지 않았다.

여기에서 잠깐 성경에 등장하는 '좁은 문'에 대한 이야기를 생각해볼 필요가 있다.

"(너희는) 좁은 문으로 들어가라. 멸망으로 인도하는 문은 크고 그 길이 넓어 그리로 들어가는 자가 많고, 생명으로 인도하는 문은 좁고 길이 협착하여 찾는 자가 적음이라"(마태복음 7:13~14)

결국 좁은 문과 넓은 문은 그 형태와 상황보다 그 길이 지향하고 있는 곳이 무엇인가 하는 것에 의해 결정되는 것이다. 그 길의 끝이 멸망이냐 생명이냐가 중요하다는 것이다. 일반적으로 진정성이 없는 사람들은 그들이 추구하는 목표가 정의로울 수 없고, 그렇기에 많은 사람을 모아 그 정당성을 입증하려고 하는 경향이 있다. 그래서 그 길이 쉽고 편하기 때문보다 진정성과 정의롭지 못함을 숫자로 보충하려는 것이다. 멸망으로 향하는 길은 찾는 사람이 많은 법이다.

추양은 비록 내가 모함을 받고 억울하지만 나도 그들처럼 애써 사람을 모아 나 자신의 결백을 주장하려는 그런 허망한 일을 하지 않겠다고 선언한다. 서로 마음이 통하고 행동이 일치하면 아교나 옻으로 칠한 것보다 더 친밀해져서 형제라도 그 사이를 갈라놓을 수 없고, 그렇게 되면 결코 다른 사람들의 번지르한 말에 현혹되지 않는다고 말한다. 그는 효공이 자신의 진정성을 받아들여 소통의 마음을 회복하기를 강력히 호소하였다.

역사의 가르침은 늘 숫자의 많음이 정당하다고 이야기 하지 않는다.

오히려 좁은 문을 지향하는 소수의 사람들이 결국 생명의 길을 선택하는 법이라고 교훈하고 있다. 세(勢)를 모으고, 붕당을 형성하고, 무리(群)의 힘으로 진정성을 덮으려는 행위에서 절개를 지킨 추양은 결국 효공의 마음을 움직여 상객(上客)으로 추대되었다.

비록 다수의 횡포로 위협을 받을지언정 진정성과 옳음을 추구하는 소수의 편에 서는 것이 '영원히 살아있음'을 목표로 하는 좁은 문을 택한 지혜로운 자의 선택이라는 생각을 해본다.

> 금욕사천하요곽지사, 섭어위중지권, 주어위세지귀, 고회면한행이
> 사첨유지인이구친근어좌우
> (今欲使天下寥廓之士, 攝於位重之權, 主於位勢之貴, 故回面汙行以
> 事諂諛之人而求親近於左右)
> 즉사복사굴혈암수지중이, 안긍유진충신이추궐하자재!
> (則士伏死窟穴巖藪之中耳, 安肯有盡忠信而趨闕下者哉!)

> 오늘날 임금들은 천하의 식견과 기량이 뛰어난 선비들을 권력 앞에 무릎을 꿇게 하고, 세력과 지위만을 귀히 여겨 짐짓 얼굴빛을 부드럽게 하고, 행실을 더럽히도록 하면서까지 아첨을 좋아하는 사람들이 넘쳐나게 하고, 친하고 가까운 사람들만 좌우에 있기를 바랍니다.
> 뜻있는 선비들은 험악한 바위굴 속에 엎드려 죽는 도리밖에 없습니다. 어떻게 충성과 신의를 다해 대궐을 향하여 달려가려 할 사람이 있겠습니까?

이리
(李離)

이리는 진나라(晉) 문공(文公) 시대의 법률을 집행하는 사법관리
(옥관)였다.

어느 날 그는 부하의 보고서만 보고 판결을 잘못하여 억울하게 사람
을 죽이게 되었다. 후에 그 보고서에 문제가 있음을 확인하고 다시 심리
를 해보니 자신이 사형을 언도한 사람이 억울한 처벌을 받게 됨을 확인
하게 되었다. 그는 즉시 스스로 옥에 갇혀 처형되기를 청하였다. 이에
그를 아끼던 문공이 만류하며 말했다.

"벼슬에는 귀한 것도 있고, 천한 것도 있소. 또한 형벌에도 가벼운 것
이 있고, 무거운 것이 있는 법이오. 하급관리에게 잘못이 있다고 하여
그것이 그대의 죄는 아니오."

문공은 그의 오판이 하급관리의 잘못된 보고에 있다는 것을 들어 그의 잘못이 없음을 분명히 했다. 문공의 말에 이리는 겸허히 대답한다.

"저는 책임자(長)로 관직에 있으면서 임금의 은혜를 입은 지 오래되었습니다만 하급관리에게 자리를 양보한 적이 없으며, 또 많은 봉록을 받았지만 하급관리에게 그 이익을 나누어 주지 않았습니다. 그런데 지금 제가 판결을 잘못하여 무고한 사람을 죽여 죄를 받음이 마땅한데, 그 죄를 하급관리에게 떠넘긴다는 것은 있을 수 없는 일입니다."

이리는 자신의 모든 직을 사퇴하고 문공의 명을 받들지 않았다. 이에 문공이 다시 그를 만류하며 말했다.

"그대는 스스로 죄가 있다고 하는데 그렇다면 과인에게도 죄가 있는 것이오."

이리의 논리에 대해 임금은 그렇다면 이리를 사법관에 임명한 자신에게도 잘못이 있다는 논리로 맞서고 있다. 임금이 자신을 아끼고 소중히 하는 것을 모를 리 없었고, 임금이 스스로 자신을 죄인으로 규정하는 극단의 방법을 사용해서라도 그를 사면하고자 하는 마음이 있음을 알았지만 이리는 자신을 속이지 않았다. 그는 임금께 머리를 조아리고 말했다.

"법을 집행하는 관리에게는 반드시 지켜야 할 법이 있습니다. 형벌을 잘못 구형했으면 자기가 그에 해당하는 형벌을 받아야 하며, 사형을 잘못 선고하여 무고한 자의 소중한 생명을 취하였다면, 자신도 사형을 받아야 합니다.

임금께서는 신을 신뢰하여 저 깊숙이 감춰진 부분까지 신중히 심리하여 어려운 안건을 판결할 수 있을 것이라 여겨 법관으로 임명하셨습니다. 하지만 제가 어리석고 미숙하여 사람을 억울하게 죽이고 말았으니 그 죄는 죽어 마땅합니다."

이리는 결국 문공의 명령을 듣지 않고 칼에 엎드려 스스로 죽고 말았다. 사람들이 법에 대해 불만을 갖는 가장 큰 이유 중 하나는 법의 적용이 불공평하기 때문이다. 권력이나 경제적 능력을 가진 사람들에게 한없이 관대하고, 약자들에게 가혹하고 매정하게 적용되어 '고무줄 판결'이라는 말이 끊이지 않는다. 남을 질책하고 책임을 묻는 마음으로 자신을 질책하고, 자신에게 너그럽고, 관대한 마음으로 타인을 용서하라는 말이 있다.

자신이 한 일은 모두 정당하다고 악을 쓰지만 결국 문제가 생기면 그 잘못을 타인에게 덮어씌우는 행태가 끊이지 않는다. 법치를 주창하고 법의 권위를 극대화하여 통치 질서를 바로잡고, 부국강병을 이룬 진나라(秦)는 수백 년 동안 혼란과 분열의 상태에 있던 중국 천하를 통일하는 과업을 이루었다. 하지만 불과 십여 년도 지나지 못해 멸망하고 말았다.

진나라의 멸망이유를 당시의 많은 학자들은 법이 너무 가혹하였고, 인의(仁義)의 정치가 없었기 때문이라고 말하지만, 법치로 인해 나라가 망한 것이라기보다 법을 법대로 적용하지 않았기 때문이라는 지적이 더 설득력이 있다. 권력자의 자의적인 법 적용은 차라리 법이 없음만 못하다는 말이다.

한때 우리 사회의 법적용의 현실을 꼬집는 '유전무죄, 무전유죄(有錢無罪, 無錢有罪)'라는 말이 퍼진 적이 있었다. 이런 법적용에 불만의 목소리가 끊이지 않는한 법의 권위를 기대하기는 불가능해 보인다.

정부는 2014년 설날을 맞이하여 순수 서민 생계형 범죄에 대한 특별사면을 실시한다고 발표했다. 대통령은 수석비서관 회의에서 '부정부패와 사회지도층의 범죄를 제외하고 순수 서민 생계형 범죄에 대한 특별사면을 고려하고 있다'고 분명히 밝혔다. 대통령의 지시대로 특별사면이 '생계와 관련해 실질적인 혜택이 서민들에게 돌아갈 수 있도록' 되었으면 좋겠다. 이 일을 준비하는 모든 관계자들이 '이리(李離)와 같은 마음'을 가지길 기대해 본다.

사마천 역시 이리의 결단이 진나라 문공이 국법을 바로 잡을 수 있도록 했다고 평가했다.

법이 없어서 나라가 혼란스러워지는 것이 아니라 법을 집행하는 사람들이 원칙을 잃어 법이 바로서지 못해 나라가 어지러운 법이다.

> 이리왈, '이유법, 실형즉형, 실사즉사, 공이신능청미결의, 고사위리, 금과청살인, 죄당사'
> (李離曰, '理有法, 失刑則刑, 失死則死, 公以臣能廳微決疑, 故使爲理, 今過廳殺人, 罪當死')

> 이리(李離)가 말했다.
> "법을 관장하는 관리(理官, 獄官)에게는 지켜야 하는 법이 있습니다. 형을 내림에 실수를 하면 그 형을 받아야 하고, 실수로 사형을 언도하면 자신이 사형을 받아야 합니다. 임금께서는 신이 능히 세밀한 부분을 잘 처리할 것이고 의혹을 잘 해결할 것이라 생각하여 신을 법을 관장하는 관리로 삼으신 것입니다. 그러나 신은 지금 판결을 잘못하여 살인을 저질렀습니다. 그 죄는 죽어 마땅합니다."

난포
(欒布)

난포는 양나라 사람으로 후에 양나라 왕에 오르게 되는 팽월(彭越)이 평민일 때 서로 가깝게 지내던 사이였다. 이 두 청년은 모두 가난하여 제나라의 한 술집에서 함께 머슴살이를 한 적도 있었다. 몇 년 후 팽월은 난포와 헤어져 도적이 되었고, 난포는 연나라의 한 귀족 집에 종으로 팔려가게 되었다. 난포는 자신의 삶에 억울함과 구차한 상황을 원망하기보다 주어진 여건에서 성실하게 자신의 책임을 다하는 사람이었다.

주인을 위해 자신의 목숨을 아끼지 않고 충성을 다하는 모습을 보고 연나라의 한 장수가 그를 도위로 발탁했다. 도위란 군주를 근접한 거리에서 호위하는 임무를 갖는 무관이다. 후에 난포를 발탁했던 장수가 연나라의 왕에 오르게 되면서 난포는 장수가 되어 요직을 맡게 되었다.

오랜 고생과 인생의 역경을 견디어 이제 한 지역의 중요한 군사적 업무를 담당하는 책임자가 되었고, 그의 충성심과 성실함이 뭇사람들에게 인정받아 그의 삶이 나아지는 것 같았다. 그런데 한나라의 봉국의 하나였던 연나라의 왕인 장도가 모반을 꾀하자 한나라는 연나라를 치고 난포는 포로의 신세가 되고 말았다.

어린 시절 우정을 나누었던 양나라 왕 팽월이 이 소식을 듣고 한나라 황제에게 달려왔다. 팽월은 황제에게 간절히 부탁하여 난포의 죗값을 돈으로 치르고 그를 양나라로 데려가 대부로 삼았다. 어린 시절 고난을 함께 했던 친구의 도움으로 죽음 직전에서 살아나는 극적인 순간을 경험하였다.

오랜 고통의 시간을 지나 장수가 되어 군을 지휘하는 자리에 있었지만, 모반에 휩쓸려 죽음 직전까지 갔었고, 친구의 도움으로 목숨을 구하고 다시 그 친구가 왕으로 있는 지역의 고위관리가 된 것이다. 참으로 롤러코스터와 같은 삶의 여정이라고 할 수 있다. 양나라의 대부로 있는 동안 사신으로 파견되어 제나라에 가게 되었다. 그가 자리를 비우고 있는 동안 한나라는 팽월을 불러 모반죄로 긴급 체포하고 그의 삼족을 멸하였다. 또한 팽월의 머리는 참수하여 낙양의 성벽에 높이 매달아 놓고 다음과 같은 조서를 반포했다.

"그의 머리를 거두어들이는 자는 즉시 체포할 것이다."

제나라에 사신으로 갔다가 돌아와 팽월의 죽음을 알게된 난포는 즉시 낙양으로 와서 그의 머리 앞에서 사신으로 갔던 일을 아뢰고 제사를 지내며 통곡했다. 그러자 관리가 그를 체포한 후 황제에게 보고했다. 한고조는 자신의 명령을 어긴 난포를 불러들여 질책하고 처형하기로 결심했다.

"네 놈도 팽월과 같이 모반을 하였구나. 내가 그놈의 머리를 거두지 하도록 했거늘 감히 제사를 지내주고 통곡을 하니 팽월과 한마음이었음이 분명하다. 저 놈을 당장 팽형(烹刑)에 처하도록 하라!"

형리들이 그를 붙잡아 끓는 물로 데려가려는데 난포가 황제를 돌아보며 말했다.

"죽기 전에 한 마디만 하도록 해주십시오."

"무슨 할 말이 더 있단 말이냐?"

생명을 구걸하는 변명을 늘어놓을 것이라는 생각에 고조는 귀찮듯이 말했다.

"폐하께서 팽성에서 곤경에 처하고 형양현과 성고읍 사이에서 패하셨을 때, 항왕이 서쪽으로 나아갈 수 없었던 것은 팽왕이 양나라 땅을 지키면서 한나라와 힘을 합쳐 초나라를 괴롭혔기 때문입니다. 당시에 팽왕이 고개를 돌려 초나라와 함께 하면 한나라가 격파되고, 한나라와 함께하면 초나라가 격파될 상황이었습니다. 또한 해하(垓下)의 모임에서 팽왕이 없었다면 항우는 망하지 않았을 것입니다.

천하가 평정되자 팽왕은 부절을 나누고 봉작을 받아서 황제의 충성스러운 신하됨을 맹세하고 이를 만세에 전하고자 하였습니다. 그런데 황제께서 군사의 동원을 명령하여 팽왕은 양나라 지역의 군사를 모았지만 자신은 병이 들어 함께하지 못했는데 폐하께서는 이 일을 자세히 살피시지도 않고 그를 모반죄로 의심하였습니다. 반란의 증거가 구체적으로 드러나지 않았는데 이처럼 가혹한 처벌을 내리셨습니다. 이처럼 정치적인 이유로 이치에 합당하지 않은 형벌을 내리심은 자칫 다른 공신들에게 불안감을 줄까 염려됩니다. 팽왕이 이미 죽었으니 신은 산다 하여도 죽느니만 못합니다. 청컨테 바로 팽형에 처해주시기 바랍니다."

한고조는 난포의 말을 듣고 난 후 얼굴빛이 변했다. 자신의 경솔한 판단에 대해 후회하는 기색이 완연했다.
"난포를 풀어주라. 그리고 그를 도위(都尉)에 임명하겠노라"

도위는 한나라 직제상 무관계급의 장군 다음가는 서열이며, 2천 석의 봉록을 받는 고위직에 해당한다. 난포는 이후 연나라의 재상을 역임하였고, 장군의 지위까지 승진하게 된다. 난포는 항상 부하들에게 말한다.
"힘들 때 치욕을 참지 못하면 사람 구실을 할 수 없고, 부귀할 때 뜻대로 하지 못하면 현명하다고 할 수 없다."

그는 자신에게 은혜를 베푼 자들은 끝까지 찾아내어 후하게 보상하였고, 질서와 법의 권위를 허무는 자들은 반드시 법에 근거하여 처리했다. 그가 얼마나 올바른 정치를 했는지는 그가 죽고 난 후 제나라와 연나라 사람들이 그의 공덕을 기리기 위해 사당을 세웠음을 보아 잘 알 수 있다. 사람들은 그를 기리는 사당을 난공사(欒公社)라 부르며, 늘 그의 은혜와 공덕을 기렸다고 한다.

한고조가 항우를 무찌르고 천하를 통일하는 과업을 이룸에 있어 팽월의 역할은 절대적이었다. 그런데 그는 천하를 통일한 후 그와 그의 일족을 모두 제거했다. 어떻게 이런 일이 일어날 수 있었을까? 송나라의 사마광이 쓴 역사서 『자치통감』에 당시의 상황이 자세히 실려있다.

　한고조가 반란을 일으킨 진희를 제압하기 위해 팽월이 왕으로 있던 양나라에서 군사를 징발하였다. 그런데 마침 양나라 왕인 팽월은 심한 병에 걸려 기동이 불편했다. 그래서 팽월은 장수를 불러 군사를 거느리고 한단으로 출병하도록 했다. 황제가 출병을 명할 때는 당연히 봉국의 왕이 앞장서야 하거늘 일개 장수를 시켜 출병시킨 처사에 고조는 화를 냈다. 병석이었음에도 팽월은 스스로 가서 사죄를 하려고 했으나 그의 장수인 호첩이 그의 앞을 막으며 말했다.

　"왕께서 처음에 가지 못했는데, 책망을 받은 후에 간다면 바로 잡히고 말 것입니다. 차라리 군사를 일으켜 반란을 일으키니만도 못합니다."

　팽월은 호첩을 나무라며 그것은 신하의 도리가 아니라고 말했다. 바로 이때 양나라의 한 관리가 죄를 짓고 도망친 후 한나라 왕실에 가서 양왕과 호첩이 반란을 모의하고 있다고 무고했다.

　이 말을 듣고 고조는 군사를 보내 양왕을 급습하여 낙양으로 호송하였다. 조사를 하는 과정에서 반란의 증거가 드러나지 않았기에 고조는 그를 사면하고자 했지만 팽월의 자리와 황제의 신임을 시기하는 자들이 처벌을 주장하고 나섰다.

　결국 고조는 그를 평민으로 강등시켜 저 멀리 촉땅으로 유배를 보내기로 마음먹었다. 팽월은 먼 유배지로 향하는 길에 황후인 여후를 만나게 되었다. 팽월은 여후에게 전후 사정을 말하며 선처를 부탁했다. 그러자 여후가 그를 데리고 낙양으로 돌아와 황제에게 말했다.

　"팽왕은 한나라 건국의 공이 많은 장수입니다. 이제 그를 촉지방으로 유배시킨다면 스스로 근심거리를 남기는 것입니다. 차라리 그를 죽이니만 못합니다. 그래서 그를 제가 데리고 왔습니다."

얼마 후 교활한 여후(여태후)는 자신의 심복을 시켜 팽월이 모반을 꾀했다고 다시 무고하도록 했다. 그리고 여후의 또 다른 심복인 왕념개가 상소를 올려 그의 가족 모두를 처형할 것을 주청하였다.

고조의 죽음 이후를 생각하며 권력 장악의 야심을 갖고 있던 여태후와 그의 추종자들이 자신들의 목적 달성에 방해가 되는 개국공신들을 제거하는 음모를 꾸몄던 것이다. 당시의 정세가 바로 이와 같았다.

나라에 공을 세우고, 현명한 통치를 할 수 있느냐 하는 것이 인사(人事)의 근거가 아니었고, 어떤 정치세력과 가까운가로 운명이 좌우되는 불안한 형편이었다. 난포가 이를 모를 리 없었다. 하지만 난포에게는 죽음보다 더 소중한 것이 있었다.

한나라 초기에 수많은 장군과 정치가들이 있었지만 황제가 아닌 사람에게 백성들이 스스로 사당을 짓고 그를 기념했다는 기록은 좀처럼 찾아 볼 수 없다. '난공사'가 어떤 의미를 지니는지 난포의 어떤 점을 백성들이 가슴에 담았는지 깊이 생각해봐야 할 일이다.

> 궁곤불능욕신하지, 비인야
> (窮困不能辱身下志, 非人也)
> 부귀불능쾌의, 비현야
> (富貴不能快意, 非賢也)
>
> 곤궁할 때 치욕을 참지 못하면 사람이라 할 수 없고
> 부귀할 때 뜻대로 하지 못하는 자는 현명한 사람이 아니다.

계포
(季布, ? ~ ?)

초(楚)나라 출신으로 임협(任俠)으로 유명. 초나라 땅 사람들이 "황금 백 근을 얻는 것도 계포의 한 번 허락을 받는 것만 못하다.(得黃金百斤 不如得季布一諾)"는 말을 했다. 처음에 항우(項羽)의 부장으로 한고조 유방(劉邦)을 포위해 여러 차례 곤경에 빠뜨렸다. 항우가 죽은 뒤 유방이 상금을 내걸고 그를 찾았다. 노(魯)나라의 협객 주가(朱家)의 집에 숨어있었는데, 주가가 하후영(夏侯嬰)을 설득해 사면을 얻어냈고, 낭중(郎中)에 임명되었다. 혜제(惠帝) 때 중랑장(中郎將)이 되고, 문제(文帝) 때 하동태수(河東太守)에 올랐다. 사람됨이 신의가 두텁고 의협심이 강해 한 번 약속한 일은 반드시 지키는 의리의 인물로 알려져 있다.

영원할 것 같았던 진나라(秦)가 멸망하고 초나라 왕 항우와 한왕 유방이 천하를 차지하기 위해 다투던 때의 이야기이다. 초나라에 계포라는 사람이 있었는데, 그는 언제나 약한 사람들을 돕고, 의로운 행동을 하는 것으로 초나라에 이름이 알려진 사람이다. 관중(管仲)은 『관자』의 '목민편'에서 의롭다(義)는 것은 '자신을 나타내려 나서지 않는 것(不自進)'이라 했다. 일반적으로 누군가 약자를 돕는 사람들은 자신의 행위와 업적을 드러내고자 하는데, 계포는 그렇게 하지 않았다.

오늘날로 말하자면 '밥을 사고 입을 다무는 것, 선한 일을 하고 자신의 이름을 알리지 않는 것'이 바로 계포의 행동이었다. 자연스럽게 계포를 따르는 사람들이 늘어났고 그에게 충성을 맹세하는 부하들이 모여들게 되었다.

초나라 출신이었기에 그는 초나라 왕 항우의 군대장관에 임명되었다. 어질고 의로운 장수가 이끄는 군대이니 전투력이 뛰어날 수밖에 없었다. 그는 여러 차례 한왕 유방을 곤경에 빠뜨렸고, 몇 번이나 한왕과의 전투에서 승리하여 그를 괴롭혔다. 하지만 마침내 항우는 유방에게 패하여 죽게 되고, 천하를 제패하는 위업은 유방의 공으로 돌아가게 되었다. 천하의 주인이 된 유방은 한제국을 세우고 곧 계포를 잡아들이라고 명령했다. 항우의 장수로 자신을 괴롭혔던 원한 때문이었다. 그의 목에 천금의 현상금을 걸었고, 만약 계포를 숨겨주는 자가 있다면 삼족을 멸하는 벌을 내리겠다고 엄포를 내렸다.

이때 계포는 시골의(복양현) 주씨(周氏)의 집에 숨어 있었다. 한나라 왕의 포고령이 내려지자 주씨는 계포에게 말했다.

"지금 한나라에서 현상금을 걸고 장군을 찾고 있습니다. 곧 추적하여 저희 집까지 들이닥칠 것입니다. 하지만 걱정하지 마십시오. 저에게 장군을 살릴 계책이 있습니다. 만약 장군께서 제 계책을 받아들이신다면 제가 계책을 시행하겠습니다. 그러나 그럴 수 없다고 하시면 붙잡히기 전에 스스로 목숨을 끊으십시오."

주씨의 제안은 전형적인 '선택설계자'의 방법을 취하고 있다. 먼저 상황에 대해 설명하고, 대안이 있음을 알린 후, 선택지를 내세워 스스로 선택하도록 한다. 그리고 각각의 선택에 대한 결과를 제시하고 있다.

계포는 주씨의 선택을 받아들이기로 결심했다. 주씨는 곧 (노예의 모습으로) 계포의 머리카락을 자르고, (죄수의 모습으로) 목에 칼을 씌운후, (천민의 모습으로) 거친 베옷을 입히고, (하찮게 보이도록) 짐과 퇴비를 운반하는 농업용 수레에 실어 노나라의 주가(朱家)에게 팔아넘겼다.

당시의 모습을 상상해보면 천금의 현상금이 걸린 자신에게 온갖 구속을 위한 장치를 한 후 수레에 실어 어디론가 보내는 주씨의 행동에 계포가 전적인 신뢰를 보이고 있음을 알 수 있다. 만약 주씨의 계책을 신뢰하지 않았다면 결코 일어날 수 없는 일이었다. 계포는 주씨의 계책을 신뢰했고, 그의 계책을 따르는 의연한 모습을 보인다. 어질고 의롭지 않은 자가 결코 선택할 수 없는 모습이다.

주씨에게 수레를 넘겨받은 주가는 그 수레에 계포 장군이 있음을 알면서 수레를 받아들인다. 한나라의 포고령이 지엄한 상황에서 쉽게 받아들이기 힘든 선택이었을 것이다. 하지만 계포를 받아들이고 이후 취한 그의 행동을 보면 그 역시 어질고 의로운 사람이었음이 분명하다.

그는 자신의 아들에게 명을 내려 밭에서 일을 할 때 이 노예(계포 장군)

의 말을 듣고 시행하며, 반드시 그와 같이 식사를 하라고 말했다. 이미 계포 장군의 현명함과 의로움을 잘 알고 있었기에 자신의 아들에게 훌륭한 스승(멘토)을 모시도록 하는 조치였다. 그가 비록 노예의 모습과 비천한 죄수의 형상을 하고 있었지만 이러한 형편이 아니면 결코 모실 수 없는 스승임을 인정하였던 것이다. 삼족이 몰살당할 수 있는 위험을 무릅쓰고 인재를 귀히 여기고 의로운 사람을 지켜내려는 주씨와 주가의 현명한 선택을 생각해볼 필요가 있다. 그리고 그 귀한 가치와 교훈을 자녀에게 물려주기 위한 주가의 '아비의 마음'을 기억할 필요가 있다.

사마천은 이 이야기를 열전에 남기면서 원통함으로 죽음에 이른 자신의 아버지 사마담을 생각했을지도 모른다. 인정받지 못한 열악하고, 힘들고, 위험한 상황에서도 자신의 아들이 '큰 뜻'을 수행할 수 있도록 막대한 경비와 인맥을 동원하여 사마천에게 값진 경험을 하도록 지원하는 아버지의 마음을 말이다.

환경과 여건이 마련되어야 자녀에게 무엇인가 할 수 있을 것이라는 우리들의 안이함 때문에 소중하고 양보할 수 없는 가치를 우리의 자녀가 소유하지 못하는 것은 아닌지 고민하게 된다.

죄를 지은 노예의 모습을 하고 있는 계포 장군에게 아들을 맡긴 후 주가(朱家)는 급히 말을 타고 낙양으로 가서 등공(滕公, 한고조 유방의 신임을 얻고 있는 하우영을 말함)을 만났다. 주가가 하우영을 급히 만난 이유는 당연히 계포 장군의 신원을 회복하기 위함이었다. 영문도 모른 채 노나라의 덕망이 있는 인재가 자신을 찾아온 것이 기뻐 하우영은 몇 날 며칠 동안 연회를 베풀며 그와 술을 마셨다. 주가는 적절한 기회를 얻게 되자 드디어 말을 꺼냈다.

"계포 장군이 무슨 죄를 지었기에 황상께서 그렇게 급히 찾습니까?"

이 질문 속에는 마치 한고조가 계포를 찾는 이유를 자신은 모르는 척하는 주가의 의도가 담겨있다. 그러자 한 고조의 마음을 잘 알고 있었던 하우영은 솔직하게 그 이유를 말해준다.

"계포가 항우를 위하여 여러 차례 황상을 곤경에 빠뜨렸기 때문에 그에게 원망이 있기 때문입니다."

한고조의 계포에 대한 원한을 분명히 알았다는 표정을 지으며, 주가는 한고조에게 '선택설계자' 역할을 할 수 있는, 즉 한고조의 생각을 바꾸게 할 수 있는지 하우영의 생각을 묻는다.

"당신께서는 계포를 어떻게 생각하십니까?"

놀랍게도 등공 하우영은 아무런 주저함이 없이 대답했다.

"그는 어진 사람입니다."

향후 고조에게 계포에 대한 원한을 풀어줄 유일한 사람일지도 모르는 등공에게 드디어 본격적으로 계포를 위한 변론을 시작한다.

"신하는 저마다 자신의 군주를 위해 일합니다. 계포가 항우를 위해 일한 것은 그가 한왕에게 특별한 원한이 있었던 것이 아니고, 그 자신의 위치에서 자신의 일을 충성스럽게 수행한 것뿐입니다. 만약 한나라 왕이 계포에게 원한을 가지고 그를 죽이려 한다면, 항우의 신하였던 사람은 모두 죽여야 한다는 말입니까? 지금 황상께서는 승리하여 만 천하를 얻으셨는데 자신의 사사로운 원한으로 한 사람만을 찾고 있으니 어찌 천하 사람들에게 황상의 도량이 좁다는 것을 보이신다는 말입니까?"

계포 장군을 위한 주가의 첫 번째 변론의 요지는 계포가 한왕을 곤란하게 한 것은 개인적인 원한이 아니고, 자신의 역할을 충성스럽게 수행했기 때문이라는 것이다. 만약 한 때 적이었던 상대편의 장수를 법률적 근거와 원칙에 의해 처형하려고 한다면, 그 원칙과 기준은 모두에게 적용되어야 한다는 것이다. 즉 항우의 장수였던 사람들은 모두 잡아서 처형해야 한다. 그런데 계포 한 사람만을 찾아 제거하려고 하는 것은 법적 근거가 아닌 개인의 사사로운 원한 때문이며, 최소한 천하의 주인이 된 황제는 그러한 사사로운 행동을 할 경우 세상 사람들로부터 도량이 좁다는 조롱을 받을 수 있음을 강조한다. 주가는 계속해서 말한다.

"더욱이 계포와 같이 어진 사람을 막대한 현상금까지 걸고 이렇게 급히 찾는다면 계포는 북쪽의 흉노에게 달아나거나 남쪽의 월나라로 달아날 것입니다. 이는 (자신에게 유리한 역할을 할 수 있는) 장수를 버려서 적국이 될 수 있는 세력을 이롭게 하는 것입니다. 이는 오나라의 숙원을 풀어준 오자서가 초나라를 정벌한 후 (아버지의 원수를 갚는다는 사사로움으로 인해) 초나라 평왕의 무덤을 파헤쳐 그 시신을 매질한 것과 같은 이유를 만드는 것입니다. 당신은 어이하여 이 일을 황상께 직언 드리지 않고 있는 겁니까?"

만약 하우영의 조언마저도 듣지 않고, 계포를 끝까지 잡아 처형하고자 한다면, 한나라 왕은 곤경을 당할 수 있다는 이야기를 빠뜨리지 않았다. 계포는 어진사람이며, 현명하고 의를 숭상하는 사람이므로 얼마든지 그를 도와 한나라의 영향권 밖으로 도망치도록 돕는 사람들이 많을 것이라는 의미이다. 그래서 그가 한나라의 변방을 언제나 위협하는 흉노나 월(오늘날의 베트남)로 망명을 하면 그것은 한나라에게 큰 위협이 될 것이라는 경고이다. 주가는 오자서의 예를 들어 설명했다.

아버지를 무고하게 죽인 초나라 평왕의 원한을 위해 오나라를 도와 초나라를 점령한 오자서가 이미 초나라 평왕이 죽었음을 알고, 분하여 그의 묘를 파헤쳐 시신을 매질한 사건을 상기시켰다.

일반적으로 사람들은 죽은 자에 대해서 동정적이다. 그것도 한 때 자신들의 왕으로 있던 사람이 개인적 원한으로 조국인 초나라를 버리고 다른 나라의 장수가 된 오자서가 초나라를 점령한 후 복수하는 모습을 보며, 지나치다는 생각을 갖는 것은 당연할 것이다.

『오자서열전』에 나오는 처음 이야기는 오자서와 친하게 지냈던 신포서라는 장군은 이 사건을 본 후 편지를 보내 '당신의 처사는 너무 지나치오. 어찌 한 때 왕이었던 자의 시신을 파헤쳐 하늘의 뜻을 저버린단 말이오.' 라고 질책하며 그와 적이 되어 싸울 것임을 암시한다. 이해는 가지만, 너무 지나친 조치에 대해서는 동의할 수 없다는 것이다.

등공을 설득하여 한 고조의 마음을 돌리기 위한 주가의 변론을 정리해보면

    1. 계포의 행위가 군대 장군으로서는 충성을 다하는 정당한 것이
       었다.
    2. 계포 한사람만을 찾아 처형하려는 것은 법과 원칙에 근거한
       것이 아닌 사사로운 원한이다.
    3. 세상 사람들은 천하의 주인인 황제가 사사로운 원한으로 복수

하는 것을 조롱할 것이다.
4. 만약 도량이 좁은 모습을 보이면 계포는 적국으로 망명하여
위협이 될 것이다.

한 고조가 이러한 변론에 근거하여 현명한 선택을 할 수 있도록 등공
이 '선택설계자'의 역할을 해야 함을 강조하면서 "왜 당신은 이 일을 조
용히 황상에게 말씀드리지 않느냐"고 종용한다.

주가가 의를 숭상하는 사람임을 알고 있던 등공은 그제야 그가 역시
의롭고 충성된 계포 장군을 숨기고 있다는 사실을 알게 된다. 이후 등공
은 한 고조에게 현명한 선택을 하도록 하여 계포는 한고조로부터 용서
를 받고, 그의 장수가 되었다.

> 폐하무고소신, 차인필유이신기폐하자, 금신지, 무소수사, 파거, 차
> 인필유이훼신자
> (陛下無故召臣, 此人必有以臣欺陛下者, 今臣至, 無所受事, 罷去,
> 此人必有以毁臣者)
> 부폐하이일인지예이소신, 일인지훼이거신, 신공천하유식문지유이
> 규폐하야
> (夫陛下以一人之譽而召臣, 一人之毁而去臣, 臣恐天下有識聞之有
> 以窺陛下也)

이번에 폐하께서 아무 까닭도 없이 신을 소환하셨습니다. 그런데
이는 틀림없이 누군가가 신을 칭찬하여 폐하를 기만한 자가 있
기 때문일 것입니다. 신이 왔으나 폐하로부터 아무런 일도 받지
못하였는데 돌아가라고 하십니다. 이는 어떤 자가 폐하에게 저를

비방한 자가 있기 때문일 것입니다. 폐하께서 한 사람이 칭찬한다고 해서 신을 부르시고, 어느 한 사람이 신을 비방한다고 해서 신을 돌려보내신다면 천하의 학식이 있는 자들이 폐하를 곁눈으로 보거나 아래로 여길까 두려울 따름입니다.

주인과 장숙
(周仁과 張叔)

낭중령 주문(周文, 이름은 인(仁), 어사대부 장숙(張叔, 이름은 구(歐)이다. 주문은 문제가 황제였던 시절에 태자의 사인(舍人)이었는데, 태자가 경제로 즉위하자 낭중령에 임명되었고, 장숙 역시 문제 시대의 학자로서 형명학을 배운 것이 계기가 되어 태자의 스승이 되었다. 경제는 즉위한 후 장숙의 사람됨을 존경하여 정승의 반열인 구경(九卿)에 임명했다.

장자의 마음

사마천은 『사기열전』의 '만석군장숙열전'에서 비슷한 시기에 활동했던 두 명의 이야기를 소개하고 있다. 그 주인공은 주문과 장숙이다. 사마천은 이 두 사람을 소개하면서 그 형식과 내용 면에서 유사한 방식을 취하고 있다. 확실히 두 사람을 비교하려는 의도가 분명해 보인다.

황제의 측근에서 보좌관의 역할을 했던 주문은 사람됨이 신중하고 입이 무거워 다른 사람들의 말을 옮기는 법이 없었다고 한다. 자신에게 엄격하고 현란하게 치장하는 일도 없었던 청렴한 관리였다.

'그는 언제나 낡을 대로 낡은 기운 옷을 입었고, 때에 찌들은 속옷을 입으면서도 세탁도 자주하지 않았다'고 한다. 이로 인해 경제의 신임을 얻게 된 주문은 황제의 침실에서 만날 정도로 친밀했고, 후궁전에서 벌어지는 저속한 연극공연에도 항상 참석할 정도로 늘 경제의 곁에 붙어 있었다. 황제가 자신의 사생활도 공유할 정도로 그를 신뢰했다는 이야기이다. 황제가 어떤 사람들에 대해 좋고 나쁨을 물을 때에도 그의 대답은 언제나 한결같았다.

"폐하께서 직접 그를 살펴보시옵소서!"

다른 사람들에 대한 어떠한 비밀도, 어떠한 평도 하지 않았기에 인간 관계에 있어서 어떤 어려움도 없었고, 황제의 신임을 얻을 수 있었다. 경제는 재임기에 두 차례나 그의 집을 찾았다. 황제가 신하의 집을 찾는 예는 존경과 신임을 나타내는 최고의 행위이다. 주문과 경제와의 관계를 잘 알 수 있는 대목이다.

오늘날로 말하면 법무부장관이나 대법원장쯤 되는 어사대부 장숙 역시 황제로부터 존경을 받았던 인물이다. 사마천은 그의 사람됨이 장자(長者)였다고 묘사하고 있다. '장자'라는 말의 사전적 의미는 '사리에 밝은 자', '덕망이 있어 사람들로부터 존경을 받는 자', '재물이 많아 여유로운 자'이다. 사마천이 이어지는 전숙(田叔)열전에서도 '장자'를 강조한 것은 어떤 의도가 있을 것이라고 생각하여 송나라 시대의 주석을 살펴보니 '책임감을 소유한 자'라는 중국 고대의 종법관념에 대한 의미가 담겨있었다. 첫째 아들, 즉 가문이나 국가의 모든 권한을 물려받은 '맏아들'의 상징성을 가지고 있다. '장자'란 한 가문이나 사회, 나아가서 국가의 지도자로 대표성을 갖는 것, 앞장서는 것에 초점이 맞추어져 있다기 보다 '책임'이 더 강조되고 있는 자리이다.

장숙은 법을 관장하는 관리가 되었지만 다른 사람들의 죄를 다스려야 한다는 말을 단 한 번도 한 적이 없으며, 부하가 판결한 옥안(獄案)을 신중하게 판단하여 재심의 여지가 있으면 몇 번이라도 돌려보내고, 어쩔 수 없이 분명한 사안은 결제를 했지만 눈물을 흘리며 읽고 그것을 밀봉했다. 사마천은 장숙의 '백성들을 사랑함이 이와 같았다'라는 말을 첨부하고 있다.

낭중령 주문이나 어사대부 장숙의 성장환경, 황제와의 관계, 관직생활이 이처럼 비슷하였는데 놀랍게도 사마천은 열전 말미에서는 이 두 사람을 정반대로 평가한다. 주문은 아첨에 뛰어났고, 군자들로부터 비웃음을 샀으며, 말과 행동이 간사스러워 영신(佞臣, 아첨하는 신하)에 가깝다고 평가했다. 반면 장숙에게는 '군자'라는 최고의 표현을 아끼지 않았다. 장숙의 가르침은 엄하지는 않았지만 공을 이룰 수 있었고, 정치도 엄격하지는 않았지만 잘 다스려졌다고 말한다. 장숙의 부하들 역시 그를 '장자'로 여겼고, 그래서 감히 그를 속이지 못했다고 한다.

본문의 내용으로 볼 때 거의 구분할 수 없는 이 두 사람의 일생인데 왜 이처럼 상반된 평가를 내리고 있는가 의문이 생겨 다시 본문으로 돌아가 자세히 그 의미를 살펴보았다.

사마천은 이 두 사람을 묘사함에 있어 사람의 생각과 행동이 반드시 일치하는 것이 아니라는 이야기를 하고 있다. 겉으로 군자의 모습을 보이지만 실제 그 마음속으로 군자가 아닌 사람이 있을 수 있다. 이러한 교훈을 받을 때면 가슴이 답답해지고 얼굴이 화끈거린다. 옳은 말을 하고, 옳게 살아야 한다고 떠들고 다니는 사람도 그것이 자신을 증명하고, 자신의 명예와 이익을 추구하게 하는 이중적 모습을 가질 수 있다는 말이기 때문이다. 마치 주문이 남의 허물을 들추지 않고, 검소한 모습으로 절제된 생활을 하며, 임금이 사사로이 내려주는 상급도 사양하는 겸양의 태도로 일생을 살았지만 이 모든 것이 황제의 신임을 얻기 위한 아첨의 행위였던 것처럼 말이다. 사마천은 소인배의 마음을 가지고 있어도 군자의 모습을 보일 수 있는 것이 사람이라고 지적한다. 너무 한 인간에 대한 가혹한 판단이 아닌가 하는 생각을 해보았지만, 사마천은 그 근거로 '장자'를 강조한다.

장자였던 장숙의 이야기를 하면서 사마천은 그가 백성들을 얼마나 사랑했는지, 그의 신중한 판단과 성실한 관직생활은 초점이 자신이 책임지고 있는 백성들을 향하고 있다는 것을 반복해서 강조하고 있다. 그의 모든 일생은 마치 집안의 모든 일을 책임지는 '맏아들'의 자리와 같이 백성을 잘 다스리고, 잘 교육하고, 백성을 위해 공을 세우는 일만을 목적으로 하고 있다는 것이다. 주문의 생각과 목적이 '황제'를 향하고 있음과 명백히 대조되는 평가이다.

맏아들, 장자의 자리를 차지하기 위해 어머니의 태중에서부터 다투고, 마침내 형의 발뒤꿈치를 잡고 나온 성경의 야곱이라는 족장의 이야기를 연상해본다. 그는 이후에도 장자의 자리를 차지하기 위해 온갖 노력을 기울이고 마침내 아버지를 속이면서 장자의 축복을 차지하지만, 신이 그에게 평생을 통해 요구한 것은 '이스라엘 민족'의 족장으로서의 (그의 12명의 아들이 이스라엘 각 부족의 시조가 됩니다) 책임이었다. 평생을 책임을 지고 사는 쉽지만은 않은 인생이었다. 처음 야곱은 '장자'를 축복과 특권의 개념으로 이해했을지 모른다. 하지만 그의 인생 전체를 통해 그에게 반복해서 강조된 것은 '장자로서의 책임'이었음을 알게 된다. 따라서 맏아들의 자리는 그리 녹녹하지는 않은 자리인것이다.

자유 민주국가에서는 지도자를 국민의 손으로 직접 선출한다. 유권자들의 지지를 받기 위해 지도자로 나서는 사람들은 저마다 현란한 말과 기발한 표현, 그리고 절제된 모습으로 어김없이 사람들 앞에 등장한다.

대부분 우리의 지도자나 대표가 될 만한 그런 삶과 업적을 가진 사람들임에는 분명하다. 문제는 이들의 목적이 어디에 있는가? '장자'의 마음으로 백성들을 사랑하고 그들을 책임지겠다는 마음이 있는가? 동일한 삶의 모습들을 가지고 있어도 '장자'의 마음을 소유한지의 여부는 정반대의 방향을 향할 수 있다. 국가의 지도자나 기업을 대표하는 기업인들, 그리고 누군가를 가르치는 선생들, 사람들 앞에 나서는 사람들이 '장자'의 마음을 갖는다면 우리의 삶이 조금은 더 신나고 따뜻해질 것이다.

편작
(扁鵲)

기원전 6세기경 전국 시대 초기 제(齊)나라 발해(渤海) 출신의 명의(名醫)이다. 성은 진(秦)씨고, 본명은 월인(越人)이며, 생존 연대는 명확하지 않다. 그는 노나라(盧國, 지금의 산동성 長淸縣 인근)에서 생활하기도 했다. 그를 노의(盧醫)로 부르는 이유이다. 청년시절 여행객의 숙소로 사용되던 여관에서 일을 하던 중 장상군(長桑君)이라는 기인을 만나 약방(藥方)의 구전과 의서를 물려받았다고 한다. 여러 지역을 돌아다니며, 백성들의 질병을 어루만지고, 백성들의 편에서 인의로 의술을 베푼 것으로 유명하다. 그러나 그의 능력을 시기한 진(秦)나라 태의령(太醫令) 이혜(李醯)의 흉계로 암살당했다고 전한다.

젊은 나이에 한 여관에서 관리인으로 일했는데, 그 여관에 장상군(長

桑君)이라는 사람이 자주 드나들며 머물곤 했다. 편작은 그를 언제나 정중하게 대하였고 장상군 역시 편작의 얼굴을 보며 그가 한낱 여관관리인으로 일할 사람이 아님을 알게 된다. 어느 날 장상군은 편작을 조용히 불러 말했다.

"나는 비밀리에 전해오는 의술의 비방을 알고 있소. 내가 이미 나이가 많아 이를 활용하기에는 너무 늙어버렸소. 그대에게 전하고 싶은데 절대 다른 사람들에게 말하면 안 되오."

편작이 그렇게 하겠다고 하자 장상군은 품속에서 약을 꺼내 건네면서 말을 이었다.

"이 약을 땅에 떨어지지 않은 물에 타서 마신 뒤 삼십일이 지나면 눈이 밝아져서 사물을 꿰뚫어 볼 수 있을 것이오."

약과 함께 세상에 알려지지 않은 의학서적들을 모두 편작에게 건네준 후 그는 홀연히 사라졌다. 장상군의 말대로 삼십일이 지나자 담장 밖의 사람들이 훤히 보이기 시작했다. 의술이 적힌 책을 열심히 익히고 밝은 눈을 갖게 된 편작은 사람의 몸속에 질병의 근원들을 보며 치료할 수 있게 되었다. 이후 편작은 제나라와 조나라를 오가며 많은 사람들을 질병의 고통에서 벗어나게 해주었다.

한 번은 편작이 제나라에 갔을 때 일이다. 제나라의 환후(桓候)는 편작을 손님으로 청하여 정성스럽게 대접했다. 편작의 의사로서의 명성이 높아졌음을 알게 해주는 대목이다. 궁궐에 들어가 환후와 첫 대면을 했을 때 편작이 그의 얼굴을 자세히 살핀 후 말했다.

"임금께서는 피부에 병이 있는데 치료하지 않으면 더욱 깊어질 것입니다."

편작이 물러가자 환후는 불쾌한 심기를 드러냈다.
"대체로 의원이란 자들은 이익에 눈이 멀어 멀쩡한 사람을 병자로 만들어 공을 세우려 하는군."

닷새 후에 편작이 다시 환후를 만날 일이 있었다. 이 때 편작은 다시 임금에게 말했다.
"임금께서는 혈맥에 병이 들었습니다. 시급히 치료하지 않으면 병이 더욱 커질 것입니다."

이번에도 환후는 기분이 언짢았다. 그런데 편작은 아랑곳하지 않고 닷새 후에 다시 찾아와 조언을 한다.
"임금께서는 위와 장 사이에 병이 있습니다. 빨리 치료하셔야 합니다. 그렇지 않으면 위험합니다."

환후는 화가 나서 편작이 물러간다고 인사를 해도 대꾸조차 하지 않았다. 그리고 닷새가 지나자 그는 어김없이 궁궐에 찾아와 모습을 드러냈다. 하지만 이번엔 멀찍이 서서 환후를 바라보더니 아무 말 없이 궁궐 문을 나선다. 이를 이상히 여긴 환후가 사람을 보내 그 까닭을 물었다. 이에 편작은 심통한 표정으로 그 이유를 설명했다.
"발병을 해서 피부에 그 조짐이 보일 때는 탕약이나 고약을 붙여 고칠 수 있고, 혈맥에 병이 머물 때에는 침으로 다스릴 수 있습니다. 시기를 놓쳐 위나 장으로 병으로 퍼졌을 때도 약술로 치료가 가능합니다. 하지만 병을 가벼이 여겨 그 해악이 골수에 이르면 사람의 생명을 주관한다고 알려진 전설속의 신인 사명(司命)이라도 방법이 없습니다. 지금 임금의 병은 이미 골수에 이르렀기에 더 이상 말씀드리지 않은 것입니다."

정확히 닷새 후 환후는 심한 고통과 함께 몸을 가누기 힘들게 되었다. 급히 편작을 부르기 위해 사람을 보냈지만 이미 편작은 떠나고 없었다.

규칙적인 습관과 음식에 공을 들여 건강한 신체를 유지하는 것은 자신을 사랑하고 소중히 여기는 근본이라고 말한다. 무엇인가 신체에 이상이 생기면 그것은 생활의 불균형이 생겼다는 경고이다. 제나라 환후의 예에서 알 수 있듯이 무엇인가 성취를 이루어 낸 사람들은 자신의 질병과 건강에 대해서도 근거 없는 자신감을 갖곤 한다. 건강을 잃으면 모든 것을 잃게 된다는 선배들의 충고를 귀에 못이 박히도록 듣지만 이 '근거 없는 자신감'은 항상 모든 것을 잃은 후에 후회를 하도록 하는 법이다.

고치기 힘든 병

질병의 징후를 빨리 알아차리고 훌륭한 의사에게 신속한 치료를 받게 된다면 대부분의 질병은 치료될 수 있다고 편작은 말한다. 하지만 생활에 파묻혀 살다보면 질병의 징후에 둔감해지기 마련이며, 사소한 병에 대해서는 소홀하게 된다. 또한 요즘처럼 각박해진 환경에서 훌륭한 의사를 찾는 것도 쉬운 일이 아니다. 제나라 환후도 편작이 자신의 피부를 살핀 후 질병이 있다고 말했을 때 '의원들이 이익을 탐하여 멀쩡한 사람을 환자로 만든다' 고 비아냥거렸다. 자신의 몸 상태에 대해서 설명을 해주어도 오히려 질병을 치료해 줄 의사들도 믿을 수 없는 현실에 대한 안타까움을 엿볼 수 있다.

편작은 아무리 뛰어난 의사라도 고칠 수 없는 병이 있다고 말한다. 그는 이러한 병들을 크게 여섯 가지로 구분하고 있다. 첫 번째 불치병은 교만하고 방자하여 병의 발생 원인과 이유를 꼼꼼히 따지지 않는 것이며, 두 번째는 재물이 아까워 병이 있음을 알고도 방치하는 것이다. 세 번째는 입고 먹는 것을 적절하게 통제하지 못하는 것이며, 네 번째는 음과 양의 특성을 파악하지 못해 오장에 흐르는 기를 불안정하게 하는 것이 불치병이라고 말한다. 다섯 번째 불치병은 약을 먹을 수 없을 정도로 몸을 허약하게 방치하는 것이고, 마지막 불치병은 무당의 말만 믿고 의사를 믿지 않는 것이다.

편작이 지적한 불치병은 2천 수백 년이 훌쩍 지났지만 오늘날의 현대인들에게도 그대로 적용되는 사례들이다. 질병에 대한 지식과 병이 경고하는 원리를 이해하지 못하는 어리석음이 첫 번째이고, 병에 대한 지나친 자만심과 무엇이 소중한 것인지 우선순위를 망각하는 아둔함이 두 번째이다. 또한 근거 없는 낙관론이나 미신에 현혹되어 의학의 성과와 의사들을 믿지 못하는 교만함으로 스스로를 방치하는 미련함이 불치병을 만들어 낸다는 지적이다.

오늘날은 생활환경이 개선되고 몸에 유익한 다양한 먹거리들이 사람들의 고른 영양섭취를 가능케 한다. 경제적 풍요와 과학의 발달이 가져다준 혜택에 의해 인간의 수명이 획기적으로 늘어났다. 2013년 한국인들의 평균 수명은 81.4세이며 매년 평균 0.7세 증가되는 추세가 5년 이상 지속되고 있다. 바야흐로 평균 100세 수명의 시대가 눈앞에 와 있다. 하지만 '건강한 노년'에 대해서는 함께 고민해야 할 숙제로 남아있다. 평균수명이 이미 80세를 넘었지만 여성들은 평균 18년, 남성들은 평균 13년 동안 병치레를 해야 하는 실정이다. 건강하지 못한 상태로 단순히 수명만 연장하는 것은 삶의 만족도를 떨어뜨리고, 부담해야 하는 사회적 비용 증가로 인해 본인은 물론 가족들에게 오히려 고통이 될 수도 있다.

'건강한 노년'을 위한 원리가 편작이 지적한 불치병을 치료하고 예방하는 방법과 정확히 일치하고 있다는 사실에 놀라움을 금할 길이 없다. 편작의 지혜를 어떻게 가늠할 수 있을까?

누가 강도를 만난 자에게 필요한 사람인가?

시간이 지날수록 편작의 명성이 온 세상에 널리 퍼져나갔다. 한 때 괵(虢)나라의 태자를 입관(入棺) 직전에 살려낸 이야기며, 제나라 임금의 발병과 전이과정을 정확히 지적한 이야기를 모르는 사람이 없게 되었다. 어떠한 질병도 편작의 손이 닿기만 하면 죽어가는 환자라도 살려낸다는 소문이 돌면서 편작은 신에 버금가는 존재가 되었다. 그러나 편작은 자신의 의술을 부와 명예를 취하는 수단으로 삼지 않았다. 사마천은 의사 편작을 다음과 같이 설명하고 있다.

"편작은 한단(조나라의 수도)을 지나갈 때 이곳 사람들이 부녀자를 귀하게 여긴다는 말을 듣고 부인과 의사가 되었고, 주나라 천자가 머물고 있던 낙양에 잠시 머물 때에는 주나라 사람들이 노인을 공경함을 알고, 노인들의 귓병, 눈병, 중풍 등을 치료하는 노인병 의사가 되었으며, 함양에 머물 때에는 진나라 사람들이 아이들을 사랑한다는 말을 듣고 소아과 의사가 되었다. 편작은 각 지역의 풍속과 환경에 따라 그 지역 사람들이 필요로 하는 것에 맞추어 진료 과목을 바꾸었다."

의사 앞에 서기만 하면 작아지고, 아무리 젊은 의사들에게 조차 그 호칭에 '선생님'이라는 말을 붙이는 것이 자연스러운 이유는 의사 앞에 서는 사람은 그 누구도 약자이기 때문이다. 질병의 두려움과 고통을 가진 '약자'들은 그 고통과 두려움에서 '의사선생님'만이 해결책을 갖고 있다고 생각하는 법이다. 일반적으로 의과대학에 진학하여 의사가 되는 사람은 최고의 엘리트들이다. 사람의 생명을 다루는 일이 그 만큼 어렵고 힘든 일이기에 이러한 일을 넉넉히 담당할 사람들에게 최고의 실력을 요구하는 것은 마땅하다. 또한 이들에게 최고의 경제적 보상을 하는 것도 수긍할 수 있다. 이러한 이유에서 의사들은 언제나 강자이고 환자들은 언제나 약자인 것이다.

하지만 편작은 자신의 부와 명예에 안주하지 않았고, 강자로 군림하지도 않았다. 그는 여러 지역을 찾아다니며 환자들을 돌보았고, 또 지역에 따라 그 습속과 환경 하에서 그들이 '필요로 하는' 치료에 전심전력을 다하는 모습을 보여주었다. 환자들에게 진정으로 필요한 의사로 존재했던 것이다.

성경에 등장하는 강도 만난 사람의 이야기가 있다. 한 유대인이 길을 가다가 강도를 만나 모든 것을 빼앗기고 거의 죽기 직전까지 폭행을 당한 채 버려진다. 고통 속에서 온 힘을 다해 살려달라고 애원을 했지만 사회지도자나 종교지도자들은 그를 외면하였고, 번거로운 일에 말려들까 봐 급히 자리를 피했다. 이때 유대인들이 평소 천하게 여기고 멸시하던 한 사마리아인이 그를 구해줬다. 예수는 자신의 제자들에게 이 이야기를 들려준 뒤 질문했다.

"강도를 만난 사람에게 필요한 사람은 누구인가?"

편작은 '약자이며 도움이 필요한 사람들에게 필요한' 의사였다.

> 고병유육불치; 교자불론어리, 일불치야, 경신중재, 이불치야, 의식
> 불능적, 삼불치야
> (故病有六不治; 驕恣不論於理, 一不治也, 輕身重財, 二不治也, 衣
> 食不能適, 三不治也)
> 음양병, 장기부정, 사불치야, 형리불능복양, 오불치야, 신무불신의
> 육불치야, 유차일자, 즉중난치야
> (陰陽并, 藏氣不定, 四不治也, 形羸不能服藥, 五不治也, 信巫不信
> 醫 六不治也, 有此一者, 則重難治也)

(따라서) 고치지 못하는 병은 여섯 가지가 있다. 교만하여 병의 이치를 논하지 않는 것이 첫 번째 불치병이고, 몸을 가볍게 여기고 재물을 중시 여겨 치료를 소홀히 하는 것이 두 번째 불치병이다. 입고 먹는 것이 적절하지 못한 것이 세 번째 불치병이며, 음양이 섞여 장기의 기운이 불안정한 것이 네 번째 불치병이다. 목이 극도로 여위어 약을 받아들이지 못하는 것이 다섯 번째 불치

병이며, 무당의 말을 믿고, 의사를 믿지 못하는 것이 여섯 번째
불치병이다. 이 중에 단 한 가지라도 있다면 치료하기가 매우 어
렵다.

3

전국시대
네 명의 공자(公子)

맹상군

맹상군의 아버지는 이름이 전영이고, 제나라 위왕(威王)의 첩이 낳은 아들이다. 전영의 어머니는 위왕의 첩들 중에서도 미천한 신분이었다. 그래서 전영은 자신이 실력을 갖추어야만 아버지의 인정을 받을 수 있다고 생각하여 추기, 전기와 같은 장수들과 함께 전쟁터를 누비며 군공을 세웠고, 주변의 한나라, 위나라에 사신으로 파견되어서도 최선의 노력을 통해 그들을 제나라에 복종시키도록 외교술을 발휘하기도 했다. 그래서 나름 군사적인 업적과 외교적인 업적으로 인정을 받았다.

수많은 왕의 여인들과 그 아들들이 벌이는 경쟁에서 살아남기 위해 고충이 얼마나 컸을까 하는 생각을 해보았다. 결국 전영은 인정받는 아들이 되었고, 비록 왕위를 물려받지 못해 이복동생인 선왕(宣王)이 즉위를 하지만 선왕 역시 전영을 중시하여 재상으로 삼고, 후에는 제나라의 요지인 설(薛) 땅의 제후로 임명한다. 맹상군의 아버지 전영은 설땅의 영주가 된 이후에도 제나라에 막강한 권력과 이권을 독점하면서 그 부와 권력을 확대해 나갔다. 사마천은 전영의 재산과 권력이 제나라 왕실의 그것보다 더 컸다고 설명하고 있다.

부유한 약자

사마천은 전국시대 선비들을 중시하여 경쟁적으로 많은 빈객들을 모셨던 네 명의 공자(公子)들의 이야기를 중요하게 다루고 있다. 가장 먼저 제나라의 맹상군 전문(田文)의 이야기를 주제로 『맹상군열전』을 썼다.

설왕의 영주가 된 전영은 수많은 후궁들을 거느리며 호화스러운 생활을 했다. 아들이 무려 40명이나 되었다고 하니 제왕이 누리는 특권과 차이가 없어 보인다. 전영의 많은 첩들 중에 역시 '천한 신분'의 여인이 아들을 낳아 그 이름을 문(文)이라 했다. 그런데 공교롭게 이 아들이 5월 5일에 태어났다. 당시 음수가 겹친 5월 5일에 아들이 태어나면 그 아들이 아버지를 해치게 되며, 만약 딸이 태어나면 어머니에게 해가 된다는 미신이 있었다. 그래서 아버지 전영은 전문의 어머니에게 아이를 키우지 말고 죽이라고 명령했다. 그러나 이 여인은 그 아들을 숨겨 키웠다. 어머니의 신분도 신분이지만 아버지에게 버림을 받은 한 아이의 삶이 어땠을까. 공식적인 아무런 기록도 혜택도 받지 못할 뿐더러 해가 되니 없애라고 한 명령을 어기며 불안 속에 살아가야 하는 처지가 어떠했을까?

열전의 기록에는 보이지 않지만 아마도 이 어머니는 아이를 잘 키워 능력으로 인정받는 훌륭한 청년을 만드는 것이 결국 이 아이의 존재를 인정받는 유일한 길이라고 생각했을 것이다. 마치 아버지 전영이 그랬던 것처럼 말이다.

아이가 장성하자 전문의 어머니는 아들과 함께 전영 앞에 나선다. 그때 아마도 그의 존재를 처음 알게 된 아버지의 입에서 나온 첫 마디가 "왜 죽이라고 했는데 키웠느냐!"라는 질책이었다. 이때 전문이 어머니 대신 아버지에게 질문을 했다.

"아버님, 사람의 운명이 하늘에 의한 것입니까? 아니면 지게문에 의한 것입니까?"

전문이 지게문을 언급한 것은 5월 5일에 태어난 남자아이가 지게문을 드나들 만큼 키가 크면 드디어 그 아버지에게 해를 끼친다는 당시의 미신적 속설 때문이었다.

"만약 사람의 운명이 하늘에 의한 것이라면 그래서 제가 태어났다면 아버지 역시 하늘의 뜻을 거스를 수 없을 테니 문제가 없을 것이고. 만약 지게문에 의해 결정이 된다면 지게문을 높여 사람이 도달할 수 없는 높이를 만들면 될 것입니다"

전문의 이러한 질문에 아버지는 아무런 대답도 하지 못한 채 그의 존재를 인정하였다. 아마도 속으로 그 논리와 지혜, 그리고 용기에 조금은 놀랐을 것이며, 훌륭하게 성장한 피붙이의 모습에 마음이 약해졌을 수도 있었을 것이다.

존재를 인정받은 전문은 얼마 후 한가한 시간을 틈타 다시 아버지에게 질문을 했다.

"아버님, 아들의 아들을 무엇이라고 부릅니까?"

전영은 대답한다.
"손자다!",
"그렇다면 손자의 손자는 무엇입니까?"
"현손이라고 한다."

전영은 다시 한번 질문한다.
"그렇다면 현손의 현손은 무엇이라 부릅니까?"

아버지는 한참 생각을 하다가
"잘 모르겠다."

그러자 전문이 아버지에게 말을 한다.
"아버님! 아버님께서는 제나라의 위왕과 선왕, 그리고 지금 그 아들인 민왕까지 3대를 섬기며, 제나라에 충성을 다했습니다. 그런데 제나라는 그대로인데, 아버지는 재산과 권력이 나날이 넘쳐 오히려 제나라보다 더 큰 부와 권력을 소유하고 있습니다. 또 아버지 주변에는 어진 선비라고는 하나도 없습니다. 재상의 집에서 재상이 나고, 장수의 집에서 장수가 난다는 말이 있는데, 아버지의 집에는 아버지에게 아첨하는 측근들과 첩들만 비단옷을 끌고 쌀밥에 고기반찬을 배부르게 먹고 있을 뿐, 아버지 주변의 그나마 있다는 선비들은 바지가 오래되 짧아진 것조차 넉넉히 입지 못하고, 음식은 쌀겨와 술지게미도 배부르게 먹고 있지 못한 상황입니다."

그리고 더욱 힘을 주어 말한다.

"아버지의 재산은 나날이 늘어 쌓아놓을 창고를 더 늘려야 하고, 그 권위는 제나라 왕실에 버금가지만 왜 아버지는 힘이 나날이 약해지는지 저는 그것이 참 이상합니다."

전문은 예상대로 그 어머니에게 의해 최고로 키워진 것이 분명했다. 그는 아버지에게 먼저 아들, 현손, 그리고 현손의 현손 이야기를 통해 아버지에게 '역사' 라는 시간과 과정을 통해 그 전통과 영향이 계승된다는 문제제기를 한다. 그리고 현실에서 누리는 아버지의 부와 권위가 그 끝과 한계가 있음을 말하고, 아버지를 정신적, 육체적으로 만족 시켜주는 측근들과 진정 대대로 아버지의 명예와 부와 권위를 세워줄 선비들의 중요성을 비교하여 설명하고 있다.

아버지 전영 역시 자신의 지난 과거와 현실 그리고 미래의 후손에 대한 생각을 하지 않을 수 없었을 것이다. 전영은 전문에게 집안의 일과 선비들을 모시는 일을 맡겼다. 당연히 전문은 이 일을 잘 수행하여 결국 아버지의 뒤를 이어 후계자가 되었고, 제나라로부터 인정을 받아 설(薛)땅의 영주가 된다. 미천한 여인에게서 난, 그리고 성장할 때까지 존재를 숨겨야 했던 이 아이가 바로 맹상군이다.

맹상군은 아버지와의 대화를 통해 진정한 힘이란 어디에 있는 것이며, 자신이 이룬 부와 권력을 누리며, 현실에서 만족하는 자는 비록 창고는 넘쳐나도 종말을 향해 무력하게 달려가는 나약한 인간임을 분명하게 알려준다. 그리고 더 나아가 평생을 학문과 경험을 통해 전문적 지식을 가진 선비(인재)들의 중요성도 강조했다. 진정한 힘이란 자신의 부와 명예를 지켜줄 선비들의 조력 없이 유지할 수 없다는 것을 분명히 한 것이다.

맹상군의 이 이야기를 읽을 때마다 오늘 우리 주변에도 얼마나 많은 사람들이 자신의 부와 권력을 자랑하면서 현실의 삶에 몰입하여, 앞을 내다보는 일을 소홀히 하고 결국 쓸쓸하게 사라져 가는지 생각하게 된다. 내 손에 쥔 것이 전부인 것 같이 교만하고, 사치하고, 방탕한 생활을 하면서 참모나 후계자를 양성하지 못해 말로가 비참한 정치인, 기업인들이 예를 들 수 없을 정도로 많이 있다.

성경에 등장하는 어리석은 부자의 이야기와 너무 유사하다. 너무 재산이 넘쳐나서 고민을 하다가 결국 창고를 더 짓기로 결심했는데, 그날 저녁 세상을 마감하고 만다는…

"한 부자가 그 밭에 소출이 풍성하매 심중에 생각하여 이르되 내가 곡식 쌓아 둘 곳이 없으니 어찌할까 하고 또 이르되 내가 이렇게 하리라 내 곳간을 헐고 더 크게 짓고 내 모든 곡식과 물건을 거기 쌓아두리라. 또 내가 내 영혼에게 이르되 영혼아 여러 해 쓸 물건을 많이 쌓아두었으니 편안히 쉬고 먹고 마시고 즐거워하자 하리라 하되 하나님은 이르시되 "어리석은 자여 오늘 밤에 내가 네 영혼을 도로 찾으리니 그러면 네 준비한 것이 누구의 것이 되겠느냐"(눅 12: 16~20)

한때 치열하게 살아 주변으로부터 인정받았던 전영은 잠시 동안 현실 속에서 망각하고 있었던 귀중한 교훈을 한때 제거하려 했던 숨겨 키워진 아들로부터 지적받고 있다. 부유한 약자의 처지에서 부유한 강자로 대대로 그 이름을 세우는 방법을 배우게 되었다. 그래서 맹상군은 그의 삶 전체에서 선비에 대한 예우와 빈객들의 소중함을 확인하는 실천을 하게 된다.

전국시대의 네 명의 공자,
네 개의 포털사이트

인재의 소중함을 알았던 맹상군은 아버지의 후계자로 인정받기 전부터 사람의 소중함을 알고 있었다. 재물과 권위, 그리고 그 재물과 권위에 아첨하며 자신의 이익을 챙기는 무리들은 같은 사람이지만 오히려 해가 되는 존재들이라는 것도 잘 알고 있었다. 사람을 모으되 인재를 구하는 방법에 대해서 많은 고민이 있었을 것이라는 짐작을 하게 된다.

아버지의 인정을 받고 후계자로 지목되었을 때 맹상군에게 맡겨진 일은 바로 천하에 유람하고 있는 선비들을 빈객으로 모셔 관리하는 일이었다. 맹상군을 비롯하여 조나라의 평원군, 위나라의 신릉군, 초나라의 춘신군은 모두 비슷한 시기에 인재 쟁탈전을 벌였던 인물들로 소위 '전국시대의 사공자(四公子)'라 불리는 인재의 소중함을 알았던 사람들이다.

군주의 입장에서는 다양한 학문과 다양한 경험 그리고 천하를 주유하면서 얻은 정보를 갖고 있던 사람들을 얼마나 많이 확보하며 그들로부터 진심어린 충성을 이끌어 내는가 하는 것이 국가 흥망의 관건이었다.

사마천이 '전국시대의 사공자'를 특히 중시하고, 이들을 비중 있게 다룬 것을 보며 우리가 살고 있는 시대의 대표적인 포털사이트를 생각할 수 있다. 얼마나 고급스러운 정보, 얼마나 유능한 이용자들을 모을 수 있는가, 이들이 만들어 내는 지식과 정보, 그리고 각종 유용한 아이디어들이 모여 더 큰 아이디어를 만들어 내는 공간말이다.

전국시대의 사공자는 공통적으로 각각 수천 명의 빈객들을 자신의 주변에 모아, 자기의 재산으로 그들을 먹이고, 재우고, 입혔다. 맹상군은 설 지역의 영주가 되자 재능과 지혜, 그리고 정보를 갖고 있는 이들 빈객들을 정성을 다해 모집하기 시작했다.

　사마천은 맹상군이 빈객을 모으고, 대접하기 위해 취한 원칙들을 설명하고 있다. 첫째, 맹상군은 빈객을 위해 자신의 집안 재산을 '기울였다'라고 쓰고 있다. 여기서 '기울였다'라고 하는 의미는 쓸것 다 쓰고 남는 것을 사용했다는 의미가 아니라 집안이 기울정도의 무리한 지출을 감내했다는 의미이다. 맹상군은 인재를 구하는데, 재물의 가치는 의미가 없다는 것을 잘 알고 있었던 인물이었다.

　두 번째 그는 빈객을 '자신과 동등하게' 여겼다는 점이다. 사마천은 '자신과 동등하게'라는 표현을 여러 번 반복해서 사용하고 있다. 한 번은 한 빈객과 밤참을 나누면서 대화를 나누는데, 누군가 불빛을 가려 갑자기 어둡게 되었다.

　이때 빈객은 밤참으로 먹는 음식의 내용이 자신의 것과 맹상군의 것이 다르기에 이를 감추기 위해 일부러 불을 어둡게 했을 것이라 오해를 해서 자리를 떠나려고 한 적이 있었다.

　놀란 맹상군은 자신의 밥상을 직접 들고 그 빈객에게 확인시키면서 차이가 없음을 증명해보였다. 그러자 그 빈객은 맹상군에 대한 오해를 부끄러워하여 스스로 목숨을 끊었다고 한다. 이 일로 맹상군은 더욱 유명해졌고, 더더욱 많은 선비들이 맹상군에게 모여들게 되었다.

　전국시대 사공자 외에 당시 수많은 재력가들과 정치인들은 각기 빈객을 모셨는데, 그 관행이 어떠했는가 하는 것을 잘 알려주는 대목이다.

　자신과 동등하게 빈객을 대우한다는 것은 다르게 표현하면 자신을 빈객의 형편과 처지로 낮추는 것을 의미한다. 당시의 빈객들은 자신이 가진 재능과 경험을 가지고 생계를 의탁하는 사람들이었기 때문에 빈객을 초청한 사람과는 신분과 능력에서 많은 차이가 있었다. 하지만 인재를 초빙하는 사람들이 자신을 낮추어 이들과 동등하게 대하는 것은 인재와 그 인재가 소유한 재능과 지식을 귀하게 여기지 않는다면 절대로 실천에 옮길 수 없는 태도이다. 그리고 더 나아가 빈객 그 자신은 물론 그의 식솔들까지 예우하는 치밀함까지 보인다. 맹상군의 '인재제일주의'의 안목이 드러나는 대목이다.

세 번째는 지식과 재능의 우열을 가리지 않았다는 점이다. 맹상군은 빈객을 초청함에 있어 그 사람이 얼마나 고급 지식과 지혜를 가지고 있는가 하는 것은 중요한 것이 아니라는 생각을 갖고 있었다.

맹상군은 심지어 죄를 짓고 도망친 자에게까지 그가 가지고 있는 재능을 구했다. 원숭이 흉내를 잘 내는 사람, 닭 울음소리를 잘 내는 사람, 작은 구멍을 자유로이 드나들며 좀도둑질을 잘 하는 사람들이 그들이다. 비록 윤리적인 측면에서 논쟁거리가 될 수 있지만, 이러한 사람들의 재능도 소홀히 여기지 않았단 말이다.

이렇게 모여든 빈객들이 약 3천여 명이나 되니, 빈객들 사이에서도 많은 분란이 있었을 것이다. 자신과 동등하게 빈객을 예우했던 맹상군이 빈객들 사이에서 조정을 하느라 얼마나 애를 먹었을지 짐작이 간다.

맹상군이 진나라에 갔다가 포로가 되어 죽임을 당할 뻔한 일이 있었다. 이 때 맹상군의 주위에는 많은 빈객들이 참모로 따라갔지만, 죽음의 위기에서 그를 구한 것은 좋은 계책과 유용한 지식이 아니라 좀도둑이 탈출의 기회를 마련할 물건을 훔쳐왔고, 국경을 통과할 때, 닭 울음소리를 내는 빈객의 역할이었다.

우리에게 잘 알려진 '계명구도(鷄鳴狗盜)'라는 고사성어가 이 일화에서 유래한다. 이 일이 있은 후에 평소 그들과 자리를 함께하는 것조차 꺼렸던 빈객들이 맹상군의 현명함을 더 칭송하게 되었다고 한다. 지식과 재능은 쓸모가 다를 뿐 우열이 없다는 이야기이다.

특별한 정보수집의 방편이 없었던 시기에 정보원이자 지식원인 수많은 인재들을 모아 그들의 역량을 이끌어내는 원리를 터득해 낸 '전국시대의 사공자'들이 그들이 모은 인재들의 역량만큼 그 역할을 다했던 것은 정보와 능력 그리고 경험을 가진 인재들의 소중함을 이미 알고 있었기 때문이다.

병풍 뒤에서 얻은 정보

인재의 소중함을 깨달아 천하를 떠돌며 자신의 지식과 재능을 전파하는 선비들을 빈객으로 모집했던 전국시대 사공자들의 이야기는 오늘 현대사회를 살고 있는 우리에게도 시사하는 바가 많다. 사마천이 가장 먼저 소개했던 제나라의 맹상군은 그 중에서 가장 인재의 소중함과 그 인재의 역량을 이끌어내기 위해 열정을 보였던 사람이다.

맹상군은 빈객들이 그에게 찾아와 대화를 나눌 때면 늘 방안의 병풍 뒤에 시사(侍史)를 숨겨놓고, 대화의 내용 중에 정보화할 수 있는 내용을 적도록 하였다. 흔히 포털에서 이용자의 신상이나 기본 정보들을 수집하려는 노력과 같은 원리이다. 이들이 기록한 내용은 빅데이터로 저장

되고 보관되었을 것이다. 기록하는 자에게 특히 실수 없이 적도록 한 내용은 빈객이 처한 환경과 가족들에 대한 정보였다. 부모님들은 어디에서 어떻게 사는지, 가족들의 근황은 어떤지, 친척들이 어렵거나 불편한 점은 없는지에 대한 정보가 가장 필요한 정보였다.

당시 빈객들의 상황을 보면 특별히 자신의 학문과 철학을 중시하여 그것을 설파하려는 목적을 가진 사람들도 있었겠지만 이러한 사람들은 극소수이고, 대부분이 어려운 형편과 가족부양의 목적으로 자신의 재능과 지식을 팔기 위해 떠돌아다니는 사람들이 대부분이었다. 사마천의 표현대로 죄를 짓고 고향을 등진 사람도 있었고, 자신이 살던 지역의 특수한 문화와 환경을 통해 밥벌이를 하려는 사람들도 있었을 것이다. 이러한 사람들이 자신의 식솔들을 넉넉히 부양할 수 없었을 것임은 분명하다. 맹상군은 이러한 빈객들의 일반적인 상황을 결코 그냥 지나치지 않았다.

맹상군은 대화를 마치고 빈객이 방문을 나서면 즉시 수집한 정보에 따라 심부름꾼을 그의 고향으로 보내 그 친지와 가족에게 예를 갖추고 선물을 갖다 주도록 했다. 아울러 당신들의 아들이자, 남편이자 부모이기도 한 소중한 분이 우리 주인의 빈객으로 훌륭한 역할을 다하고 있음에 대한 감사의 말도 잊지 않았다.

맹상군의 인재에 대한 소중한 가치부여의 진면목이다. 멀리 집을 떠나 제대로 가솔들을 돌보지 못하는 빈객의 부담감을 덜어줄 뿐만 아니라 그가 나에게 이처럼 소중하며, 훌륭한 역할을 하고 있다는 것을 가족들에게 알림으로 그 권위를 세워주는 배려에서이다. 언젠가는 그 사실들을 알게 된 빈객이 진심을 다해 맹상군을 도울 것은 자명한 일이다.

지난 2002년부터 3년에 걸쳐 정부기관의 발주를 받아 중국내에 진출한 한국기업의 실태를 조사한 적이 있다. 지금도 크게 다르지 않겠지만 한국기업들이 수교한지 10년이 경과되었음에도 중국 내에서 그다지 좋은 실적을 내지 못하는 원인을 알아내기 위한 작업이었다.

당시 조사를 하던 중 대표적인 성공기업 중 하나인 천진의 H주식회사의 이야기를 듣게 되었다. 이 회사는 대표적인 노동집약형 사업인 신발제조회사였는데, 처음 중국에 진출하여 수없이 많은 고전을 했다고 한다. 많은 어려움 중 대부분이 쉽게 이직을 하는 노동자들의 문제였다. 현실적 이익을 중시하는 중국의 노동자들은 조금이라도 높은 임금을 주면 아무런 약속도 계약도 소용없이 출근을 안 하는데, 이런 중국노동자들의 습성을 이해하지 못한 한국기업들은 대비책을 세우지 않고 있다가 큰 어려움을 당하는 경우가 많았다고 한다.

조직에 대한 소속감은 말할 것도 없고, 기본적으로 조직에 대한 신뢰도나 사업자에 대한 충성도를 이끌어내는 것은 거의 불가능하다는 것이 당시의 상황이었다고 한다. 노동자들 대부분이 가난한 농촌출신이고, 심지어 기차로 2~3일 길 되는 먼 거리에서 가족과 형제를 두고 오로지 돈을 벌기 위해 모여든 이들의 형편을 알면 전혀 이해하지 못할 것은 아니지만, 납기일을 맞추어야 하고, 신뢰를 소중히 여겨야 하는 기업주의 입장에서는 이들 노동자를 대하는 것이 쉽지만은 않은 일이었다.

기차로 3일을 가야하는 멀리 사천성에서 온 한 여공이 하루 일과를 모두 마치고, 샤워를 한 후 외출복을 갈아입으러 숙소로 향했다. 여느 때와 달리 구내식당이 아닌 시내에서 저녁식사를 하러 친구들과 약속을 했는데 이날이 바로 그 여공의 생일이었기 때문이었다. 숙소의 문을 열자 갑자기 불이 켜지면서 식사 약속을 했던 친구들은 물론 많은 동료들이 푸짐한 생일상을 차려놓고 그녀를 기다리고 있었다. 그런데 그녀를 한없이 울게 만들었던 것은 저 멀리 고향에서 그토록 보고 싶고, 그리워했던 부모님과 어린 동생들이 회사의 배려로 그 자리에 함께했다는 것이다. 한참동안 부둥켜안고 서로의 등을 쓰다듬던 가족과의 해후가 끝나자 성대한 잔치가 벌어지고 그 후 3일 동안 가족들과 좋은 음식, 좋은 장소를 다니며 행복한 시간을 보낼 수 있도록 회사는 배려해 주었다. 가족들과 헤어질 때, 그 가족들의 손에는 회사가 바리바리 싸준 선물에다가 '당신의 소중한 딸을 우리 회사에 보내주어서 우리 회사가 유능한 당신 딸 때문에 번창하고 있습니다. 정말 감사드립니다' 라는 진심어린 감사 편지까지 동봉되어 있었다. 현재도 이 회사는 13개의 자체브랜드까지 만들어 중국전역에 40여 개의 공장을 운영하고 있다.

이 사례는 이 공장을 다니는 수많은 직원들이 모두 누리는 혜택 중의 하나일 뿐이다. 다양한 방법으로 그 가족까지 챙기면서 직원들의 회사를 위한 노동의 대가를 소중히 여겨주는 인재경영이 그 회사의 성공 기반이 되었음은 두말할 나위도 없다.

렌탈기업으로 대표적인 국내의 한 회사도 정기적으로 가정을 방문하여 청소와 소모품을 교환하는 직원들의 자녀들을 순차적으로 선발하여 해외연수교육을 시키는 프로그램을 운영하고 있다. 기업과 대학의 산학 프로그램으로 이를 진행한 경험이 있는데, 직원 자녀 100여 명을 선발하여 중국의 주요관광지에 보내 중국의 비전을 교육함과 동시에 최고로 편안한 숙소, 최고의 식사, 중국청년단체까지 동원한 많은 프로그램을 통해 이들에게 잊지 못할 추억을 만들어 주었다. 물론 수시로 '너희들의 부모님이 회사에서 너무나 훌륭하고 멋지게 활동을 하셔서 우리 회사가 이렇게 성공을 하고, 그 은혜에 보답하기 위해 이러한 기회를 마련했다'는 말을 전한다. 회사에서 일을 하는 부모에게도, 일하는 부모에 대한 여러 가지 부정적 생각을 했던 아이들에게도 서로의 권위와 소중함을 전달하는 귀중한 시간이었다.

인재를 얻는 것도 중요하지만 그 인재로부터 그 역량을 최대한 이끌어내고, 진정한 의미의 충성심을 얻어내는 것은 더욱 중요한데, 맹상군은 그의 빈객들이 미처 챙기지 못하고, 챙길 수 없는 부분까지 생각하여 그들을 감동시킨다. 한 번은 맹상군이 모함에 의해 반란죄로 처벌을 받게 될 위기에 처하게 되는데, 한 사람이 제나라 왕궁 앞에서 그의 결백을 주장하며 스스로 목숨을 끊자 제나라 왕실은 더 신중하게 조사를 명령하고, 결국 이 사건이 모함에 의한 것임을 밝혀낸다. 사람의 마음을 얻을 줄 알았던 맹상군의 인재경영의 성공적 결과이다.

어떤 사람과 조금 거리를 두려면 돈을 빌려달라고 하면 되고, 영원히 관계를 끊고 싶으면 그 사람의 자식을 욕하면 된다는 말이 있다.

이 말을 반대로 적용하면, 누군가 가까이 지내려면 아쉬운 소리, 즉 부담을 주지 않으면 되고, 아주 친하게 지내고자 하면 그 사람의 자식을 한없이 칭찬하면 된다는 이야기이다. 가족관계를 중시하는 사회에서 가족의 소중함을 챙기는 맹상군의 인재쟁탈, 그 지혜를 생각해본다.

나무인형과 흙인형의 대화

맹상군의 현명함에 대한 소문이 퍼지자 당시 새로운 강자로 부상한 진나라의 소왕은 맹상군을 자신의 수하에 두려는 계획을 세운다. 그래서 자기의 친동생인 경양군을 제나라에 먼저 볼모로 보내 제나라 왕을 안심시킨 후 맹상군을 초대했다. 평소 진나라 소왕의 성향을 잘 알고 있었던 맹상군의 빈객들은 앞을 다투어 맹상군의 진나라 행을 반대하고 나섰다. 그러나 맹상군은 빈객들의 이야기를 귀담아 듣지 않았다.

여러 가지 정황으로 볼 때, 맹상군은 제나라 왕실과의 관계도 있었지만, 스스로 새로운 기회라고 생각했을 수도 있고, 또 그동안 수많은 빈객들과의 관계 속에서 얻은 지식과 경험으로 자만심이 생겨났을 수도 있다. 아무튼 맹상군은 빈객들의 반대에도 불구하고 진나라로 향할 준비를 한다.

사마천은 맹상군의 빈객들이 '간청'했다는 표현을 쓰고 있다. 자신들을 지원하던 맹상군의 불안한 행보에 위협을 느꼈다기보다 그들의 진심이 느껴지는 표현이다. 이때 빈객 중의 한 사람이었던 소대가 등장한다. 소대가 고집을 부리는 맹상군에게 나아와 말했다.

"오늘 아침 이곳으로 제가 오는 도중 나무인형과 흙인형이 길에서 나누는 대화를 엿듣게 되었습니다. 나무인형이 흙인형에게 말했습니다.

'만약 하늘에서 비가 내리면 너는 허물어지고 말거야.'

그러자 흙인형은(여유롭게) 대답했습니다.

'그래 맞아. 그렇게 될 거야. 하지만 나는 원래 흙에서 태어났으니 허물어지면 흙으로 돌아가면 그만이야. 그런데 하늘에서 비가 계속 내리면 너는 빗물에 휩쓸려 어디로 떠내려갈지도 모른 채 떠돌게 될 거야.'"

소대는 계속해서 말을 잇습니다.
"진나라는 호랑이나 이리와 같이 사나운 나라입니다. 그런데 당신께서 고집을 피우며 굳이 가려고 하시니 흙인형이 비웃는 나무인형의 신세가 될까 두렵습니다."

소대의 이야기를 듣고 곰곰이 생각한 맹상군은 진나라로 가려던 계획을 취소했다.

사마천은 사기열전의 여러 곳에서 현명한 선비들이 자신들의 주장을 관철시키기거나 교훈을 주기 위해 쉬운 비유를 드는 내용을 그대로 전하고 있다. 또는 지금의 현실을 망각하고 어디로 나아가야 할지 그 방향을 잃은 사람에게 지난 역사의 유사한 상황을 들어 설명을 한다. 잠시 자만에 빠져 현실 감각을 잃은 맹상군의 고집은 자신이 직접 모집하여 지원하고 있는 빈객들의 '간청'마저도 외면할 지경이었다.
하지만 하늘에서 내리는 비와 같이 나의 힘으로 어찌할 도리가 없는 외부적 환경에 그저 휩쓸려 떠다닐 수밖에 없는 나무인형과 같은 자신의 처지를 소대로부터 지적받게 된다. 진나라로 가야만하는 거절할 수 없는 이유와 배경이 있다하더라도 만약 그것을 거절하면 혹시 비에 허물어지는 흙인형의 신세가 될 수도 있지만, 제나라 사람인 맹상군이 제나라의 땅에서 명예를 지키며 스러져갔다는 이름은 남길 것인데, 힘에 굴복하여 사나운 나라의 힘에 휩쓸려 어디로 가야할지 모른 채 유랑하는 나무인형의 신세는 되지 말아달라는 것이 소대의 요청이었다.

간혹 자신의 의지와 원칙을 거스르며 '시대의 탓', '환경의 탓'을 들면서 소신을 굽히는 결정을 정당화하려는 사람들이 있다.

심지어 을사오적의 행위 역시 어차피 일본의 상대가 되지 않는 망국의 처지에서 그래도 그들이 도장을 찍어주어 영토와 인민의 극단적인 피해를 줄일 수 있었다는 말을 서슴없이 하는 사람들도 있다.

그러나 역사는 그렇게 말하지 않는다. 그 이전의 역사에서 당시의 한일관계보다 훨씬 더 심각하고, 어려운 상황에서도 결사항전의 의지가 나라와 민족을 살렸던 예를 많이 볼 수 있다.

'나의 생명이 하나뿐인 것이, 조국과 민족을 위해 불사를 목숨이 단 한 개뿐인 것이 애석할 따름이다'라는 말을 남긴 채 폭탄을 들고 제국주의의 주구들 앞에 당당하게 섰던 윤봉길 의사는 비록 빗물에 젖어 허물어졌지만 지금 이 땅에 우리들의 머리와 가슴속에 본래 그 흙에서 온 그 흙으로 스며들어 있다.

들에서 양을 치던 한 소년이 조국과 민족, 그리고 무엇보다 자신들의 신앙의 대상인 여호와를 조롱하는 골리앗 앞에 섰을 때, 그의 손에는 보잘것없는 다섯 개의 돌멩이가 들려있을 뿐이었다.

"너는 창과 칼로 나오지만 나는 만군의 여호와의 이름으로 네 앞에 섰다."

다윗이라는 이 소년의 손에 들린 돌 중 네 개는 써보지도 못했다. 이 소년은 어떤 형태로든 이기는 싸움에 선 것이다.

설사 싸움에서 져 목숨을 잃는다 해도 그는 그저 흙으로 돌아갈 뿐이었으니까 말이다. 사람들은 그 민족이 존재하는 한 그를 국가와 민족을

위한 영웅으로 추앙할 것이다. 현재 이스라엘의 국기에 새겨진 문양이
바로 '다윗의 별'이다.

　나이가 들고 책임지는 일이 많아지면 질수록 우리는 나무인형이 되어
야 할지 흙인형이 되어야할지 선택해야 하는 상황을 자주 만나게 된다.
쓰러지더라도 원칙과 소신, 그리고 양심을 지켜 자신의 자리에서 흙이
되는 것이 갈 곳을 알지 못한 채 이리저리 휩쓸려 다니는 나무인형 보다
더 낫다는 것이 역사의 교훈이고, 맹상군을 맹상군 답게 만든 현명한 선
비들의 조언이었음을 기억해본다.

관계파괴자

　의도하지는 않았지만 자신도 모르게 서서히 (인간)관계를 망가뜨리는
사람들을 '관계파괴자'라고 한다. 이 말은 미국의 임상 심리학자이자 결
혼 상담가로 활동하는 랜디 건서(Randi Gunther) 박사가 개념화한 것이다.
과거와 달리 짧은 시간동안 더 많은 사람들과 관계를 맺을 수 있는 현대
인들이 스스로 자신이 인간관계의 파괴적 행동을 하고 있으면서도 그것
을 모른 채 살아가고 있는 현상에 대한 경종이다. 교통의 발달이나 통신
의 발달 그리고 다양하고 새로운 일들이 만들어지면서 사람들은 더 많
은 사람들과 인간관계를 맺지만 그 인간관계가 모두 성공적이라고 할
수 없다.

　인재의 필요성을 알고 수많은 빈객들을 불러 모았던 전국시대 사공
자의 이야기를 읽으면서 이들이 새로 만들어진 관계 속에서 얼마나 힘
들었을까 하는 생각을 해보았다. 모여드는 빈객들을 쉽게 검증할 수도

없었을 것이며, 이들 빈객들이 내놓은 의견들이 일치하는 경우도 별로 없었을 것이다. 또한 빈객들이 각기 가지고 있는 재능의 우열 문제도 있었을 것이다.

전국시대 사공자 중 맹상군은 빈객들의 재능에 귀하고 천함을 고려하지 않은 사람이다. 그와 함께 했던 빈객 중에는 죄를 짓고 도망쳐온 사람도 있었고, 좀도둑이나 개소리나 닭울음소리를 흉내 내는 재주를 가지고 온 사람도 있었다. 어떤 빈객은 오자마자 반찬에 생선이 없다느니, 수레가 없다느니 불평을 늘어놓기도 했다.

또 빈객들 사이에서도 그룹이 생겨 자신보다 천한 재능을 가진 사람들을 서로 부끄러워하는 경우도 생겼다. 이들 사이에서 생겨나는 수많은 갈등과 혼란을 맹상군은 어떻게 해결해나갔을까 궁금하다.

랜디 건서 박사는 관계파괴자들의 대표적인 성향을 정리해 놓았다. 우선 관계를 자신도 모르게 파괴하는 자들은 모든 사람들이 영원히 자신에게 관심과 충성을 보여야 한다는 불안감을 느끼고 있다고 한다. 걱정, 소유욕, 질투가 떠나지 않는다. 이들은 자신이 주변사람들에게 무엇인가 힘이 되어야 한다는 강박관념을 가지고 있으며, 자신을 필요로 하는 사람들에게 도움을 주면서 기쁨을 누리기도 한다. 이러한 사람들은 자신과 관계하는 사람들과 함께하는 그 순간을 즐기지 못하고, 그 관계가 얼마나 지속될 수 있을 지에만 관심을 보인다고 한다.

특히 자신에게 관심이 줄어든 것처럼 주변사람들이 행동을 하면 그들의 사소한 행동변화에 집착하기도 한다.

관계를 파괴하는 사람들의 두 번째 특징은 다른 사람을 통제하려는 강박적인 욕구를 가지고 있으며, 이런 사람들은 자신이 그럴만한 자격이 있다는 근거 없는 신념을 갖고 있고, 당연히 그래야 한다고 생각한다. 따라서 주변사람들의 삶을 세세하게 간섭해야 직성이 풀린다. 더 놀라운 것은 문제가 생겼을 때, 그 상황을 바로잡아줄 사람은 오직 자신뿐이라고 믿는다는 점이다. 심리학자들은 이러한 태도는 자신의 지배욕이 통제당할 것을 두려워하는 마음을 숨기고 있는 것이라고 설명한다.

이러한 사람들은 엄한 부모 밑에서 자신의 욕구를 억제당하며 성장했을 가능성이 많다고 한다. 이들은 대부분의 규칙을 자신이 정해야만 마음이 놓이고, 주변사람들이 자신의 의견이나 결정에 이의를 제기하면 분노를 표시하기도 한다.

자신이 관계를 파괴하고 있다고 느끼지 못하면서 관계를 파괴하는 사람들은 친밀감에 대한 두려움을 갖고 있다.

"당신이 필요하지만 너무 가까운 것은 싫다"는 태도를 보인다. 필요에 의해 관계를 형성했지만 지나친 친밀감은 불가피하게 자신의 독립성을 희생해야 하기 때문에 두려운 것이다. 관계가 깊어지고 친밀해지면 상대의 기대에 맞추기 위해 자신의 생각과 삶을 포기해야 할지도 모른다는 공포가 있기에 사람들이 너무 친밀하게 다가오면 도망치고 만다.

랜시 건서 박사는 이러한 관계 파괴자의 성향을 더 많이 설명하고 있지만 하나만 더 소개하면 관계파괴자들은 대부분 지고 못사는 성격을 갖고 있다고 말한다. 경쟁에서 늘 이겨야만 하고, 대화나 토론에서도 주도적이어야만 한다. 늘 이겨야만 하고 다른 의견을 도전으로 받아들이는 이런 사람들은 자신의 의견이 관철되지 않으면 언제든지 친구에서 적으로 돌아설 수 있는 못난 패배자들이다. 그래서 상대가 마지못해서라도 두 손을 들 때까지 자신의 의견을 절대로 굽히지 않는다.

사마천의 『맹상군열전』을 자세히 읽다보면 사마천은 맹상군이 인재의 중요성을 알고, 선비를 귀히 여겨 자신과 동등하게 대우했으며, 재능의 내용을 생각하지 않고 자신에게 도움이 되는 빈객들을 모두 받아들였다고 설명하고 있다. 하지만 빈객들과의 관계와 대화 내용을 자세히 읽다보면 맹상군은 경쟁적으로 빈객들을 불러 모았고, 이들의 윤리적, 도덕적 성향을 제대로 검증하지 않은 채 그저 많은 빈객을 모았다는 것에 의미를 부여하기도 했다. 자신이 빈객들의 도움과 필요가 되어야 한다고 생각하였고, 그들의 세세한 정보까지 얻어 도움을 주려고 했다. 친밀감에 대한 불안감이 컸던 것으로 보인다. 풍환이라는 사람이 빈객으로 왔을 때 사람을 시켜 그 사람이 무슨 말을 하는지, 어떤 태도를 보이는지 정기적으로 관찰하였다.

맹상군은 제나라 재상으로 있는 동안, 위자라고 하는 빈객을 내쫓은 적이 있다. 그가 조세 수입을 가져오지 않고 다른 사람에게 빌려주었기 때문이다. 평소 가신으로 충성을 보이며 성실함을 보였던 빈객이 왜 그런 행동을 하였으며, 그가 돈을 빌려준 사람이 누구인지, 묻지도 않았다. 자신의 권위와 자신의 방식에 대한 도전으로 받아들였기 때문이다.

그는 한때 진나라에서 목숨을 잃을 뻔한 위기에서 탈출하여 조나라로 피신한 적이 있었다. 이때 조나라에도 맹상군의 사람됨이 어질다는 소문이 퍼져 있어 조나라 사람들이 그를 보려고 몰려왔다. 그런데 사람들은 맹상군을 보고 웃음을 터뜨렸다. 그리고 수군거렸다.

"지금까지 설공(맹상군)은 키가 훤칠한 대장부라고 생각했는데 이제

보니 바람이 불면 날아갈 듯 왜소하구나."

이들의 웃음은 정황상 결코 비웃음만이라고는 볼 수 없다. 어진사람, 선비를 귀하게 여기며, 어떠한 재능도 가볍게 생각하지 않는 맹상군을 보기 위해 모여든 사람들은 어쩌면 그 외모가 자신들과 방불하다는 사실에 안도하고, 더 친근감을 가졌을 수도 있다. 하지만 맹상군은 불같이 화를 냈고, 맹상군의 빈객들은 자신의 주인을 위해 폭력을 사용하여 수백 명을 살해했다. 다른 사람들의 부정적인 평가를 견디지 못하는 대표적인 사례이다.

결국 맹상군의 주변에 수천 명의 빈객들을 거느릴 수 있었던 것은 돈이었다. 맹상군은 빈객들과의 관계를 만들지 못하고 오히려 파괴한 사람이라는 생각을 해보았다. 당연히 이들 빈객들은 적절한 대우나 장래에 대한 보장이 없으면 아무런 미련 없이 떠날 수밖에 없다.

실제로 제나라 왕이 그를 오해해서 벼슬을 모두 빼앗자, 수천 명을 헤아리던 빈객들이 모두 떠나버렸다. 빈객 풍환의 전략으로 다시 명예와 권력을 회복하자 맹상군은 고민에 빠졌다. 뻔뻔스런 얼굴을 들이밀며 다시 찾아올 빈객들을 생각하며 울분을 토하기도 했다. 이처럼 인간관계를 맺고 유지하는 것은 힘든 일이다.

관계파괴라는 주제와 함께 맹상군과 빈객 사이의 관계를 생각하며 우리들의 인간관계를 점검해 볼 필요가 있다. 사람들은 누구나 알게 모르게 많은 부분에서 관계파괴적 성향을 가지고 있다.

"군자는 마음을 하늘이 푸르고 태양이 빛남같이 하여 다른 사람들로 하여금 모르게 하지 말아야 한다"는 말이 있다. 나의 마음을 열고 불안이나 집착, 주인공이 되어야 한다는 강박관념, 자신이 이겨야 한다는 욕심 그리고 관계에서 손해 보는 것이 두려워 도망치는 비겁함, 이 모든 것들을 내려놓을 때, 진정한 관계형성자가 될 수 있다는 생각을 해본다.

주객전도(主客顚倒)

맹상군의 빈객 중에 풍환(馮驩)이라는 사람이 있었다. 사마천은 맹상군의 빈객 중 풍환의 이야기를 매우 비중 있게 다루고 있다. 먼저 맹상군과 풍환이 만나는 이야기부터 살펴보자. 사마천은 맹상군과 풍환의 첫 만남을 이렇게 묘사하고 있다.

일찍이 풍환은 맹상군이 빈객을 좋아한다는 말을 듣고 짚신을 신고 찾아왔다. 맹상군이 말했다.

"선생님! 먼 길을 오시느라 수고하셨습니다. 저에게 어떤 가르침을 주시겠습니까?"

이에 풍환이 대답했다. "당신이 선비를 좋아한다고 하시기에 가난한 이 몸을 당신께 맡기고자 왔습니다."

언뜻 보면 양혜왕과 맹자가 처음 만나는 장면과 유사해 보인다. 먼 길을 찾아온 맹자에게 양혜왕은 성급하게 질문한다.

"선생께서 노구를 이끌고 먼 곳에서 저를 찾아오셨는데 선생님의 방문이 우리나라에 어떤 이익(利)이 있겠습니까?"

현자의 지혜를 빌려 부국강병의 이익을 꾀하고자 하는 양혜왕에게 맹자는 냉담하게 대답했다.

"어찌 이익(利)을 말한단 말이오. 인의(仁義)보다 중요한 것은 없소!"

맹자와 양혜왕이 그랬던 것처럼 맹상군과 풍환의 경우도 마찬가지로 빈객과 그 빈객을 거두는 자와의 기대가 크게 빗나갔음을 확인하는 첫 만남이었다.

스스로를 가난한 자로 칭하며 짚신과 보잘 것 없는 가장 흔한 들풀인 방울노랭이풀로 칼자루를 만들어 차고 온 이 정체 모를 빈객에게 맹상군이 배정한 숙소는 신분이 가장 낮은 빈객을 위해 마련된 전사(傳舍)였다. 아무리 지혜를 나누어주는 자들이었지만 본전이 생각났는지, 아니면 미처 남들이 알아보지 못하는 인재를 보는 느낌이 있었는지는 모르지만 맹상군은 열흘쯤 지나 숙소책임자를 불러 풍환의 근황을 물었다.

숙소책임자는 풍환이 자신의 보잘 것 없는 칼을 두드리며 식사에 생선반찬이 없다는 불평을 노래로 만들어 부르고 있다고 보고했다. 맹상군은 그를 생선반찬이 나오는 중간숙소(幸舍)로 옮기도록 했다.

닷새가 지난 후 숙소관리인을 불러 풍환이 어떻게 지내는지 다시 물었다. 이번엔 그가 역시 칼을 두드리며 수레가 없음을 불평한다는 말을 듣게 된다. 맹상군은 그를 최고의 대우를 받는 빈객들의 숙소인 대사(代舍)로 옮겨준다. 이곳에는 빈객들의 출입을 위해 수레가 제공되는 곳이다. 그리고 닷새가 지난 후 풍환이 머무는 숙소의 책임자로부터 '그가 독립된 집이 없음을 불평한다' 는 말을 전해 들었다. 맹상군은 결국 화를 내며 1년이 지나도록 염치없는 그와의 접촉을 끊었다.

풍환이 빈객으로 들어온 후 1년쯤 지난시기에 맹상군은 3천 명에 달하는 빈객들로 인해 재정적 어려움을 겪게 된다. 자신의 재산은 이미 거의 바닥이 났고 제나라 재상으로 받은 봉지(封地)의 수입만으로는 빈객들을 지원하는데 한계가 있었기 때문이다.

이때 맹상군이 생각한 것은 남은 재산을 자신의 봉토의 백성들에게 빌려주고 이자를 받는 대부업이었다. 그런데 맹상군의 봉읍인 설 땅의 백성들 역시 돈을 빌리고도 이자를 낼 수 없을 만큼 경제적인 고통을 겪고 있었다. 이러지도 못하고 저러지도 못하는 상황에서 마침내 맹상군은 빈객 중에서 자신의 돈과 이자를 받아 줄 사람을 찾게 된다.

이때 숙소의 책임자 중 한 사람이 빈객으로 최고의 예우를 받으면서 특별히 하는 일이 없었던 풍환을 추천했다. 1년여 만에 풍환을 만난 맹상군은 그에게 역할을 부여하며 이렇게 말했다.

"빈객들께서 저의 어리석음을 모르고 몸을 의탁하여 그 수가 3천 명을 헤아리게 되었습니다. 봉읍의 수입만으로 도저히 빈객들을 대접할 수 없어 제가 봉지의 백성들에게 이자를 얻으려고 돈을 빌려주었습니다. 그런데 봉읍에서는 조세도 잘 들어오지 않고, 돈을 빌린 자들은 대부분 이자도 내지 못하고 있습니다. 이러다간 빈객들에게 식사마저 제공하지 못할까 걱정입니다."

풍환은 맹상군의 봉읍인 설 땅에 가서 우선 맹상군에게 돈을 빌린 자 중 형편이 나은 사람을 찾아 10만 전의 이자를 받아냈다. 그러고는 이 10만 전이나 되는 큰 돈으로 많은 술과 살찐 소를 여러 마리 잡아 잔치를 베풀었다. 그리고 잔치에 맹상군과 금전거래가 있는 자들을 모두 불러 모았다. 술자리가 한창 무르익자 이들이 가져온 차용증서와 현재의 처지를 꼼꼼히 살핀 후 갚을 능력이 있는 자들과는 납입일을 약속하고, 갚을 능력이 없는 자들은 그 차용증서를 받아 불태웠다. 자신의 조치에 놀라고 있는 사람들에게 풍환은 말했다.

"맹상군이 여러분에게 돈을 빌려준 까닭은 돈이 없는 가난한 백성도 본업에 힘쓰게 하기 위함이었습니다. 또 이자를 요구한 것은 여러분들을 잘 통치하여 부유하게 하기 위해 지혜와 지식을 제공하는 빈객들을 지원하기 위해서였습니다. 여러분 마음껏 드십시오. 이런 군주가 있는데 어찌 그 뜻을 저버릴 수 있겠습니까?"

사마천은 잔치에 참여한 모든 사람들이 자리에서 일어나 맹상군을 향해 두 번 절했다고 쓰고 있다.

영문도 모른 채 맹상군은 풍환이 돈을 걷어 잔치를 열고, 차용증서를 불태웠다는 말만 듣고 분노했다. 임무를 마치고 돌아온 풍환을 불러 질책하며 자초지종을 물었다. 분노한 맹상군 앞이지만 풍환은 차분히 대답했다.

"잔치를 베푼 까닭은 그렇게 하지 않고서는 돈을 빌린 자들을 모두 불러 모으기 어려웠기 때문입니다. 한자리에 모아야 그들의 지불능력과 형편을 세세히 알 수 있습니다. 능력이 있는 자에게는 지불날짜를 정해 주고, 가난하여 도무지 지불할 능력이 없는 자들은 심하게 독촉하면 달아날 것이 분명하므로 돈을 영원히 받지 못하게 됩니다. 만약 이들이 성급한 독촉으로 달아난다면 군주가 이익에 눈이 멀어 백성들을 내쫓았다는 오명을 쓰게 될 것입니다. 저는 아무 쓸모없는 차용증으로 군주의 이름을 칭송하며 은혜에 감사하는 마음과 교환한 것입니다."

이 일화를 여러 번 읽으면서 풍환을 통해 사마천이 하고 싶었던 이야기가 무엇인지 곰곰이 생각해 보았다.

맹상군은 자기치장과 세의 과시를 위해 수많은 빈객들을 접대하느라 가진 돈을 모두 쓰면서도 재상으로, 그리고 봉지의 제후로 그가 진정 돌봐야 하는 백성들을 소홀히 여기고 있다는 것을 알게 되었다. 자신이 보살펴야 하는 백성들은 조세는 물론 빌린 돈의 이자조차 갚지 못하는 곤궁한 생활을 하고 있는데, 맹상군은 이들에게 돈놀이를 하며 그 수익으로 자신의 빈객들을 먹일 걱정뿐이었다.

풍환이 처음 맹상군을 만났을 때, 자신의 곤궁함을 표시하는 '짚신', '가난한 몸', '보잘 것 없는 들풀로 만든 칼자루'를 드러내었다는 것을 기억할 필요가 있다. 그러면서도 생선반찬, 수레, 독립된 집 등 다소 무리한 부탁을 거리낌 없이 했다. 그는 이러한 행동을 통해 빈궁한 백성과 빈객이라는 두 대상을 맹상군에게 상기시키려 했다.

맹상군에 대한 풍환의 가르침은 당신이 지도자로서 진정 누구를 위해, 무엇을 해야 하는지 일깨우는 것이 아니었을까? 지도자의 불행과 실패는 자신이 책임져야 할 대상을 망각하는데서 시작된다는 교훈이다.

문제는 당신이오!

천하의 패권을 다투던 전국시대의 일곱 나라(七雄)는 앞을 다투어 자국의 부국강병을 꾀함과 동시에 다른 나라들을 혼란에 빠지도록 하는 전략을 시행했다. 제나라의 성장에 불안해했던 진나라와 초나라는 제나라 왕실이 재상인 맹상군의 성장에 너무 안이한 태도를 보이고 있다고 불평하면서 맹상군의 힘이 제나라 왕실보다 더 강하며 결국 맹상군이 제나라의 주인이 될 야심을 가지고 있다고 이간질을 한다.

초조해진 제나라 왕은 맹상군을 재상에서 물러나게 하고 그의 권한을 크게 축소시켰다. 지난번에는 반역의 모함을 받아 재상의 자리에서 물러나 이웃나라로 도망가기도 했는데, 이번에는 나라의 안정과 성장에 기여하였음에도 자신의 부와 권력이 지나쳐서 모함을 받게 된 것이다.

빈객이었던 풍환이 진나라와 제나라 왕실을 오가며 전략과 설득으로 마침내 오해가 풀리고 다시 재상의 자리를 되찾게 되었다. 풍환은 먼저 진나라에 가서 지금 제나라 왕이 맹상군을 시기하여 그를 재상의 자리에서 물러나게 했으니 빨리 그를 초빙하여 중용하면 맹상군이 제나라의 모든 정보와 속사정을 진나라에 줄 것이라고 말했다. 이에 진나라는 수레 열대에 황금을 가득실어 맹상군을 초빙하기 위한 사절을 파견했다.

풍환은 이들보다 앞서 제나라 왕실로 가서 지금 진나라가 맹상군의 실력을 알아보고 그를 모시러 사절을 보냈는데, 만약 제나라가 제나라 사람인 맹상군을 잃게 된다면 제나라는 결국 진나라에 의해 벗어날 수 없는 큰 위기에 빠지게 될 것이라고 설득했다. 진나라 사신 행렬을 확인한 제나라 왕은 즉시 맹상군을 불러 다시 재상에 임명하고 이전의 봉읍 외에 1000호의 봉지를 더 내렸다.

정치적으로 큰 위기에 처했던 맹상군은 다시 옛 권력을 회복하여 안도감을 갖게 되었지만, 곧 깊은 분노와 허탈감에 빠지게 된다. 그의 분노와 탄식은 자신이 그동안 소중하게 여겨 최선을 다했던 빈객들 때문이었다. 그가 재상에서 물러나고 권력을 상실했을 때, 자신이 그동안 그토록 정성을 쏟았던 빈객들이 모두 그를 떠났기 때문이다. 이제 풍환이 다시 빈객들을 초빙하려하자 맹상군은 울분을 토하며 말한다.

"나는 언제나 빈객을 좋아하여 그들을 대접하는데 실수가 없도록 힘썼소. 내 주변에 빈객이 3천 명이나 되었던 것을 선생도 아시지요? 그러나 빈객들은 내가 재상의 자리에서 물러나는 것을 보자 하루아침에 나를 버렸고 돌봐주는 자가 없었소. 이제 선생의 힘으로 다시 지위와 권력을 찾게 되었지만 빈객들을 생각할 때 화가 치밀어 그들을 다시 어떻게 봐야할지. 나를 다시 만나려는 자가 있다면 반드시 그 얼굴에 침을 뱉어 크게 욕을 보이도록 할 것이오."

맹상군의 말을 들은 풍환이 갑자기 일어나 맹상군에게 절을 한다. 풍환의 행동에 놀란 맹상군은 같이 절을 하며 당황해 한다.

"빈객들을 대신하여 사과를 하실 필요가 없습니다."

이때 풍환은 제가 절을 하는 것은 사과를 하고자함이 아니라 지금부터 맹상군이 잘못하고 있는 생각을 지적하기 위함이라고 말한다. 풍환은 맹상군의 어리석음을 '필연적인 결과' 와 '당연한 도리' 를 들어 설명한다.

"살아있는 생명체가 반드시 죽게 되는 것은 만물의 필연적인 결과입니다. 어느 누구도 이러한 일을 인위적으로 막을 방법이 없습니다. 이와 동일하게 부유하고 귀하면 사람들이 많이 모여들고, 가난하고 지위가 낮아지면 벗이 적어지는 것 또한 당연한 이치입니다. 혹시 아침에 일찍 시장으로 몰려가는 무리를 보신 적이 있습니까? 새벽에는 시장으로 빨리 들어가기 위해 어깨를 부딪치며 앞 다투어 경쟁을 벌이지만 날이 저물어 시장을 지나는 사람들은 시장을 돌아보지도 않습니다. 이는 날이 저물어 시장이 파할 때가 되면 자신들이 원하는 물건이 시장에 없기 때문입니다."

하마구치 다카노리라는 일본의 저명한 경영컨설턴트 그룹의 대표가 성공한 기업의 사장들을 분석한 책 『사장의 일』(원제는 '사장의 도(社長之道))이라는 책이 있다. 이 책을 읽으면서 리더의 덕목 중에 가장 중요한 것 중 하나가 "문제의 본질을 자신에게서 찾는 것"이라는 부분이 나온다. 책의 가장 앞부분에서 강조한 것도, 또 도인과 같은 길을 가는 심정으로 경영에 임해야 하는 사장을 위한 십계명 중 제1계명도 모두 '자신의 책임'을 강조하고 있다.

눈이 내리는 것도 내 책임이라고 생각하라

빈객이 모여드는 것도, 떠나가는 것도 사실상 맹상군 당신의 책임임을 잊지 말라는 풍환의 충고이다. 그것은 마치 모든 생물이 끝이 있음과 같은 불변의 진리라는 것이다. 만약 당신이 위기에 처했을 때, 더 이상 상대의 필요를 충족시키지 못한 처지에 놓이게 되었을 때, 그리고 무엇보다 당신이 도움을 절실히 필요로 할 때, 주변에 사람이 없는 것은 그 누구의 문제라기보다 당신의 문제라는 것. 이런 필연적 결과와 당연한 도리를 깨닫지 못하고 빈객들에게 허물을 돌리고 분노하는 것은 '당신의 어리석음' 때문이라고 가혹하게 질타하고 있다. 주군에게 가혹하고 매몰찬 지적이라는 것임을 알았기에 교훈에 앞서 풍환은 그에게 절을 하는 것으로 자신의 충심을 표현한 것이다.

경제적 상황이 악화되어 밥 한 그릇, 차 한 잔 사지 못하는 처지가 되면 그동안 주변에서 분주하게 요란을 떨었던 사람들이 얼마나 신속하게 사라지는지 경험을 해본 사람들은 잘 안다. 이럴 때 대부분의 사람들은 세상의 냉혹한 현실과 의리 없는 '주변'에게 분노를 표시하곤 한다. 풍환은 그런 모습을 보이는 우리에게 '어리석다'고 말하고 있다. 분노와 반성의 대상은 나를 떠난 사람들이 아니고 바로 그들을 떠나게 한 당신인 것을 잊지 말라고 말한다. 그 실패가 어쩔 수 없는 것이었다면 그것을 '당연한 이치'로 받아들이라고 충고한다. 그렇지 않고서는 다시 내 주변을 채울 기회조차 얻을 수 없을 것이라고 목숨을 건 교훈을 하고 있는 것이다.

평원군

평원군은 조나라 효성왕의 아우로 이름은 조승(趙勝)이다. 그는 젊은 시절부터 어질고 빈객들을 좋아하여 그의 주변에는 수천 명의 빈객이 있었다고 한다. 평원군은 조나라 혜문왕과 효성왕 재임기에 세 번이나 재상에 임용되었던 만큼 개인적인 능력이든, 배경이든 실력자였음은 분명하다.

웃음

전국시대에 선비들의 중요성을 알고 자신들의 지위와 재산을 이용하여 빈객들을 초빙한 네 명의 공자(公子)들이 있었다. 이들을 '전국시대 사공자'라고 한다.

그러나 사마천은 평원군 열전을 지어 그를 소개하면서 조금은 당황스러운 일화를 가장 먼저 소개하고 있다. 평원군의 집은 민가가 내려다보이는 높은 곳에 위치하고 있었다. 하루는 평원군의 애첩 중 한 명이 누각에 올라 민가를 내려다보고 있었다. 그때 민가에서 절름발이에 등이 굽은 평원군의 빈객 한 명이 물을 길러 나왔다. 뒤뚱거리며 물을 긷느라 애쓰는 모습을 보고 평원군의 애첩은 큰 소리로 웃음을 터뜨렸다. 얼마나 큰 소리로 웃었는지 그 웃음소리를 절름발이 빈객이 듣고 말았다.

대체로 자기의 외모만을 무기로 남에게 기생하는 부류들이 그런 것처럼 뇌의 정상적인 기능을 기대하기는 어렵겠지만 이 애첩의 웃음은 소위 지식 있다는 선비들의 고상함과 자신들의 지혜를 다투는 모습을 자신의 처지와 비교하며 조롱하는 생각이 담겨있었던 것 같다. 아니면 그저 단순하게 불편한 몸으로 물을 긷기 위해 애쓰는 모습이 그저 우스꽝스러웠을 수도 있다.

심한 모욕감을 참을 수 없었던 빈객은 평원군을 찾아와 자초지종을 말하며 애첩의 목을 베어줄 것을 요구했다. 이 빈객의 요구는 단지 개념 없는 애첩에 대한 분노만은 아니었던 것으로 보인다. 그는 평원군이 선비를 소중히 여겨 천리 밖에서 많은 빈객들이 모여 들었는데, 실상은 자신의 육체적 쾌락만을 만족시키는 애첩을 더 소중히 여기고 빈객은 그런 자들의 웃음거리가 되고 있음을 지적하고 있는 것이다.

자신의 면전에서 분을 참지 못하고 평원군의 태도를 지적하는 빈객에게 그는 웃으면서 그렇게 하겠다고 약속했다. 애첩은 조롱으로 웃었고,

평원군은 이를 사소하게 생각하여 웃어넘기려고 했다. 하지만 빈객이 돌아가자 그는 웃으면서 이렇게 말한다.

"저 놈 보게. 한 번 웃었다는 이유로 나의 애첩을 죽이라고 하다니 너무한 것 아닌가?"

평원군은 그 후 이러한 일이 있었다는 것조차 잊은 듯 하다. 물론 자신의 애첩을 죽이지도 않았다. 그런데 1년 남짓한 사이에 그의 주변에 있던 빈객, 문하, 사인들이 조금씩 평원군을 떠나기 시작했다.

어느새 절반이나 되는 사람들이 평원군을 등지게 되었다. 하루는 평원군이 빈객들과 만난 자리에서 이렇게 말했다.

"나는 여러분들을 예우하는데 있어 크게 실수한 적이 없거늘 어찌하여 많은 선비들이 나를 떠나는지 모르겠소."

이 때 한 빈객이 대답했다.

"당신이 절름발이를 비웃은 애첩을 살려두었기 때문입니다. 선비들은 당신이 겉으로는 선비와 그들의 지혜를 소중히 여긴다고 생각하였는데, 사실은 여색을 더욱 즐기는 사람임을 알게 되었기 때문입니다."

결국 평원군은 절름발이를 조롱했던 애첩의 목을 베고, 그 목을 절름발이에게 내어주며 사과했고, 그 소식이 알려지자 빈객들이 다시 모여들기 시작했다고 한다.

우리는 사마천이 가장 먼저 평원군을 소개한 이 이야기를 읽고 '본래 어질고 빈객을 소중이 여기며 그들의 지식과 지혜를 귀하게 여긴 평원군이 잠시 여인에게 빠졌다가 곧 이를 뉘우치고 다시 제자리로 돌아왔다'고 생각할 수 있다.

그러나 사마천의 생각은 좀 다른 것 같다. 사마천이 이 일화를 통해 반복하며 강조하는 단어는 '웃음(笑)'이다. 무엇인가를 조롱할 때, 자신이 추구하는 것보다 하찮은 것으로 여길 때, 심각한 본질을 이해하지 못하고 사소하게 취급할 때 동원되는 것이 바로 '웃음'이다. 인간관계에서 '비웃음'은 상대를 무시하거나 소중히 여기지 않을 때 자신도 모르게 튀어나오는 법이다.

한 명씩 떠나기 시작한 빈객이 절반이나 그를 등졌을 때, 그는 "내가 선비들에게 '크게' 실수한 것이 없다"고 항변했지만 사마천은 사소한 웃음의 상대어로 '크다'는 의미를 지적하고 있다. 사실은 그 웃음의 실체가 무엇보다도 큰 결례였던 것이다.

뒤늦게 뉘우치고 애첩을 죽여 빈객에게 용서를 빌었다고는 하지만 실상은 하나 둘 자신을 떠나는 선비들과 많은 자신의 첩들 중 한 명의 여인의 생명의 가치를 저울질 했을 가능성이 높다. 그리고 다시 돌아오는 선비들의 모습을 보면서 안도의 웃음을 지었을지도 모른다. 사마천은 이 일화의 결론 부분에 한 문장을 첨가하고 있다.

"이 무렵 제나라에는 맹상군, 위나라의 신릉군, 초나라에는 춘신군이 있어 서로 다투어 선비를 예우하였다."

쓰지 않아도 될 말을 다시 한번 반복한 사마천의 의도를 잘 생각해볼 필요가 있다.

전국시대의 사공자 중에 선비와 그들의 지혜를 소중히 여긴 사람도 있었지만 적어도 맹상군은 선비들을 '예우하는 것' 보다 '서로 다투었다' 는 것에 더 비중을 두고 있었음이 분명해 보인다. 다른 공자들 보다 내가 더 많은 빈객을 거느리고 있다는 겉으로 드러나는 모습은 내가 다른 누구보다 선비와 그들의 재능을 가치 있게 여긴다는 것과는 분명히 다른 것이다.

자신이 추구하는 것보다 하찮게 여기는 것에 '비웃음' 이 언제든지 수반되는 것처럼 말이다.

평판과 소문

조나라는 서쪽으로 진나라, 북으로 연나라, 동쪽으로는 제나라 그리고 남쪽으로는 위나라와 초나라에 둘러싸여 언제든지 공격을 받을 수 있는 위치에 있었다.

그래서인지 조나라 평원군은 자신과 자신의 나라를 위해 조언을 해줄 더 많은 빈객이 필요했을지도 모른다. 제나라에 맹상군이 있었다면 조나라에는 평원군이 있었다. 맹상군과 같이 수천 명의 빈객을 거느리고 있던 평원군의 빈객을 대하는 태도에 대해서 생각해보자.

진나라가 조나라를 공격하여 조나라 수도인 한단(邯鄲)을 포위했다. 조나라의 입장에서는 국가존망의 기로에 서는 큰 위협이었다. 다급해진 조나라 왕은 즉시 평원군을 불러 도움을 청했다. 조나라 왕은 진나라와 국경을 마주하고 있는 남쪽의 초나라와 합종(합종이란 진나라의 진출을 막기 위해 나머지 나라들이 연합을 꾀하는 외교적, 군사적 동맹을 말한다)을 하여 진나라의 군사력을 분산시키는 정책을 내놓았다. 평원군은 자신의 빈객 중 문무를 겸비한 스무 명을 데리고 합종을 이루겠다고 다짐했다.

"순조롭게 협상을 진행하여 맹약을 맺을 수 있다면 좋은 일이나 만약 그럴 수 없다면 초나라 궁궐 밑에서 피를 머금더라도 합종을 이루고 오 겠습니다. 함께 갈 선비들은 다른 곳에서 구하지 않고 저의 빈객과 문하 에서 뽑아도 충분합니다."

초나라와의 협상에 대한 자신감과 그 협상을 넉넉히 이끌어 낼 자신 의 인재들에 대한 신뢰감이 넘쳐나는 출사표이다. 그런데 상황은 그렇 게 순조롭지 못했다. 사마천은 이러한 상황을 놓치지 않고 이렇게 기록 하였다.

"평원군은 열아홉 명을 뽑고 나머지 한 명은 뽑을 사람이 없어서 스 무 명을 채우지 못하였다."

수천 명의 빈객과 문하들이 평원군 주변에 있었지만 그가 조나라 왕 앞에서 자신 있게 말했던 '용맹하고 문학적 소양과 무예를 두루 갖춘' 인재 스무 명을 찾기가 어려웠던 것이다. 이때 모수(毛遂)라는 빈객이 평 원군 앞에 나서며 말한다.

"지금 당신께서 초나라와 합종을 위해 인재를 구하고 있으나 한 사람 이 부족하다는 말을 들었습니다. 저를 그 일행에 참여시켜 주십시오."

'모수자천(毛遂自薦)'이라는 고사성어가 등장하는 순간이다.

생소한 빈객이 스스로를 추천함에 당황한 평원군이 그에게 물었다.

"선생은 나의 빈객으로 있은 지 몇 해가 되었소?"

모수는 "3년 됐습니다"라고 대답했다.

평원군은 실망스러운 표정을 지으며 완곡한 거절의 의사를 표했다.
"대체로 현명한 선비가 세상에 있는 것을 비유하자면 주머니 속에 있는 송곳 같아서 그 끝이 금방 드러나 보이는 법이오. 지금 선생은 나의 빈객으로 3년을 지내고 있지만 내 주위 사람들은 선생을 칭찬한 적이 한 번도 없으며 나 역시 선생에 대해서 들은 바가 없소. 이는 선생에게 뚜렷한 재능이 없다는 뜻이 아니겠소? 선생은 갈 수 없으니 남아있도록 하시오."

그 유명한 '낭중지추(囊中之錐)' 혹은 '낭중지침(囊中之針)'이라는 고사성어의 유래이다. 무안함을 느낀 모수는 끝까지 물러서지 않았다.
"저는 오늘에야 당신의 주머니에 넣어 달라고 부탁을 하는 것입니다. 만일 당신이 조금만 더 일찍 저를 주머니에 넣었다면 그 끝만이 아니라 자루까지 밖으로 드러났을 것입니다."

이쯤되면 대단한 자신감이다. 결국 평원군은 초나라와의 합종의 대열에 그를 포함시켰다. 하지만 함께 한 나머지 열아홉 명은 모수를 업신여겨 서로 눈짓하며 비웃었다. 우리는 평원군과 모수의 만남을 통해 평원군의 빈객들을 평가하는 기준을 분명히 알 수 있다. 그는 먼저 자신의 주위에 있는 수천 명의 빈객을 과시했고, 그들이 모두 자신의 재능을 발휘할 것이라는 확신을 갖고 있었다. 그리고 그 수천 명의 빈객 중 '문무를

겸비한 인재', 국가를 위기에서 구해낼 현명한 선비가 최소한 스무 명쯤
은 될 것이라 자신했다.

그러나 우리가 주목해야 할 것은 그가 인재를 구하는 과정에서 선발
의 중요한 조건을 '평판'과 '소문'에 의존하고 있었다는 점이다. 천으로
만든 주머니에 송곳이나 바늘같이 끝이 날카로운 물건을 담으면 그 끝
이 드러나는 이치처럼 현명한 선비나 유능한 인물은 바로 드러나기 마
련이라는 이치를 평원군은 잘 알고 있었다. 하지만 자신이 그토록 자신
감을 갖고 확신했던 주머니의 물건들에는 평판이나 소문에 의존한 끝이
뭉뚝한 물건들뿐이라는 사실을 미처 깨닫지 못하고 있었던 것이다.

"내 주변 사람들이 칭찬한 적도, 나도 당신에 대해 들은 적도 없소."

사마천은 소문과 평판이 인재를 평가하는 기준이 될 수 없음을 분명
히 지적하고 있다. 평원군의 사절단에 모수가 합류하는 과정을 보면서
오늘날과 같이 소문과 근거 없는 평판이 난무하는 시기에는 인재를 알
아보고 선발하는 것이 훨씬 더 어려울 것이라는 생각을 해보았다. 일반
적으로 평판이나 소문은 이미 재가공된 정보이고 그 평판과 소문의 이
면에는 그 평판과 소문을 내는 근원이 본인이든 제3자든 어떤 의도가 이
미 포함되어 있는 경우가 대부분이다. 과장되거나 왜곡되거나 포장된
내용들이 넘칠 뿐이다.

평원군은 수천 명의 빈객을 모아 자신의 세를 과시하는데 급급한 나
머지 그들과의 개인적인 관계, 그들을 직접 살피고 관찰하는 과정을 생
략했다. 당연히 소문과 평판에 의존할 수밖에 없었다. 이처럼 인재를 대
하는 태도에 문제가 있는 지도자에게 모수와 같이 스스로를 주머니에

넣어달라고 추천하는 것도 필요하다. 하지만 사마천이 강조하는 것은 지도자는 자신과 함께하는 인재들을 대함에 있어 직접 경험하고 교류하고, 관찰하는 열정이 있어야 한다는 것이다. 스스로 송곳을 알아볼 능력이 없다고 생각되면 찔려서 피가 나더라도 그 송곳을 최소한 만져보기라도 한다면, 자신의 주변에 수천 명의 빈객 중 겨우 스무 명을 선발하는 데 어려움을 겪었겠느냐고 반문하고 있는 것이다.

우리는 우리 주변의 인물들을 평판이나 소문만으로 평가하고 있는 것은 아닌지, 우리의 주머니에 그 끝을 보이는 송곳이 없다면 먼저 우리의 대인관계에서 무엇이 근거가 되고 있는지 되돌아보아야 할 것이다.

'송곳' 모수(毛遂)의 협상

평원군은 마지못해 모수를 일행에 참여시켰지만 여전히 그를 신뢰하지 않았다. 함께 했던 열아홉 명의 빈객들도 겉으로는 내색은 하지 않았지만 모두 모수를 업신여겼고 자기들끼리 눈짓을 주고받으며 그를 비웃었다.

하지만 초나라로 가는 도중에 토론을 거치면서 모수의 '날카로운 끝'이 서서히 드러나기 시작했다. 함께 했던 일행들은 마침내 모수의 지혜에 탄복하였다. 드디어 평원군과 그의 식객들은 초나라에 도착했고 곧바로 평원군과 초나라 왕 사이에 협상이 진행되었다. 당연히 조나라의 평원군은 합종의 필요성과 이로운 점을 주장했을 것이다. 그러나 해가 중천에 이르도록 결정을 내리지 못하고 있었다. 아마도 초나라 왕은 합종책의 부정적인 면을 고심하는 듯했다. 초조해진 열아홉 명의 선비들은 모수에게 협상을 벌이고 있는 당상으로 올라가라고 권했다.

모수는 칼자루를 쥐고 협상을 벌이고 있는 초나라 왕과 평원군에게 다가서면서 말했다.

"합종의 이해(利害) 문제는 단 두 마디면 충분한데 이토록 오랜 시간 결론을 내리지 못하는 이유는 무엇입니까?"

갑자기 무장한 조나라 빈객이 당상으로 올라와 당돌하게 끼어드는 모습에 놀라기도 하고 불쾌해진 초나라 왕은 평원군에게 누구인지 물었다. 평원군이 자신의 빈객 중 한 명이라고 말하자 초나라 왕은 곧 큰 소리로 꾸짖었다.

"썩 내려가시오. 나는 당신의 주인과 이야기하고 있는데 이 무슨 결례요."

모수는 초나라 왕의 말에 아랑곳하지도 않고 더 가까이 다가서며 말했다.

"왕께서 저를 꾸짖는 것은 이 주변에 초나라 병사가 많다고 생각하시기 때문입니다. 그러나 왕께서는 열 걸음 안에 초나라 병사가 많다고는 할 수 없을 것입니다. 왕의 목숨은 제 손에 달려있습니다. 제 주인이 앞에 있는데 저를 꾸짖는 까닭이 무엇입니까?"

여기서 우리는 평원군이 초나라로 출발하기 전 초나라 왕 앞에서 한 다짐을 생각해볼 필요가 있다.

"제 빈객 중에는 용기와 힘이 있고 문학적 소양이 뛰어난 빈객이 많습니다. 평화롭게 맹약을 맺을 수 있다면 좋겠지만."

초나라 왕이 군사력을 믿고 쉽사리 협상에 응하지 않을 것이라는 사실을 알고 있었음이 분명하다. 모수 역시 이러한 초나라 왕의 태도를 잘 알고 있었고, 그가 믿고 신뢰하는 초나라 병사들이 제 기능을 못하도록 기습적인 접근으로 기선을 제압한 것이다. 용기와 자신감이 없다면 어림도 없는 행동이다.

허브 코헨이라는 협상 전문가는 자신에게 유리한 결론을 이끌어 내기 위해 상대방의 카드를 무력하게 하고 우세한 입장에서 협상을 시작하라고 말했다. 모수는 초나라 왕이 믿는 카드가 무엇인지 정확히 알고 있었고, 이를 무력화하는 방법도 미리 준비하고 있었던 것이다.

모수는 일단 기선을 잡았지만 당황하는 상대에 대해 명분을 제시하고 자존심을 건드리는 '결정타'를 날린다.

역시 허브 코헨의 협상 원칙 중 '상대방의 입장을 살리고 자존심을 건드려 도장을 찍을 수밖에 없도록 만들라'는 중요한 전략이다. 모수의 협상 현장으로 가보자.

"은나라 왕과 주나라 문왕이 천하의 제왕으로 군림할 수 있었던 것은 통치 영역의 크기나 군사력 때문이 아니라 권위로 위엄을 떨쳤기 때문입니다. 지금 초나라 땅은 사방 5000리나 되고, 창을 가진 병사만 수백만 명에 달합니다.

이는 천하의 우두머리로 제왕이 될 수 있는 바탕입니다. 그런데 진나라의 백기와 같은 형편없는 장수에게 세 번이나 패해 영토를 빼앗기고, 선왕의 능묘도 불태움을 당하는 치욕을 당했습니다. 이는 초나라가 백

세대가 지나도 잊을 수 없는 원통함이며, (우방인)저희 조나라도 초나라를 부끄럽게 여기는 일입니다."

모수는 마지막으로 이 협상의 결과가 결국은 협상을 요구하는 자신들보다 상대자인 초나라의 이익을 위한 것임을 강조한다. 협상의 세 번째 전략 '협상의 결과에 상대방의 이익을 강조하라'를 놓치지 않았다.

모수의 예상대로 초나라 왕은 즉시 합종을 결심했다. 재차 협상의 결과를 확인한 모수는 그 결정을 확증하는 증거를 확실히 남겼다. 당시 국가 간의 맹약에는 동물의 피를 입에 묻히거나 술과 함께 나누어 마셔 약속의 증표로 삼는 관행이 있었다. 모수는 동물들의 피를 구리쟁반에 받쳐 들고 무릎을 꿇고 초나라 왕에게 먼저 올렸다. '협상의 동의를 얻으면 신속히 이를 확실한 증거로 남겨라' 협상의 마지막 원칙이다.

이렇게 하여 평원군은 자신의 '주머니 속에 조차 들어가지 못했던' 빈객 모수의 활약으로 초나라와의 합종을 성공시켰다. 성공적인 협상을 끝내고 조나라로 돌아온 평원군은 그동안 자신이 선비들을 선택하고 대했던 태도와 자신의 무능을 한탄하며 반성한다.

"모수 선생의 세치 혀는 백만 명의 군사보다 강했다. 나는 감히 다시는 평판이나 소문 따위로 인물을 평가하지 않겠다."

이후 모수가 빈객 중 최고의 대우를 받는 상객(上客)이 되었음은 물론이다.

피의 맹약

협상의 결과를 분명히 하기 위해 동물의 피를 입에 바르거나 나누어 마시는 관행이 있다고 앞서 설명했다. 이 때 사용되는 동물의 피에는 구별이 있었다. 제왕들 간의 맹약에는 소나 말의 피를 사용하였고, 제후들은 돼지나 개, 그리고 대부 이하의 지위에 있는 사람들은 닭의 피를 사용하였다. 하지만 이러한 '피의 맹약'이 반드시 모든 협상에 수반되는 것은 아니었다. 사안이나 환경에 따라 글로 대신하기도 하고, 생략되기도 했다. 일단 많은 사람들 앞에서 입으로 한 약속일지라도 그것을 어기면 식언(食言)을 했다는 조롱을 받게 될 뿐 아니라 신뢰성이 없는 자로 낙인이 찍히기 때문이다. 그런데 평원군과 초나라왕의 합종 협상에서 초나라 왕이 동의를 하자 모수는 바로 초나라 왕의 신하들에게 동물의 피를 준비하라고 요구했다.

"여러분들이 들은 바와 같이 초나라 왕께서 합종을 결정하셨소. 당신들은 서둘러 닭과 개와 말의 피를 가져오시오!"

진나라 군대가 조나라를 향해 공격해 오는 급박한 상황에서 꼭 이렇게 피의 맹약을 할 필요가 있었을까? 한시라도 빨리 구체적인 논의를 통해 준비를 하고, 사절들은 조나라로 복귀하여 그 결과를 알리는 것이 순서였을 것이다. 혹은 문서에 내용을 적어 서로 교환하는 방법도 있었다.

하지만 모수가 이렇게 '피의 맹약'을 서둘렀던 의도가 무엇이었을까 생각해 본다. 모수가 피의 맹약을 통해 적어도 세 가지의 목적을 이루고자 했을 것이라는 생각을 해보았다.

먼저 모수는 자신들의 외교적 성과를 극대화하려는 의도를 갖고 있었다. 합종 사절로 떠나기 전 조나라 왕과 평원군의 대화를 상기해 보면 그의 의도는 더욱 분명해진다.

　"평화롭게 담판을 이루어 맹약을 맺을 수 있다면 좋은 일이지만 그럴 수 없다면 초나라 궁궐 아래에서 피를 머금고서라도 합종을 맺고 돌아오겠습니다."

　여기에서 사마천은 '피를 머금다'는 표현으로 '삽혈(血)'이라는 단어를 사용하고 있다. 이는 협상의 약속으로 피를 나누어歃마심을 의미를 넘어 피를 보아서라도 협상을 성공시킨다는 즉 생명을 담보로 하겠다는 결의를 나타내는 것이었다. 그러나 협상은 피를 보아도 되지 않았고, 평원군이 말한 바와 같이 순조롭게 진행되었고 거친 상황이 없이 약속을 받아냈다.

　아마 모수는 평원군이 조나라 왕에게 다짐했던 내용을 알고 있었던 것 같다. 그래서 초나라 왕과의 협상이 쉬운 것은 아니었다는 '피를 머금는' 상황을 부각시켜 주군의 공을 극대화 시키는 것을 생각한 것이다.

　항상 50점도 못 넘는 아이가 무려 70점을 맞은 수학 시험지를 가방에 넣지도 않고 손에 쥔 채 집으로 달려온다. 꿈같은 시험지를 받아 본 엄마는 달걀을 품었던 에디슨을 떠올린다. '드디어 우리 아이의 천재성이 드러나는구나.' 촉촉한 눈빛으로 대견스럽게 아이를 바라보는 엄마의 눈길에서 거의 본능적으로 상황을 파악한 아이는 곧 바로 자신의 '업적'을 극대화한다.

　"이번 수학시험 엄청 어려웠어요. 제 친구들 중에 60점 넘은 아이가 한 명도 없어요."

아이는 '엄청 어려운' 수학시험을 푸느라 머리를 쥐어짜는 순간을 드라마틱하게 꾸며댄다. 설사 나중에 이번 수학시험의 반평균이 90점이었음이 드러나더라도 자신도 믿을 수 없는 이 70점짜리 시험지의 공을 극대화하는 법이다.

두 번째 피의 맹약을 통한 모수의 의도는 초나라 왕과 평원군의 자존심을 세워주기 위한 것으로 보인다. 모수는 합종이 결정된 후 닭과 개, 그리고 말의 피를 가져오라고 한 후 가장 먼저 제왕인 초나라 왕, 그리고 제후인 평원군, 그리고 자신이 순서대로 피를 나누어 마시자고 제안했다. 피를 바치는 모습 역시 두 손으로 구리쟁반을 받쳐 들고, 무릎을 꿇었다. 전체적인 협상장의 분위기로 볼 때 이번 협상에서 모수의 공이 가장 크고, 초나라 왕과 평원군은 상대적으로 위축되는 상황이었다. 이를 모수가 느끼지 못했을 리 없다. 따라서 그는 관행의 명확한 구별을 통해 서열을 확인하며, 협상장의 분위기와는 달리 자신의 위치와 상대방의 지위를 분명히 했다.

특히 자신을 거두어 준 평원군에 대해 확고한 충심을 보인다. 협상에서 손해를 본 듯하거나 심리적으로 위축된 상대의 자존심을 세우는 일은 협상의 이행에 시너지 효과를 내는 것이라고 협상전문가들은 한 목소리로 말한다.

끝으로 모수는 피의 맹약을 통해 자신의 공을 동료들과 나누어 가진다. 모수가 함께한 동료들과 피를 나누는 모습을 사마천은 이렇게 묘사하고 있다.

'모수는 한 손으로 구리쟁반에 담긴 피를 들고, 다른 한 손으로 열아홉 명을 불러.'

무릎을 꿇고 두 손으로 구리쟁반의 피를 초나라 왕과 평원군에게 바치는 모습과 완전히 대조되는 장면이다. 그리고는 동료들에게 이렇게 말했다.

"그대들은 아래에서 이 피를 나누어 마시도록 하시오. 그대들은 평범하고 무능하며, 남의 힘으로 일을 이루려는 자들에 불과하오."

언뜻 보면 번지르한 겉모습, 평판이나 소문으로 포장되어 자신들의 무능을 감추는 자들이 자신을 그동안 업신여기고, 비웃은 것에 대한 보복처럼 보인다. 만약 모수의 의도가 그것뿐이었다면 구태여 그들을 불러 '피의 맹약'에 참여시킬 필요가 있었을까?

오히려 평원군에게 문무를 겸비한 자로 인정받았으나 사실은 '송곳'이 아니었던 이들에게 의도적으로 무안을 주는 것이 아니었을까. 그렇게 하여 자신들의 상황을 정확히 파악하게 하고, 절치부심하여 진정한 인재로 거듭나도록 하는 충격요법을 사용한 것이 아니었는가 하는 생각을 해본다. 그리고 다음에는 떳떳하고 당당하게 공을 나누자는 결의의 마음을 담고 있었다고 생각한다.

사마천도 후대의 많은 학자들도 모수의 진가를 평원군보다 더 칭송하는 이유가 여기에 있다고 생각한다. 정확한 상황인식, 주군에 대한 충성, 그리고 동료에 대한 '따끔한 배려'가 그것이다.

송곳날만이 아니라 송곳자루까지 드러나 보이는 멋진 장면이다.

하나(同)가 된다는 것

합종의 맹약에 따라 초나라는 군대를 파견하여 조나라를 돕기로 결정했다. 조나라와 초나라 사이에 있던 위나라도 조나라를 돕기 위해 군대를 파견했다. 그런데 지원군이 도착하기 전에 진나라가 신속하게 조나라의 수도를 포위하여 수도를 고립시키는 전술을 사용했다. 조나라는 수도인 한단의 항복을 눈앞에 둔 위급한 상황에 처하게 되었다.

성공적인 외교적 성과에도 불구하고 진나라 군대에 포위당한 평원군의 걱정은 이만저만이 아니었다. 불안에 떨고 있던 평원군 앞에 한 젊은 이가 다가와 말을 건넨다.
"평원군께서는 조나라가 망할 것이라 걱정하고 계시는군요?"

평원군이 대답했다.
"조나라가 망하면 나도 포로가 될 텐데 어찌 걱정이 되지 않겠는가?"

평원군의 한계가 분명히 드러나는 대답이다. 사마천은 평원군을 평함에 있어 지혜와 재능이 뛰어난 자이지만, 나라를 다스리는 이치를 깨닫지 못한 자라고 말하곤 했다. 지도자감은 아니라는 혹평이다.
이런 평가를 내릴 수밖에 없는 근거는 바로 조나라의 멸망보다 자신이 포로가 될 것을 더 걱정하는 태도에 있었다.
사마천은 '자신의 이익에 사로잡히면 지혜가 흐려진다'는 속담까지 동원하여 평원군이 국가나 백성보다 자신의 이익을 더 중시하여 선비를 귀하게 여기고, 지혜로운 삶을 추구하던 그의 전 일생을 흐리게 만들었다고 지적하고 있다.

　지금 평원군 앞에서 무엇인가 이야기를 하려고 하는 이 청년은 빈객들의 숙소를 관리하는 관리인의 아들로, 이름은 이동(李同)이었다. 사실이 청년의 이름은 이담(李談)인데, 피휘의 관례(임금이나 조상의 이름과 같을 경우, 동일한 이름을 다른 글자로 대신하는 것을 피휘라 합니다. 사마천의 아버지 이름이 사마담이었기에 '담' 자 대신에 '동(同)'이라는 글자로 대신한 것이다)에 따라 이동이라 적고 있다. 나라의 위기 앞에서 자신의 포로 됨을 걱정하는 평원군에게 이 청년은 분명한 목소리로 말을 한다.

　"한단의 백성은 지금 땔감이 없어서 죽은 자의 뼈를 때고, 먹을 것이 없어서 서로 자식을 바꾸어 먹고 있으니 그 위급함이 극에 달했다고 할 수 있습니다. 그런데 당신의 후궁은 백여 명을 헤아리고, 노비들까지도 무늬가 수놓인 비단옷을 입으며 쌀밥과 고기가 남아돕니다. 백성은 굵은 베옷조차 제대로 입지 못하고 쌀겨나 술지게미조차 배불리 먹지 못합니다. 백성은 가난한데다가 무기까지 바닥나서 나무를 깎아 창과 화살을 만들고 있습니다. 그런데 당신의 가구들과 종(鍾), 경(磬)과 같은 악기는 그대로입니다. 진나라가 조나라를 무너뜨린다면 어찌 당신이 이런 것들을 가질 수 있겠습니까? 조나라가 안전할 수만 있다면 어찌 당신이 이런 것이 없음을 걱정할 필요가 있겠습니까?"

　불안과 초초에 떨고 있는 평원군 앞에 갑자기 나타난 한 청년의 항변은 자신의 안위만을 생각하던 평원군에게 비수로 다가왔다. 이 젊은 청년은 곧이어 평원군에게 위기를 극복할 방안까지 제시한다.

　"지금 당장 당신이 부인과 아랫사람들을 사졸 사이에 끼워 넣어 같이(同) 일하게 하고, 가진 것을 다 풀어 사졸들과 함께(同) 나누면 위태롭고 고통스런 처지에 놓인 사졸들은 군주의 은혜에 감격하게 될 것입니다."

평원군이 이 젊은이의 말대로 하자, 죽음을 각오하며, 평원군과 함께
(同) 국가의 위기를 극복하기 위해 죽음을 각오한 용맹스러운 병사 3천
명을 얻게 되었다. 평원군 앞에서 목숨을 걸고 충언을 했던 이동(李同)이
앞장서고, 목숨을 건 3천 명의 병사가 진나라 군대를 향하여 달려 나가
니 진나라 군대는 사기에 눌려 삼십 리를 물러났다. 이러는 와중에 초나
라와 위나라의 지원병이 도착하여 마침내 진나라 군대는 철수하고 한단
은 위기에서 벗어날 수 있었다. 안타깝게도 사익을 추구하는 무능한 지
도자를 질책하며 국가를 위기에서 구해낸 이 젊은이는 전투도중 사망했
다. 그래서 조나라 왕은 그의 아버지를 제후로 봉했다.

한단의 위기 상황을 생각해보면 이동이라는 청년의 등장 이전과 이후
에 객관적인 상황이 변한 것은 하나도 없다. 다 같은 지도자고, 백성이
었고, 자원도 무기도 그대로였다. 하지만 자신만은 다르다고 생각하는
지도자들에게 모든 백성들과 함께(同)하기를 권유하고, 또 그렇게 했을
때, 마음이 모이고, 이를 대처하기 위한 에너지가 모이기 시작함을 보게
된다. 사회적 지위나, 경제적 여유를 가지고 있던 특권층들이 자신의 소
유를 내려놓고, 사졸들 사이에서 동일하게 일하고, 동일한 복장과 동일
한 음식을 먹을 때, 함께함과 동일함이라는 그 생각이 사람들의 마음을
움직이게 한다. 피휘를 위함이었지만 왜 사마천은 그 많은 글자를 두고
'동(同)'이라는 단어를 청년의 이름으로 사용했을까 생각해보았다.
국가가 위기에 처하면 고귀한 자들이나 백성은 한가지이며 무기를 만
들기 위한 거친 나무나 높은 자리에 있는 자들이 자신을 장식하기 위해

만든 고급스런 가구도 그 가치의 차이가 사라진다. 젊은이의 말대로, 나라가 망하게 되면 아무짝에도 쓸모없는 것이 될 뿐이다. 이러한 상황에서는 오로지 한마음을 통해 강력한 힘을 만들어 내는 것이 최선이라는 교훈을 얻는다.

1997년 IMF 경제 위기가 국가의 근간을 흔들고 있을 때, 상처도 많이 남겼지만 그래도 그 위기를 지혜롭게 넘길 수 있었던 것은 무엇이었을까. 새로운 지도자의 강력한 리더십, 위기 탈출의 비책이 담긴 정책, 주변 상황의 유리한 전개였을까?, 사실상 위기 전이나 위기를 극복하는 과정에서 새로운 것은 아무것도 없었다. 여전히 리더십은 부족했고, 어떤 새로운 이론이나 정책이 나온 것도 아니다. 당연히 주변의 상황이 우리에게 유리하게 작용한 것도 없었다.

그러나 한 가지 새로운 것이 있었다. 그 이전에 우리는 최소한 '금반지는 뽑지 않았다.' 모두가 현재의 상황을 직시하고, 자발적으로 소중하게 여겼던 금반지를 뽑아들고 마음을 모았을 때, 우리는 한 마음이 주는 강력한 에너지를 경험할 수 있었다. 위기를 공유하고, 이를 극복하자는 의지를 공유할 때, 그래서 내가 가진 것을 내어놓고, 많은 사람들과 동질감을 회복했던 것, 이것이 바로 함께한다는 것의 강력함이라고 생각해본다.

마침 이 일화를 생각하고 있던 차에 정치적으로 경제적으로 힘들었던 시기에 국가를 지도했던 지도자들이 부정한 방법으로 취득한 재산을 내어놓기로 했다는 뉴스로 시끄럽다. 급변하는 정세 속에서 불안해하며 허리띠를 졸라매던 시절 그 정도를 가늠하기 어려운 천문학적 재산들을 자신들의 이익만을 위해 쌓아놓았던 지도자들.

그들이 만약 국민들과 함께(同)한다는 생각을 가졌다면 지금 우리의 모습은 어떠했을까 생각해보았다. 빈객을 좋아하여 주변에 늘 사람이 넘치고, 재능도 있었지만, 나라를 다스리는 진정한 이치를 몰랐던, 그래서 지도자로서는 부족한 자들을 지도자로 갖는 불행이 다시는 없었으면 좋겠다는 생각도 해보았다. 같은 마음을 이끌어내고, 기쁨도 어려움도 함께하는 한 마음(同)을 가진 지도자가 그립다.

공짜의 유혹

사마천의 평원군에 대한 평가는 한 마디로 '이익에 눈이 멀어 지혜가 흐려진 사람'이었다. 욕심에 의한 사리를 쫓는 자가 상황을 정확히 분별하는 지혜를 소유하는 것은 불가능하다. 지혜의 중요성도 알고 선비의 소중함도 알았지만 이 모든 것들보다 눈앞의 사욕을 버리지 못했던 평원군에 대해 사마천이 혹평한 이유도 바로 여기에 있다.

그러나 한 개인이 자신의 목표를 정하고 자신의 이익을 추구하는 것이 반드시 잘못된 것일까? 분명히 그런 것은 아닐 것이다. 『평원군열전』의 본문에는 그 내용이 소개되고 있지는 않지만 마지막 평가부분에서 사마천이 언급한 사건을 통해 평원군이 추구한 이익이 왜 잘못되었는지 생각해보도록 하자.

평원군의 이복형인 조나라 혜문왕이 죽고 그 아들 효성군이 조나라 왕위를 물려받게 되었다. 평원군은 자신의 조카인 효성왕이 즉위한 후에도 재상의 자리를 유지했다. 효성왕은 여러 명의 숙부 중에서도 평원군과 가장 가까웠다고 한다.

어느 날 효성왕은 애매한 꿈을 꾼다.

꿈속에서 자신은 등 부분을 기웠으며 앞뒤양쪽의 색깔이 서로 다른 옷을 입고 서있었다. 그리고는 돌연히 용을 타고 하늘로 올라갔다. 효성왕이 흥분을 감추지 못하고 있을 때 갑자기 용은 사라지고 자신은 빠른 속도로 땅으로 떨어졌다. 이젠 죽었다고 생각했으나 놀랍게 전혀 부상도 당하지 않았을 뿐만 아니라 금과 보석으로 만든 산을 발견하게 된다. 즉시 사람들을 불러 금을 운반하며 기뻐하며 꿈에서 깨어났다.

길몽이기도 한 것 같고 그렇지 않은 것 같기도 하여 점술사를 불러 해몽을 부탁하니 꿈의 내용은 기대했던 것보다 좋지 않았다. 그러나 본래 안 좋은 이야기는 미신임을 내세워 무시하는 것이 사람의 속성인 것처럼 효성왕도 반신반의하며 곧 꿈 내용을 잊어버렸다.

효성왕이 이상한 꿈을 꾼 이 시기에 조나라 사람들은 평온하고 안정적인 생활을 하고 있었다. 그러나 남쪽에 위치한 한나라(韓)는 심각한 고통 속에 처해 있었다. 진나라가 대규모 군대를 이끌고 한나라의 옥토인 상당지역을 공격했기 때문이다. 상당지역은 한나라의 수도로 가는 교통의 요지였다.

따라서 만일 진나라가 상당지역을 차지하게 되면 한나라의 수도점령은 시간문제였다. 상당을 지켜내는 것이 국가를 보존하는 유일한 길임을 잘 알고 있던 상당태수 풍정(馮亭)은 한나라를 위기에서 구하기 위한 묘책을 생각해냈다. 그는 자신이 통치하고 있던 상당지역의 17개 도시를 조나라에 아무런 조건 없이 넘겨주기로 한 것이다. 주변의 나라들이 모두 탐을 내던 이 풍요로운 땅을 아무런 조건 없이 조나라에 넘겨줌으로 국가의 재난도 함께 조나라에게 넘기는 교묘한 술책이다. 일단 조나라가 상당을 소유하게 되면 진나라와 조나라는 전쟁을 벌이게 될 것이므로 한나라는 최소한 진나라에게 멸망하는 일은 피하게 될 것이라는 것이 그의 생각이었다.

효성왕이 심상치 않은 꿈을 꾼 지 정확히 3일 후에 상당태수 풍정의 사신이 도착했다. 아무런 조건 없이 상당의 17개 도시를 헌납하겠다는 말을 듣고 효성왕은 자신의 꿈이 점술가의 해석과는 전혀 다른 길몽 중의 길몽이라고 생각했다. 효성왕은 기쁨에 입을 다물지 못했다.

상당의 도시들을 접수하는 방법을 논의하기 위해 효성왕은 숙부인 평양군 조표(趙豹)를 불렀다. 평소 주변국의 동향에 깊은 관심을 가지고 조나라의 득실을 고심하던 조표는 효성왕이 왜 갑자기 부르는지도 풍정의 사신이 상당의 헌납 의사를 가지고 왔는지도 모른 채 효성왕 앞에 섰다.

왕의 이야기를 모두 들은 후 조표는 등에 식은땀을 흘린다. 풍정의 계략은 한나라 영토 내의 전란을 조나라로 옮기는 아주 악독하고 교묘한 계책이었기 때문이다.

조표는 이는 '하늘에서 떨어진 떡'이 아니라 진나라의 군사적 도발을 우리에게 전가시키려는 함정이라 설명하며 결코 받아서는 안 된다고 강력하게 반대했다. 하지만 효성군의 머릿속에는 '함정' 보다 기름진 상당의 도시들이 가득 차있었다.

대체로 욕심에 이끌려 지혜가 흐려지면 자신이 원하는 것에 동의하는 사람을 찾아 자신이 이미 마음에 결정한 판단이 옳다는 말을 듣고 싶은 법이다. 그리고 이런 상황은 자신의 의견에 동의하는 사람이 등장해야 종결되는 법이다.

효성왕은 평소 자신과 가깝고 뜻이 맞았던 숙부 평원군을 불러 현재의 상황을 설명한다. 그가 예상했던 대로 또 한 명의 판단력이 흐려진 평원군은 효성왕이 처음 풍정의 사자를 맞이했을 때와 같이 기쁨을 감추지 못한다.

"이는 조나라에 매우 큰 경사입니다. 우리 조나라가 전국의 힘을 모아 상당지역을 공격한다고 해도 1년이 지나도록 단 한 개의 도시를 차지할 수 있다고 보장할 수 없습니다. 그런데 지금 아무런 조건 없이 무려 17개의 도시를 차지할 수 있다는 것은 하늘의 축복입니다. 이 기회를 절대 놓쳐서는 안 됩니다."

마침내 효성왕은 자신이 듣고 싶은 이야기를 듣게 되었다. 더 이상 지체할 이유가 없다고 판단한 효성왕은 평원군에게 상당지구를 접수하는 임무를 맡겼다. 상당지역에 내려가 풍정을 만난 평원군은 약속한 지역을 접수했다. 풍정에게는 3만 호를 하사하였고, 상당태수 직을 계속 맡도록 하였다. 상당 헌납에 대한 대가였다.

상당지역이 조나라의 손에 넘어갔다는 말을 들은 진나라는 분노감이 극에 달하게 된다. 수년 간 엄청난 물적 인적 희생을 감수하며 그토록 바랬던 땅인데 이를 아무런 대가 없이 조나라가 차지하자 지난날의 노고와 허탈감이 조나라에 대한 강한 분노로 나타나게 되었다.

조표의 예상대로 조나라와 진나라는 전에 없던 치열한 전투를 벌였다. 전투과정에서 진나라의 이간책으로 조나라의 명장 염파 장군이 물러나고 전투경험이 부족한 조괄이 장수가 되어 군대를 이끌었다. 이처럼 이익에 눈이 멀어 판단력을 상실한 지도자들이 만들어 낸 결과는 약 45만 명의 병사들의 죽음이었다. 그중 대다수의 병사들은 투항했다가 구덩이에 파묻혀 죽고 말았다.

목표를 세우고 자신의 이익 추구를 위해 노력하는 것은 바람직한 일이며 권할만한 일이다. 하지만 평원군과 효성왕이 추구한 이익은 자신들의 어떠한 노력도 희생도 수반되지 않은 '하늘로부터 내려 온 떡'이었을 뿐이다. 공들임 없이 얻는 것을 '공짜'라고 하는데 공짜를 추구하는 사람들은 자신들이 그러한 행운을 받을 자격이 충분하다는 근거 없는 자만심을 갖고 있다. 눈앞의 이익 그것도 아무런 노력 없이 얻는 '공짜'에 지혜가 흐려진 결과이다. 결코 지도자가 되지 말아야 할 사람들이다.

특권의식

스스로를 돌아보아 자신의 처지와 능력을 이해하고 그것에 걸맞은 행동을 하는 것을 현명하다고 말한다. 자신을 돌아보아 스스로를 극복하라(克己)는 교훈도, 매일 하루에 세 번 이상 자신을 살피라는 지침도 모두 자신의 한계와 형편을 겸허하게 돌아보라는 가르침이다.

사마천이 평원군을 평가함에 있어 지혜가 흐려졌다고 말한 것은 사욕에 눈이 어두워졌음이며 이러한 사욕의 추구는 자신에 대한 정확한 인식의 결여에서 생겨나는 법이다.

조나라에 전답의 조세 징수를 담당하던 관리로 조사(趙奢)라는 사람이 있었다. 그가 조세를 징수하는데 평원군의 집에서 세금을 내려고 하지 않았다. 이전의 조세 징수를 맡은 관리들은 아마도 평원군의 권세에 눌려 징수를 포기했던 것 같다. 그러나 조사는 달랐다. 그는 법의 규정에 따라 조세납부를 거부하던 평원군의 재산관리인 아홉 명을 처형했다. 이 소식을 들은 평원군은 화가 나서 조사를 잡아 죽이려고 했다. 왕족이자 재상의 지위에 있던 평원군이 자신의 지위와 권력으로 한낱 세금징수원에 불과한 관리쯤은 얼마든지 죽일 수 있는 상황이었다.

자신이 남다른 권력과 지위를 갖고 있다고 생각하는 사람들은 그러한 지위와 권력을 소유할 수 있는 근거가 자신에게 있다는 생각을 한다. 이러한 특권의식을 가진 사람들은 자신들의 행위가 범인들이 지켜야 하는 법에 구애 받지 않아도 된다는 생각을 하곤 한다. 이러한 사람들은 모든 면에서 남다른 특별한 대우를 기대하며, 다른 사람들에게 의무로 규정된 것을 자신들은 어겨도 된다는 것이 자신의 권리라고 착각한다. 그래서 법의 규정대로 의무를 다하여 조세를 내는 것을 어처구니없게도 '재산상의 지출'이라는 생각보다 자존심의 문제로 생각하는 것이다.

일찍이 평원군의 이러한 지나친 특권의식을 공손룡이라는 빈객이 따끔하게 지적한 바 있다. 조나라의 수도 한단이 진나라에 포위되어 위기를 당했을 때 평원군의 외교적 활약으로 초나라, 위나라의 도움을 이끌어 내어 위기에서 벗어난 적이 있었다. 이때 한 사람이 평원군에게 와서 이번 위기극복은 평원군의 공이니 조나라 왕실에 봉지(封地)를 더 요구하라고 부추겼다. 평원군도 듣고 보니 일리가 있다고 생각하여 그렇게 하려고 했다. 이 소식을 들은 공손룡이라는 사람이 늦은 밤임에도 수레를 몰아 평원군을 찾아왔다.

"그것은 옳지 않은 일입니다. 왕이 당신을 조나라 재상으로 삼은 것은 당신만한 지혜와 재능을 가진 자가 조나라에 없어서가 아닙니다. 산동 땅의 요지인 동무성을 당신에게 봉읍으로 하사한 것도 당신만 공이 있고 다른 사람은 공이 없어서가 아닙니다. 그렇게 한 것은 당신이 조나라의 왕족이기 때문입니다. 또한 당신이 재상의 인수를 받으면서 능력이 없다고 사양하지 않고, 봉지를 받으면서도 공이 없다고 양보하지 않은 것도 당신 스스로 왕의 친족이라고 생각했기 때문입니다. 국가를 위해 마땅히 해야 할 바를 하고도 공을 헤아려 이익을 추구하는 것은 옳은 일이 아닙니다."

공손룡은 자신의 의지와 능력과는 상관없이 왕의 친척으로 태어난 것을 자신의 공으로 헤아리는 '특권의식'을 갖는 것은 옳지 않다고 지적하고 있다. 일찍이 이러한 따가운 지적을 받았음에도 평원군은 여전히 '남다름'에 대한 특권자의 지위를 포기하려 하지 않았던 것 같다.

왕의 가문에 일족으로 태어난다는 것도, 아니면 천한 노비의 집안에 태어난 것도 태어나는 사람의 의지와는 아무런 관계가 없다는 것을 인식하는 것이 특권의식에서 벗어나는 지름길이라고 말한다. 하지만 강력한 신분질서가 구축된 사회에서 이러한 생각을 갖는다는 것은 현실적으로 쉽지는 않다.

위아래가 법과 원칙 앞에 구분이 없다는 생각, 특권자의 자리에 있다는 것은 그 특권의 크기만큼 책임의 크기도 크다고 생각하는 공평함을 회복하는 것이 필요하다. 사마천은 조사의 입을 빌어 '공평함'을 해치는 특권의식은 결국 공멸을 초래할 수 있다고 교훈하고 있다.

"위아래가 공평하면 나라는 견고해지는 법입니다."

이는 근거 없는 특권의식을 버릴 때 비로소 눈에 보이는 지혜이다.

의리(義理)로 착각하는 '계산된 사귐'

사마천의 평가대로 평원군은 개인적인 이익에 사로잡혀 나라를 다스리는 이치를 깨닫지 못한 사람이었지만 그래도 선비들을 소중히 여겨 수많은 빈객들을 후원했던 사람이다. 선비들을 예우한다는 것은 막대한 비용과 공이 들어가는 일이다. 그리고 이러한 선비들은 맹상군의 예에서 확인한 바와 같이 자신들에 대한 지원이 끊어진다던지 대우가 소홀해지면 언제든지 떠날 준비가 되어있는 사람들이다. 이러한 형편을 알면서도 변함없이 수천 명의 빈객들을 자신의 주위에 머물게 한다는 것은 결코 아무나 할 수 있는 일이 아님은 분명하다.

또한 사마천이 특별한 관심을 가지고 이들의 활동지역을 일일이 답사까지 하며 전국시대의 사공자를 다루고 있는 것은 자신의 글을 읽는 독자들에게 자신이 관심을 쏟을 만한 '특별한 이유'가 있을 것이라는 생각을 갖게 한다.

그래서 우리는 평원군이 많은 실수를 하고 인간적인 결함을 가졌지만 그래도 선비를 귀히 여기고 그들의 지혜를 소중하게 여긴 사람, 최소한 인간관계를 맺음에 있어서는 우리에게 귀감이 될 만한 인물일 것이라는 생각을 갖게 한다.

하지만 평원군의 빈객을 대하는 태도나 사귐에 대한 사마천의 기록은 이러한 평원군에 대한 기대마저 의심스럽게 한다.

위나라에서 억울한 누명을 쓰고 심한 체형을 받아 치아와 갈비뼈가 부러진 채 변소 옆에 버려졌던 범저라는 사람이 있었다. 당시 범저의 처벌을 주도하고 옆에서 손님을 불러 잔치를 베풀었던 사람은 위제(魏齊)라는 위나라의 왕족이었다. 그는 술에 취해 손님들에게 범저의 몸에 소변을 보게 했다. 인간으로서는 도저히 감당하기 어려운 모욕이다. 이 억울함의 주인공인 범저가 극적으로 탈출해 훗날 강력한 진나라의 재상이 되었다.

당시 진나라의 왕인 소공은 범저의 지혜를 통해 전에 없던 강력한 국가를 만들었다. 항상 범저의 공에 보답할 길을 찾고 있던 소공은 과거 범저에게 몹쓸 짓을 했던 위제가 지금 평원군의 집에 머물고 있다는 소식을 듣게 된다. 범저에게 위제의 머리를 주어 그 공을 치하하고 싶었던 소공은 평원군에게 편지를 썼다.

"과인은 당신이 매우 숭고한 의리의 인물이라는 말을 들었소. 그래서 당신과 신분을 뛰어 넘어 사귀고 싶으니 부디 당신이 과인을 방문해 주면 당신과 함께 한 열흘 동안 잔치를 열고 싶소."

사마천은 이 편지를 받은 평원군이 막강한 강국이 된 진나라가 두렵기도 하고, 또 왕의 말이 그럴듯하게 생각되기도 하였다고 기록하고 있다. 진나라 왕의 어떤 말을 '그럴듯하다'고 생각했을까. 아마도 수많은 빈객들을 예우하고 그들과 관계를 유지하는 것이 자신의 '숭고한 의리' 때문이라고 생각했던 것 같다.

진나라 소왕과 만나 함께 술을 마시며 잔치를 여는 중에 소왕이 지금

나의 재상인 범저는 나에게 소중한 존재여서 내가 그를 위해 전에 범저에게 억울한 누명을 씌운 위제의 목이 필요하다고 말했다. 소왕의 예상치 못한 부탁에 평원군은 이렇게 대답했다.

"높은 자리에 있을 때 벗을 사귀는 것은 천한 몸이 되었을 때 도움을 받으려는 생각 때문이고, 부유할 때 벗을 사귐은 가난해졌을 때 자신의 몸을 의탁하려는 생각 때문입니다. 위제는 저의 벗입니다. 제 집에 있다 해도 내놓을 수 없습니다만 지금은 제 집에 없습니다."

진나라 소왕이 평원군을 '숭고한 의리의 인물'로 묘사했고, 평원군 역시 자신의 빈객을 사귐이 의리에 바탕을 두고 있다고 생각했는지 모른다. 하지만 소왕에게 답한 대답을 자세히 살펴보면 그의 친구 사귐에는 '계산'이 동원되고 있음을 알 수 있다. 평원군은 벗을 사귀는 목적이 높은 자리에 있고 부유한 형편일 때 투자하여 곤궁한 상황을 대비한다는 계산이 녹아있다. 평원군의 벗을 사귐이 사실은 의리가 아닌데 의리로 착각하고 있음을 보여주는 일화가 더 있다.

평원군의 아내는 위나라 신릉군의 누이이다. 위나라의 신릉군 역시 빈객의 소중함을 알았던 전국시대 사공자 중의 한 사람이다. 그의 빈객 중에는 노름꾼 사이에 숨어 살던 모공(毛公)이라는 사람도 있었고, 술을 파는 설공(薛公)이라는 사람도 있었다. 이들의 어질고 지혜로움을 안 신릉군이 빈객을 청하자 이들은 신릉군을 피해 숨었다. 하지만 신릉군은 직접 찾아가 마침내 친구관계를 맺는다. 이 소식을 듣게 된 평원군이 하루는 그의 아내에게 말했다.

"나는 당신의 아우가 천하에 둘도 없는 인물이라고 알고 있었소. 그런데 노름꾼이나 술파는 자와 사귀고 있다니 단지 망령된 사람일 뿐이오."

자존심이 상한 평원군의 아내는 동생을 불러 이 말을 전했다. 이야기를 모두 들은 신릉군은 일어나 누이에게 인사하며 떠날 채비를 했다.
"처음에 나는 평원군이 어질다고 들었기에 위나라 왕과 등을 지면서까지 평원군과 조나라를 돕기 위해 군사를 일으켰습니다. 그런데 평원군은 사람을 사귐에 있어서 그저 호방한 인물인척 하는 몸짓만 있을 뿐 참다운 선비를 구하는 것이 아닙니다."

의리가 아닌 것을 의리로 착각하는 사람들에게 친구의 형편이나 조건은 더 없이 중요한 법이다. 그 형편과 조건이 언젠가 자신에게 도움이 될 만한 가능성이 없는 친구와의 사귐이란 이들에게는 단지 '망령된 행동'일 뿐이다.

사마천 역시 평원군이 소왕에게 벗을 사귀는 목적을 말하는 일화 뒤에 바로 우경이라는 위나라 재상의 이야기를 실어 평원군의 한계를 고발하고 있다. 조나라 재상이었던 우경은 자신의 재상자리를 포기하고 위제를 평원군의 집에서 탈출시킨다. 이 사건으로 우경은 매우 쓸쓸하고 곤궁한 말년을 보내게 된다. 하지만 사마천은 '곤궁한 처지'를 대비하여 도움을 얻기 위해 벗을 사귄다는 평원군과 스스로 높고 부유한 자리를 버리면서까지 곤궁한 위치에 놓이게 되어도 친구를 소중히 여기는 우경을 대비시키고 있다. 그리고 무엇이 진정한, 숭고한 의리인가를 교훈하고 있다.

전국시대 사공자를 다룬 네 편의 열전 중 유일하게 평원군 열전만 평원군의 이름을 단독으로 사용하지 않고 『평원군우경열전』이라고 한 것도 어쩌면 진정한 의리에 의한 사귐을 강조하는 사마천의 의도로 보인다. 억울하게 궁형을 당해 치욕의 삶을 살고 있던 사마천에게 가장 절실했던 것은 어쩌면 진정한 의리를 실천하는 친구들의 위로가 아니었을까?

신릉군

전국시대 사공자 중 위나라의 신릉군은 사마천은 물론 후세 사
람들로부터 가장 어질고 능력 있는 인물이라는 평가를 받고 있
다. 위나라 소왕의 막내아들로 태어난 신릉군은 소왕의 뒤를 이
어 왕위에 오른 안희왕의 이복동생이었다. 그의 이름은 무기(無
忌)였기에 신릉군이라는 명칭 외에 위무기, 위공자라고도 불렸다.

소통의 원칙(인의예지)

신릉군 역시 전국 사공자들이 그랬던 것처럼 선비의 소중함을 알고
그들의 지혜와 재능을 귀하게 여겨 3천 명의 빈객을 후원하며 그들과 교

유했다. 하지만 사마천은 다른 전국 사공자와는 달리 신릉군을 소개하면서 그의 빈객을 대우하는 태도를 가장 앞부분에 그리고 구체적으로 묘사한다.

"신릉군은 사람됨이 어질어 선비들을 예의로 대우했다. 선비가 어질든 그렇지 않든 구별하지 않고 누구에게나 겸손하게 예를 갖추어 사귀고, 자기가 부귀하다고 해서 교만하게 구는 일이 없었다."

사마천은 신릉군이 어질었다는 표현에는 심성의 넉넉함을 의미하는 '인(仁)'이라는 단어를 사용하고, 선비들의 어짊에는 현명하다는 의미가 강한 '현(賢)'이라는 표현을 사용하고 있다. 신릉군은 선비들과 사귐에 있어 항상 넉넉함으로 맞이하였고, 그 넉넉함은 그를 찾아온 선비들의 현명함의 여부조차 상관하지 않고 포용한다는 의미이다. 이러한 배려와 포용심을 가지고 선비들을 대하였기에 자연히 예의를 갖추지 않을 수 없고, 교만할 수 없었다.

앞서 소개한 맹상군 역시 선비들을 구별하지 않고 모두 받아들였지만 사마천은 맹상군의 집이 빈객들의 숙소와 민가가 내려다보이는 '높은 곳'에 위치하였다는 묘사를 통해 그가 마음속으로는 선비를 아래에 두고 있었음을 암시하고 있다. 그렇기에 절름발이에 허리까지 굽어 높은 곳을 바라보는 것조차 어려웠던 그의 빈객과 맹상군의 집이 높은 누각에서 아래를 내려다보며 조롱의 웃음을 짓는 그의 애첩을 첫 이야기에 등장시킨 것이다.

사마천은 이러한 신릉군에게 사방 수 천리에서 선비들이 앞을 다투어 몰려왔으며 그에게 몸을 의탁한 선비가 3천 명이나 되었다고 소개하고 있다. 그리고 당시 위나라 주변의 제후국들이 신릉군의 어진 성품과 빈객들이 많이 있음을 알고 십여 년 동안 위나라를 공격하지 못했다고 설명한다. 그런데 제후들의 공격을 포기시킨 신릉군의 어짊에 대해서 사마천은 이번에는 현명하다는 의미의 '현(賢)'이라는 표현을 사용했다. 사마천은 자신이 활동하던 한나라(漢)가 공자(孔子)의 가르침을 국가의 통치이념으로 정하고, 실천 목표로 '인의예지(仁義禮智)'를 실천 덕목으로 삼고 있는 것의 '한 모델'로 신릉군을 묘사하고 있음을 알 수 있다.

즉 그는 성품이 어질었고(仁), 선비들을 예의로 대우하였으며(禮), 현명함만을 조건으로 삼지 않는 공평함(義), 그리고 분별 있고 지혜로운(賢, 智) 행동으로 빈객을 많이 두어 견고한 자신의 세계를 구축할 수 있었다고 설명하고 있다.

사마천의 신릉군 소개에서 나타나는 '특별한 표현'이 있다. 신릉군 주변에는 빈객이 많았기에 주변 제후국들이 위나라를 십여 년 동안 공격하지 못했다는 것이다. 비슷한 시기에 활동했던 다른 공자들에게도 비슷한 수의 빈객들이 있었다. 그런데 왜 그들은 많은 빈객들을 거느리고 있었음에도 서로 공격받고, 심지어 포로가 되기도 하고, 정치적인 어려움에 수시로 처했는데도 유독 신릉군은 예외였는가 하는 것이다. 신릉군에게만 이러한 특별한 표현을 할 수 있었던 근거는 무엇이었을까?

다른 공자들과 달리 신릉군의 빈객들이 가장 우수하고, 현명했기 때문이었을까? 이러한 의문에 대한 해답의 실마리를 주는 일화가 이어 소개되고 있다.

신릉군이 활약하던 시기는 진나라가 위나라에 원한을 갖고 있던 범저라는 사람을 재상으로 삼았던 때이다. 예상했던 대로 범저의 주도하에 진나라는 군대를 파견하여 화양지역에 진을 치고 있던 위나라 군대를 쫓아냈다. 이 전투에서 위나라가 신뢰하던 장수 망묘(芒卯)가 패해 달아났다. 위나라의 입장에서는 진나라 군대가 언제 위나라의 국경을 넘을지 조바심을 갖지 않을 수 없었다. 이런 상황에서 어느 날 위나라 왕과 신릉군이 바둑을 두면서 이런 저런 대화를 나누고 있었다.

그런데 북쪽 변방에서 봉화가 올랐다는 급보가 전해졌다. 다행히 강력한 진나라 군대는 아니고, 조나라 군대라고는 했지만 위왕은 군주로서 당황하여 어찌할 바를 몰라 했다. 그런데 신릉군은 왕을 진정시키며 태연하게 말했다.

"조나라 왕이 사냥을 나온 것이지 침략하는 것이 아니니 걱정하지 마세요."

마지못해 함께 앉아 있기는 했지만 위나라 왕의 심정은 온통 북방 변경에 대한 걱정으로 가득 차 있었다. 얼마의 시간이 지난 후 북방변경의 소식을 가지고 한 신하가 달려와 보고했다.

"침략이 아니라 조나라 왕이 사냥을 나온 것이라 합니다."

위나라 왕은 매우 놀라 신릉군에게 이 사실을 어떻게 알았는지 물었다. 그러자 신릉군은 차분히 대답했다.

"제 빈객 중에 조나라 왕의 은밀한 일까지 알아낼 수 있는 이가 있습니다. 그는 조나라 왕의 일거수일투족까지 저에게 알려준답니다."

비록 이 일로 인해 신릉군은 위나라 왕의 경계를 받게 되지만 우리는 이 일화를 통해 신릉군이 빈객들을 어떻게 관리하고, 어떻게 그들에게 적절한 도움을 받았는지 잘 알 수 있다. 전국시대 사공자들이 모두 수천 명의 선비들을 후원하고 그들을 주변에 머물게 했지만 신릉군의 '특별한 점'은 그들을 예의와 겸손함으로 대해 충성의 마음을 얻었으며, 이들의 특성과 재능을 잘 살펴 그들이 적재적소에서 자신의 능력을 발휘할 수 있도록 하는 현명함이 있었다. 그리고 무엇보다 선비들의 재능과 기여를 신뢰해주는 진정성이 있었다.

사마천은 전국시대 사공자들이 경쟁적으로 선비들을 모으기 위해 다투었다고 말하고 있다. 그러나 중요한 것은 지혜와 재능을 나누어 주는 선비들의 많고 적음이 아니라 그들 사이의 서로 존중하는 관계, 원만한 소통, 그리고 상호신뢰가 중요한 것임을 강조했다. 이것이 바로 주변의 제후들이 감히 넘볼 수 없게 만든 신릉군의 인적 네트워크의 장점이었던 것이다.

겸손함의 위력

신릉군이 살고 있는 나라에 숨어 지내고 있는 한 선비가 있었다. 후영이라는 이름을 가진 자였는데, 그는 나이가 일흔이 되었지만 성문을 지키는 문지기로 가난하게 살고 있었다.

신릉군은 그의 현명함과 청렴한 삶의 이야기를 듣고 그를 빈객으로 모시려고 하였다. 그는 먼저 후영의 곤궁한 삶의 짐을 덜어주기 위해 많은 선물을 마련하여 보냈다. 하지만 예상한대로 후영은 '성격이 애매한' 그의 선물을 거절하며 말했다.

"저는 몸을 닦고 행실을 깨끗이 하면서 수십 년을 지내왔습니다. 지금 새삼스럽게 문지기 생활이 고달프고 가난하다고 해서 공자의 선물을 받을 수 없습니다."

사마천의 시대나 그 이전의 시기에 신분이 미천하고 그 역할이 미미한 사람들을 묘사할 때 흔히 동원하는 직업이 '마부' 나 '문지기' 였다. 사마천은 명재상이었던 안영을 회고하며 '내가 그를 만날 수 있다면 그를 위해 채찍을 드는 마부가 될 용의가 있다' 고 할 정도로 그를 흠모했다. 내가 아무리 비천한 처지에 놓인다 해도 감당할 수 있을 만큼 그를 사모한다는 표현이다.

세인들로부터 인정을 받을 수 없는 형편에 있던 노쇠하고, 빈한한 사람을 신릉군은 몸소 찾아간다. 신릉군은 이 귀한 선비를 친히 찾기 전에 '존귀한 스승' 을 모시기 위한 이벤트를 준비하였다. 그를 모시기 위한 연회를 준비한 것인데 서프라이즈도 이런 서프라이즈가 없다. 그는 위나라에서 힘깨나 쓰는 사람들을 모두 초청했다. 영문도 모른 채 위나라의 장수, 재상, 왕족, 그리고 빈객들이 연회의 자리를 가득 채웠다. 그런데 정작 연회를 배설한 잔치의 주인은 자리에 없다. 그는 귀한 손님이며, 이 잔치의 주인을 모시러 간다는 말을 남기고 손수 수레와 기마를 거느리고 동쪽 끝의 작은 문으로 '문지기' 를 찾아 갔다.

사마천은 신릉군이 후영을 잔치에 모시기 위해 갈 때 자신의 수레 왼쪽 자리를 비워놓았다고 묘사하고 있다. 예나 지금이나 수레에는 상석이 마련되어 있다. 오늘날은 승용차의 경우 기사가 있는 경우에는 뒷좌석의 오른편이 상석이지만 당시에는 왼쪽 자리가 상석이었다. 후영을 맞이하러 가는 공자의 모습에서 우리는 그가 사소한 부분까지 얼마나 세심한 주의를 기울이고 있으며, 정성과 겸양의 태도를 보이고 있는지 그저 놀라지 않을 수 없다. 더욱 놀라운 것은 후영이 수레에 오르자 그가 친히 말고삐를 잡았다는 것이다. 소중한 선비, 스승 그리고 벗을 얻기 위해 최선을 다하는 모습이 느껴진다.

그렇다면 신릉군이 이토록 정성과 예의를 갖추었던 대상인 후영의 태도는 어떠했을까? 그는 헤어진 옷과 다 떨어진 모자를 쓰고 당연하다는 듯이 신릉군의 수레의 상석에 올라앉았다. 그리고는 잠시 들를 곳이 있다며 저잣거리로 가자고 요구했다. 지금 연회가 준비되어 있고, 많은 귀빈들이 기다리고 있는 형편이었지만 신릉군은 그의 요구대로 시장으로 방향을 틀어 수레를 몰고 갔다. 무슨 중요한 일이 있었기에 후영은 수레의 방향을 돌려 시장으로 가자고 했을까 궁금해 하는 신릉군에게 시장의 푸줏간에서 일하고 있는 친구를 만나러 가야한다고 말했다.

당황스럽기도 했겠지만 신릉군은 지금의 형편을 설명하지도 또 황당한 요구에 대해 조금도 낯빛을 변하지 않았다. 후영은 시장 어귀에 신릉군과 그의 수레를 세워놓도록 한 채 오랫동안 시장에서 백정의 일을 하고 있던 주해(朱亥)라는 친구와 대화를 나누었다.

사람들은 흔히 자기의 몸을 낮추고 스스로 겸양의 태도를 보이면 상대방도 그에 걸맞은 행위를 보여줄 것이라는 기대를 갖기 마련이다. 봉사나 희생과 같은 정당하고 정의로운 행위 뒤에 어떠한 '보상'을 바라는 것도 같은 원리이다. 따라서 자신이 보여준 겸양이나 희생이 어떠한 보상이나 정당한 반응이 없을 경우 크게 실망을 하거나 분노감을 갖는 경우가 많다. 그래서 언제나 옳고 정당한 사람들이 사나운 법이다. 현명하고 신중했던 선비 후영은 신릉군의 진심을 확인하고 싶었을 것이고 이 시험에서 신릉군은 더 부드러운 얼굴빛을 보여줌으로써 거뜬히 시험에 통과했다.

시장에서 공자를 알아 본 사람들은 모두 후영의 뻔뻔하고 무례함을 욕했다. 아마도 분에 넘치는 호의에 무례함으로 대응하는 것에 대한 비난과 함께 공자에게 특별한 대우를 받고 있는 후영에 대한 질투의 감정이 섞여있었을 것이다. 반면에 후영의 뻔뻔함에 대한 비난의 강도만큼, 신릉군에게 존경심을 표한다. 민심을 얻게 하려는 후영의 큰 '첫 만남의 선물'이었음은 물론이다.

드디어 연회장에 도착하자 신릉군은 후영을 윗자리에 모시고 참석한 손님들에게 일일이 소개했다. 사마천은 참석했던 손님들이 모두 크게 놀라고 동요했다(驚)고 연회장의 모습을 묘사하고 있다. 이들은 잔치에 초대한 후 오랫동안 자신들을 기다리게 하면서까지 주인이 직접 모시고 온 대상이 '늙고 허름한 문지기'였음에 놀랐을 것이고, 그를 자신들보다 상석에 앉히고 일일이 소개하는 신릉군의 태도에 어리둥절해 했다.

게다가 술자리가 무르익자 신릉군은 자리에서 일어나 친히 술잔을 들고 후영의 앞으로 와서 그의 장수를 기원하는 술을 올리는 모습을 보며 더더욱 놀라지 않을 수 없었을 것이다. 놀라고 의아해하는 '신분이 고귀한 사람들' 앞에 드디어 후영이 입을 열어 말했다.

"저는 한낱 동문의 문지기에 지나지 않는 미천한 사람인데 신릉군께서 몸소 수레를 끌고 와서 저를 이렇게 고귀하신 분들 앞에 서게 해주셨습니다. 형편상 다른 곳에 들르는 것이 불가능했지만 공자께서는 제가 시장에서 백정 친구인 주해와 만나게 해달라는 요구를 기꺼이 들어주셨습니다.

저는 공자의 이름을 높여드리기 위해 오랫동안 공자의 수레를 시장 어귀에 세워놓고 일부러 시간을 지체했습니다. 사람들은 무례하고 뻔뻔한 저를 비난하였고, 동시에 선비에게 몸을 낮추는 공자의 덕행을 칭송했습니다. 따라서 저 역시 오늘 공자에게 제 할 일을 다했다고 생각합니다."

자신을 낮추는 것이 높임을 받을 수 있다는 지극히 평범하면서도 무엇보다 소중한 지혜를 신릉군도 그가 최선을 다할 만큼 귀히 여겼던 선비 후영도 잘 이해하고 실천했던 사람이었음을 알게 된다. 소중한 선비를 위해 마련된 이 연회장은 신릉군 자신도 그리고 초대된 많은 사람들도 사마천을 통해 이 이야기를 듣고 있는 우리 모두에게도 겸손의 강력함을 느끼게 하는 교훈의 연회장이었다.

신릉군을 움직이게 한 것

진나라가 조나라의 군대를 장평에서 크게 격파한 후 내친김에 조나라의 수도 한단을 포위했다. 당시 조나라의 수도 한단에는 평원군이 살고 있었고, 평원군의 아내가 신릉군의 친누이였다. 진나라의 수도 봉쇄 작전으로 인해 한단은 식량과 생필품이 동이 나고, 이제 얼마 버티기 힘든 급박한 상황에 빠지게 되었다.

이에 평원군은 인접한 위나라에 구원을 요청했다. 위나라 왕에게도 그리고 자신과 인척관계에 있는 신릉군에게도 계속해서 원병을 청하는 편지를 보냈다. 위나라 왕은 조나라와의 관계도 고려하고, 조나라가 멸망할 경우 위나라의 상황을 생각하였을 것이다. 그래서 조나라를 돕기로 결정했다. 진비 장군에게 10만의 군사를 주어 조나라를 도우라고 명령했다. 하지만 위나라 군대의 출병소식에 항의하는 진나라 사신을 만나고 난 뒤, 출격을 멈추고 부근에서 사태를 관망하라고 명령을 수정했다. 다급해진 평원군은 위나라 왕의 마음은 돌릴 수 없다고 판단하고 자신의 처남인 신릉군에게 도와달라고 간곡히 부탁했다.

군대의 이동은 왕의 권한이기에 신릉군은 중간에서 이러지도 못하고 저러지도 못하는 난처한 상황에 빠지게 되었다. 점차 시간이 지나자 급기야 포위되어 있는 평원군은 신릉군에게 화를 냈다.

"나는 당신이 의로운 사람이라 여겨 당신의 누이를 내 아내로 받아들였소. 자고로 의리가 있다는 것은 남의 어려움을 모른척하지 않는 법인데, 어찌 당신은 내가 위험에 처해있는데 망설이고만 있는 것이요! 당신이 나를 대수롭지 않게 여겨 내가 진나라에 항복하여 포로가 된다면, 나의 아내이자 당신의 누이인 한 여인은 가여워서 어쩔거요!"

다급한 상황을 만나면 명분도 염치도 없는 법이고, 가족도 이용의 대상이 될 수 있다. 하지만 이 편지를 받고 신릉군은 움직였다. 비록 왕에게 허락을 받지는 않았지만 자신의 빈객과 동원할 수 있는 백 여 대의 수레를 이끌고 조나라로 향했다. 빈객인 주영의 말대로 이 정도의 병력은 그저 굶주린 호랑이에게 고기를 던져주는 것 밖에 안 되는 무모한 행동이었다. 그래도 그는 '이대로는 살 수 없소. 나는 이제 조나라와 함께 죽으러 갑니다' 라며 길을 떠난다. 다행히 주영의 계책으로 위나라 군대인 진비의 십만 병력을 빼돌릴 수 있었다. 진비의 십만 군대를 접수하던 날 신릉군은 전군에 명령을 내렸다.

"아버지와 아들이 함께 진영에 있는 자들은 아버지를 고향으로 돌려보내라. 형제가 있는 경우에는 형을 그리고 외아들인 경우 무조건 돌려보내 조상과 부모를 모시게 하라."

이렇게 해서 2만 명의 병력이 줄었지만 사기충천한 8만의 군대로 조나라를 구할 수 있었다. 승리의 기쁨도 잠시 그는 중대한 결단을 해야만 했다. 자신의 고향이자 근거지인 위나라로 돌아가느냐 하는 문제였다. 그는 왕의 명령을 어겼고, 진비 장군을 죽일 수밖에 없었다. 따라서 조나라에 남기로 결정했다.

조나라를 구한 후 신릉군이 위나라로 돌아오지 않고 조나라에 오랫동안 머문 이유도 바로 이것이다. 위나라 왕의 명령을 어겼기에 안 그래도 그를 경계하던 위나라 왕의 신뢰를 더 이상 기대할 수 없을 것이라 판단했기 때문이다. 오랜 시간이 지나자 진나라는 이번엔 위나라를 공격했다. 다급해진 위나라 왕은 조나라에 사신을 보내 신릉군을 돌아오라고 종용했다. 하지만 신릉군은 여전히 위왕의 신임을 의심하고 조나라에 머물렀다. 사신들이 계속 몰려오자, 그는 그들을 자신에게 들이지 못하도록 엄명을 내리고, 위나라로 돌아가야 한다는 의견을 내는 사람은 무거운 형벌로 다스리겠다고 엄포를 놓았다.

이때 신분이 미천하다고 비웃음을 샀던 빈객 모공과 설공이 나서서 신릉군을 설득한다.

"당신이 온 천하에 명성을 얻고, 의리있는 자로 존경을 받는 것에는 위나라라는 조국이 있기 때문입니다. 지금 진나라가 위나라를 공격하여 위급한 상황임에도 공자께서는 괘념치 않고 있습니다. 만약 진나라가 위를 함락시키고, 선왕의 종묘라도 파헤친다면 앞으로 공자께서는 무슨 낯으로 천하에 나서시렵니까?"

이 말이 채 끝나기도 전에 신릉군은 급히 수레를 준비시켜 위나라로 돌아갔다고 사마천은 쓰고 있다. 사마천이 신릉군의 이 일화를 적어 내려가면서 누이와의 인척관계, 병사들을 선별하여 조상과 부모 그리고 가족을 봉양하도록 한 것, 정적들이 없는 평온한 곳에서 여생을 마치고자 했던 결심을 깨뜨리고 나라를 지키기 위해 귀국한 사건들의 이면에는 '가족'이라는 한 국가를 이루는 근간이 존재하고 있었다.

의리를 지키는 것도, 나라를 구하는 것도, 또 자신의 일을 성실히 잘 수행하는 것도 중요하지만, 그것보다 우선하는 것 좀 더 엄밀히 말하자면 그러한 일들의 목표가 되는 것에 바로 '가족'이 있다. 많은 사람들이 국가와 사회를 위해 때로는 '가족'의 희생을 감수해야한다고 말하기도 하지만, 사마천은 신릉군을 움직인 그의 선택의 이면에는 '가족'이 있음을 계속 강조하고 있다. 자신의 근본과 존재의 근거를 만들어준 조상과 부모, 그리고 신뢰와 책임의 울타리에 거주하고 있는 가족의 안위를 지키는 것이 무엇보다 중요하며, 그것의 발현이 국가의 안위로 이어진다고 설명하고 있다.

우리는 자식을 놓고 친자확인 소송에 휘말려 사퇴한 검찰고위간부의 퇴임식을 지켜보았다. 나름 할 말이 있었을 것이다. 억울한 점도 있을 것이고, 그동안의 희생과 땀과 노고에 대해 현재 자신이 받는 지탄에 화가 날 수도 있을 것이다. 하지만 그가 퇴임사에서 말했듯이 '그동안 남편으로 아버지로 최고는 아니지만 부끄럽지 않게 살아왔다'는 말에는 사마천의 교훈에 비추어본다면 별로 동의할 수 없다. 중요한 일을 맡아 국가를 위해 봉사해온 것, 그래서 명예나 물질적으로 풍요로움을 주었던 것 이상으로 가족들에 대한 신뢰를 지키는 것은 중요한 것이기 때문이다.

가족 간의 신뢰를 지키는 것, 그것을 진정한 의리라고 말하며, 신릉군은 철저히 그 원칙을 지켰던 사람이다. 가족의 안위를 위해 자신의 희생을 감수했고, 전장에서도 가족의 대를 이을 수 있도록 조치했다. 그리고 정치적 어려움이 예상되지만 귀국을 결심한 것도 바로 가족을 지켜야 한다는 생각이 우선했기 때문이다. 그를 움직이게 한 것은 바로 '가족'을 지켜내는 싸움이었다. 법가와 황로사상 등 당대의 이데올로기 대신 유가의 국가를 세우고자 했던 한 고조가 신릉군의 무덤을 찾을 때마다 제사를 지내고, 계절마다 제사를 지도록 했다는 결론이 가슴에 오래 남는다.

춘신군

춘신군(春申君)은 초나라 사람으로 이름은 헐(歇)이고 성은 황(黃)
이다. 여러 나라를 두루 다니며 견문을 넓혔고, 학문에 힘써 변론
에 뛰어난 인물이었다. 사마천은 전국시대 활동한 네 명의 공자
(公子)를 각각 열전으로 엮어 소개하였는데, 이들 중 개인적인 능
력과 인품이 가장 뛰어난 인물이 춘신군이었다고 평가한다.

극에 이르면 위태롭다

춘신군은 초나라의 경양왕을 섬기고 있었는데, 당시 강대국으로 부상
하고 있던 진나라의 소왕이 한나라와 위나라를 공격하여 항복시키고 초
나라를 공격하기 위해 군대를 파견했다. 초나라는 강한 군사를 앞세운

진나라 장수 백기에게 이미 여러 곳의 땅을 빼앗겼으며, 다급해진 왕이 급히 거처를 옮기는 위기 상황에 놓이게 되었다. 이미 이러한 상황은 예견된 것이었다. 천하의 패권자가 되려는 소왕의 야심을 모든 제후국들이 알고 있었다. 진나라 소왕은 자신의 야심을 채우기 위해 유능한 인재를 널리 구했고, 백기와 같은 유능한 장수와 범저(응후)와 같은 현명한 신하를 보유하고 있었다.

진나라가 한나라와 위나라를 공격하기 전에 초나라 왕은 한나라와 위나라 다음으로 초나라를 공격할 것에 대비하여 그가 신임하고 있던 춘신군을 진나라의 사신으로 보냈다. 그런데 그가 사신의 자격으로 소왕을 만나기 전에 진나라 군대는 한, 위 두 나라의 항복을 받고 초나라로 향했다. 초나라는 공격을 받을 것을 예상했지만, 진나라 군대가 이처럼 강력한지에 대해선 몰랐던 것이다. 다급해진 춘신군은 급히 소왕에게 글을 올려 초나라의 공격을 단념시키고자 했다.

그는 소왕을 설득시키는 것이 쉽지 않을 것임을 잘 알고 있었다. 지금 자신이 모시고 있는 경양왕의 아버지인 초나라 회왕은 진나라의 꾐에 빠져 진나라의 경내에서 살해되었다. 진나라는 그 사건이 일어난 후 초나라는 전략도 없고, 정보력도 없으며, 쉽게 사람을 믿는 어리석은 자들이라고 무시하고 있었다. 힘이 강하고, 지혜가 있다고 자만에 빠져있는 자를 무시당하는 사람이 설득하는 것은 사실상 불가능하다. 이런 상황에서 춘신군이 꺼내든 비장의 무기는 "만물은 무엇이든 극에 달하면 위태로워진다"는 『시경』과 『역경』의 가르침이었다.

춘신군은 소왕에게 말했다.

"현재 천하에는 진나라와 초나라의 세력이 가장 큰 데 이 세력이 큰

나라들이 서로 싸우는 것은 마치 호랑이 두 마리가 서로 싸워 모두 피해를 보게 되고, 그렇게 되면 평소 힘이 약했던 개가 이익을 차지하게 되는 형국입니다."

힘과 세력이 넘치는 자가 자신의 힘만 믿고 극을 향해 계속 나아간다면 점점 더 큰 세력과 싸워야 하고 그 과정에서 힘이 소진되어 결국 위태롭게 된다는 논리이다. 즉 진나라와 다음으로 강한 초나라가 싸우면 두 나라 사이에 위치하고 있는 한나라와 위나라가 다시 세력을 되찾게 될 것이라고 경고한 것이다.

춘신군은 그동안 진나라 소왕이 군사적으로 이룬 성과들을 일일이 열거하면서 그의 탁월한 지도력과 전략에 존경의 뜻을 표했다.

'사람이 태어난 이래로 진나라처럼 전차 1만 대를 갖춘 나라는 없었다'고 극찬하며 소왕의 유능함과 무공을 인정했다. 또한 진나라에 맞서기 위해 주변의 제후국들이 힘을 모아 연합군을 구성하기도 했지만 진나라의 군대 앞에서는 아무런 힘을 쓰지 못했다며 진나라의 위세는 이미 극에 달했다고 강조했다.

그러나 이처럼 절정에 달해 전성기를 누리고 있는 진나라에 대해 칭찬을 함으로 소왕의 마음을 얻으려는 것이 춘신군의 전략은 아니었다. 춘신군의 칭찬과 소왕에 대한 존경의 표현 이면에는 그들의 힘을 인정하여 스스로 자만에 빠져들게 하고, 제후들의 연합에 대한 긴장을 완화시키려는 의도가 담겨있다. 또한 이전의 성현들이 경고한 '차면 기울게 되는 이치'를 설명하기 위해 진나라의 위세가 극에 달했음을 재차 강조한다. 칭찬과 인정에 대한 표시 후 춘신군은 바로 다음과 같이 말한다.

"신은 옛 성현들의 지혜의 말을 들어왔습니다. 성현들이 말하기를 모든 사물은 한쪽 끝까지 가면 처음으로 되돌아가는 법이라고 했습니다. 겨울과 여름이 바뀌는 것이 자연의 이치이며, 쌓인 것이 극에 달하면 무너짐만 남을 뿐입니다. 바둑돌도 높이 쌓아 올리면 어느 순간 모두 무너져 버리기 마련이다는 것이 성현들의 경고였습니다."

춘신군은 이미 극에 와있는 진나라가 계속 욕심을 내며 무리수를 두게 되면 마침내 곤경에 처할 수 있음을 옛 성현들의 입을 빌어 전하고 있는 것이다. 춘신군은 계속해서 『시경』과 『주역』의 글을 인용한다.

"『시경』에 만사는 시작이 있기 마련이지만 끝이 좋기는 드물다는 말이 있습니다. 또한 『역경』에 이르기를 '여우가 물을 건너가려면 반드시 그 꼬리를 적셔야 한다'고 적혀 있습니다."

지금까지 진나라가 강한 군대를 내세워 주변국을 점령한 것은 이미 충분하며 이제는 지금까지 쌓아 올린 공과 위엄을 지키고, 더 이상 공격하고 빼앗으려는 야심을 버려야 한다고 충고 했다. 오히려 인의(仁義)의 마음을 살찌워 뒷날의 근심 즉 꼬리에 물을 묻히는 실수를 범하지 않는다면 진정한 천하의 패자가 될 것이며 삼왕이나 오패의 업적보다 크다는 칭송을 얻을 것이라고 조언했다.

춘신군의 이야기를 듣던 소왕은 백기가 초나라를 향해 진격하려던 것을 중지시키고, 초나라에 사신을 보내 예물을 주고 동맹을 맺기로 약속했다. 성현의 지혜를 빌어, 초나라를 진나라의 위협에서 구한 것이다.

신하됨의 의리

전국시대의 제후국들은 무분별한 침략을 방지하기 위해 서로 왕자나 왕족의 일원을 볼모로 교환했다. 초나라는 진나라의 요구에 따라 태자 완(完)을 보내게 되었다. 경양왕은 태자를 보내면서 춘신군만이 그를 잘 보호해줄 것이라는 믿음이 있었다. 춘신군은 진나라 소왕을 설득해 침략을 막았던 경험도 있고, 또 진나라에 자주 사신으로 파견되어 재상 범저를 비롯한 다양한 관리들과 친분이 두터웠기 때문이다. 눈에 넣어도 아프지 않을 어린 아들을 먼 나라로 보내는 아비의 심정은 어떠했을까.

그것도 볼모로 보내는 처지이고, 자신의 아버지이자 태자의 할아버지를 살해한 나라가 아닌가. 왕의 마음은 한없이 무거웠을 것이다.

이런 왕의 심정을 잘 알고 있던 춘신군은 자신의 목숨을 걸고서라도 태자를 지키겠다고 약속하고 태자와 함께 진나라로 떠났다. 진나라는 국익을 위해서 어떤 일도 할 수 있는 나라였고, 제후국들과의 약속을 어기거나, 제후들을 속이는 일을 아무렇지 않게 여기는 나라였다. 특히 그당시 진나라를 통치하고 있던 소왕은 자신이 손에 넣고자 하는 것, 자신이 이루고자 하는 것은 수단과 방법을 가리지 않는 자였다. 그가 역대 어떤 왕보다 강한 세력을 가지고 있었음에도 불구하고 제후들로부터 패자(霸者)로 인정을 받지 못한 이유이다. 조나라가 보물(화씨의 구슬)을 손에 넣었다는 소문을 듣고, 자신이 소유한 도시 십여 개와 교환하자고 억지를 부린 장본인이었다.

당시 소문을 들은 그 어떤 사람도 진나라 소왕이 약속을 지킬 것이라 생각한 사람은 없었다. 이런 형편이었지만 세력이 강한 진나라가 요구했기에 초나라 왕은 그의 아들을 진나라에 보낼 수밖에 없는 처지였다.

태자가 진나라로 간 후 몇 해가 지났을 때, 경양왕이 병이 들었다. 곧 세상을 떠나게 될 정도로 위중하다는 소문이 돌았고, 그 소문은 사실이었다. 아비의 임종을 지키기 위해 귀국을 요청했지만 진나라 소왕은 허락하지 않았다. 임종을 지키는 것도 자식된 입장에서 중요했지만 아버지의 뒤를 계승하는 문제도 무시할 수 없는 사안이었다. 당연히 태자이니 왕위를 물려받아야 하는데 진나라 왕은 요청을 거절했다.

춘신군은 이 순간 경양왕과의 약속을 떠올렸다. 진나라의 위협으로부터 태자를 안전하게 지키는 것은 물론 초나라의 왕위를 안전하게 물려받도록 하겠다는 약속이다. 춘신군은 이를 위해 목숨까지 내놓겠다고 하지 않았던가. 춘신군은 평소 초나라와 태자에 대해 우호적이었던 재상 응후(범저)를 설득하기로 결심했다. 응후를 만나 태자와 초나라와의 친분과 우호적 태도를 확인한 후 말한다.
"지금 초나라 왕은 병들었는데 회복하기 힘들 듯합니다. 진나라는 초나라 태자를 돌려보내는 것이 좋겠습니다. 재상과의 관계가 좋으니 태자가 돌아가 왕위에 오르게 되면 진나라를 정중하게 섬기며, 재상의 은혜에 평생토록 감사하는 마음을 갖게 될 것입니다."

만약 태자를 돌려보내지 않아 다른 사람이 왕위를 계승하면 태자가 초나라의 주인이 되는 것보다 진나라에 유리하지 않을 것이라는 말도 잊지 않았다.
진나라 재상은 일리가 있다고 판단하여 진나라 왕에게 태자를 보내는 것이 좋겠다고 건의했다. 하지만 의심이 많았던 소왕은 태자가 돌아가기 위해 꾸민 일일지도 모른다고 생각하고, 우선 춘신군을 먼저 보내 왕의 병세를 살피게 한 후 다시 생각하자며 거절했다. 춘신군은 정상적인 방법으로는 태자를 귀국시키는 것이 어렵다는 사실을 깨닫게 되었다.

태자는 진나라에 남는 것도, 진나라를 탈출하는 것도 모두 목숨을 걸어야 하는 일임을 알고 두려움에 떨고 있었다. 공포로 인해 공황상태에 놓인 태자를 먼저 설득했다. 태자가 없는 가운데 왕이 세상을 떠나면 당시 세력을 키우고 있던 양문군의 아들이 왕위를 물려받게 될 것이고 그렇다면 태자가 아버지를 이어 종묘에 제사를 받들 수 없게 될 것이라고 설득했다. 자신이 남아서 뒷일을 수습할 터이니 걱정 말고 귀국할 것을 종용했다.

춘신군은 태자를 초나라 사신의 마부로 변장시키고 진나라 국경을 넘도록 했다. 그리고 자신은 태자의 숙소에 머물면서 태자가 병이 났다고 거짓 소문을 내서 방문객의 발길을 차단하였다. 태자가 진나라 국경을 떠나 진나라의 추격을 따돌릴 충분한 시간이 흐르자 춘신군은 직접 진나라 소왕을 찾아갔다.

"초나라 태자는 이미 진나라를 떠나 귀국길에 올랐습니다. 태자를 도망시킨 신의 죄는 죽어 마땅하니 죽음을 내려 주십시오."

격분한 소왕은 춘신군에게 자결할 것을 명했다. 이 때 현명한 재상 범저가 만류하며 말했다.

"춘신군은 신하로서의 도리를 다했습니다. 자신의 한 몸을 던져 군주와의 약속을 지키려 했습니다. 귀국한 태자가 왕위에 오르면 반드시 춘신군을 재상에 임명할 것입니다. 그러니 화를 푸시고 그를 용서하여 초나라로 돌려보내 초나라와 화친하는 것이 좋을 것입니다."

소왕은 잠시 생각을 한 후 춘신군을 용서하고 귀국하도록 했다. 춘신군이 초나라로 귀국한 지 석 달이 지났을 때 경양왕이 세상을 떠났다. 그리고 그의 아들 완(完)이 왕위에 올랐다. 경양왕은 임종을 앞두고 춘신군의 손을 잡았다. 군신간의 의리를 목숨보다 소중히 지켜준 것에 대한 감사의 눈빛을 주고받았다.

왕위에 오른 태자가 고열왕이다. 그는 즉위하자마자 신하의 도리를 다한 춘신군을 재상에 임명했다. 춘신군에 봉(封)한 것도 바로 이 때였다. 그의 봉토는 회수 북쪽의 기름진 열 두 개의 현이었다. 그렇게 15년이 지났다. 기름진 봉토와 재상의 권력을 가진 춘신군의 권위는 왕의 세력 못지않게 되었다.

어느 날 춘신군이 왕을 만난 자리에서 자신의 땅을 모두 내놓겠다고 말했다. 갑작스런 춘신군의 말에 왕은 놀라 그 이유를 물었다. 이에 춘신군은 자신의 결정을 설명했다.

"폐하께서 저에게 봉지로 하사한 땅은 초나라의 변방 요충지로 제나라와 국경을 맞대고 있습니다. 따라서 정치적으로 매우 중요한 땅이니 군(郡)을 설치하여 폐하께서 직접 다스리는 것이 옳습니다."

전략적으로 중요한 지역이라는 말은 구실이다. 기름지고 풍요로운 땅, 춘신군에게 막대한 이익을 안겨주었던 땅으로 인해 자신의 부와 위세가 왕의 그것보다 많아지는 것은 신하로서는 사양해야 함이 그 이유였다.

법가와 유가의 학자들은 군주가 가장 경계해야 할 신하는 군주보다 권세와 부가 능가하는 신하라고 경고한다. 이러한 신하들은 결국 자만에 빠져 군주의 자리를 넘보거나 군주를 기만하게 될 것이기 때문이다.

군주의 위엄과 권세를 넘보는 것은 신하의 도리가 아니다. 춘신군은 자신이 15년간 아끼며 관리해 온 봉지를 군주에게 돌려주고 자신은 훨씬 척박한 강동(江東) 지역을 요청했다. 그리고 옛 오나라 땅인 이곳에 자신의 봉읍을 만들었다. 춘신군이 봉지로 새로 얻은 땅은 오늘날 중국에서 가장 부유하고 화려한 도시인 상해(上海)를 중심으로 하는 지역이다.

상해를 가로지르며 화려한 네온사인을 물빛에 반사하는 황포강이 춘신군 황헐의 이름에서 유래하였다. 상해의 대표적인 신문이었던 〈신보(申報)〉나 지금도 상해 일대에서 쉽게 발견하는 '신(申)'을 포함한 상호나 지명들은 모두 춘신군의 이름에서 유래한 것이다. 신하의 도리를 다했던 춘신군의 흔적이 지금까지 자신의 봉지에 거주하던 후손들의 삶 속에 남아있는 것이다.

스스로를 지키는 것의 어려움

춘신군이 목숨을 걸고 진나라에서 구출해 왕위에 앉도록 한 고열왕은 아들이 없었다. 춘신군의 손을 잡고 아들을 부탁했던 경양왕과의 의리를 잊지 않았던 춘신군은 고열왕이 후사가 없어 왕위를 잇지 못하게 될까 걱정이었다. 아들을 낳을 만한 여인들을 구해 왕에게 바쳤지만 끝내 아들이 생기지 않은 것으로 보아 고열왕에게 문제가 있었던 것이 분명하다.

이때 조나라에서 온 이원(李園)이라는 자가 초나라에서 권세를 누리기 위해 자신의 누이동생을 초나라 왕에게 바치려고 했다. 그런데 고열왕이 자손을 잉태하는데 문제가 있다는 소문을 듣고 자식을 낳지 못한다면 시간이 지나 왕의 총애를 잃게 될 것이므로 고심하고 있었다. 이원의 누이동생은 중국의 미녀들이 갖추어야 할 모든 조건을 갖추고 있던 천하의 절색이었지만 후사를 생산하지 못하면 아무런 소용이 없다는 것을 잘 알고 있었다. 이원은 먼저 춘신군을 섬기기로 하고 그의 사인(舍人)이 되었다.

이원은 주도면밀한 사람이었다. 자신의 영달을 위해 가족을 이용할 생각을 했다는 것도, 또 초나라의 실권을 탐하기 위해 춘신군을 이용해야 한다는 것도 잘 알고 있었다. 그가 춘신군을 본격적으로 활용하기 위한 작전을 시작했다. 휴가를 얻어 고향에 다녀오겠다고 한 후 정해진 날짜를 어기고 뒤늦게 돌아와 춘신군을 만났다. 춘신군이 늦은 이유를 묻자 제나라 왕이 자신의 누이동생을 데려가려 사신을 보내왔기에 그들을 접대하느라 늦었다고 대답한다. 춘신군도 이원의 누이가 천하절색임을 알고 있었기에 그의 마음을 떠보기 위한 계략이었다.

춘신군은 이원의 누이가 제나라 왕으로부터 아직 폐백을 받지 않았다는 말을 듣고 이원의 누이를 자신의 여인으로 삼았다. 얼마 후 이원의 누이가 춘신군의 아이를 임신했다. 이원은 이 사실을 알고 누이와 일을 꾸민 후 누이를 시켜 춘신군을 설득하도록 했다.

"초나라 왕께서 당신을 소중히 여기고 아끼는 것이 친형제보다 더 합니다. 이제 당신은 20년 동안 초나라의 재상으로 계셨고, 왕은 후사가 없습니다. 만일 왕이 후사가 없이 돌아가시고 다른 왕족이 왕위에 오르면 초나라는 임금이 바뀌고, 새로운 군주는 자신의 측근과 가족을 소중히 여길 것입니다. 그렇다면 당신 역시 임금의 총애를 확신할 수 없습니다. 뿐만 아니라 당신은 높은 지위에 있으면서 권세를 누린지 오래이니 다른 왕족들이나 신하들의 질시를 받을 것이며, 그동안 알게 모르게 상처를 주는 행동도 없다고 할 수 없을 것입니다. 이처럼 다른 사람이 왕위에 오르면 몸에 재앙이 이르게 될 지도 모르는데 앞으로 재상의 지위나 강동의 봉읍을 유지할 수 있겠습니까?

지금 저만 임신한 것을 알뿐 다른 사람은 전혀 모릅니다. 제가 당신의 총애를 받은 지는 오래 되지 않았습니다. 당신의 존귀한 지위를 이용하여 저를 초왕에게 바친다면 왕께서는 저의 미색을 보고 저를 총애하게 될 것입니다. 그리고 하늘이 도와 제가 임신한 아들이 만약 사내라면 당신의 아들이 왕위를 물려받게 될 것입니다. 그러면 초나라가 전부 당신의 것이 됩니다. 당신이 뜻하지 않은 재앙을 당하는 것과 초나라를 소유하는 것 중 어느 것이 더 나은 것입니까?"

권력과 재물에 눈이 어두워진 사람들은 그 어떤 인간관계도 심지어 자신의 자식도 수단으로 사용할 수 있음을 보여주는 섬뜩한 사례이다. 더더욱 놀라운 것은 춘신군의 태도이다. 인의를 무엇보다 소중히 여기고, 신하의 도리가 무엇인지 잘 알고 실천해 왔던 춘신군이 이원의 누이의 말에 공감했다는 것이다. 의리를 지키는 것, 신의를 지키는 것이 얼마나 어려운지를 보여주는 대목이다.

춘신군은 이원의 누이를 다른 거처에 머물도록 한 후 초나라 왕에게 그녀를 추천했다. 초나라 왕은 예상했던 대로 그녀를 궁궐로 불러 아껴 주었다. 드디어 이원의 누이가 사내아이를 낳자 그를 태자로 삼고 이원의 누이는 왕후가 되었다. 초나라에서 이원은 이제 실력자가 되어 정치에 관여하기 시작했다. 춘신군 역시 자신의 아이를 낳은 이원의 누이와의 약속을 생각했을 것이다. 하지만 이원은 비밀을 알고 있는 춘신군을 죽여 그 입을 막으려고 했다.

춘신군의 참모, 주영

춘신군의 아들인지 모른 채 이원의 누이로부터 얻은 아이를 태자로 삼은 고열왕은 얼마 지나지 않아 병에 걸렸다. 춘신군의 빈객이었던 주영이 춘신군을 급히 찾아 말한다.

"세상에는 생각지 않던 복이 찾아올 수도 있고, 또 생각지 않은 불행이 올 수도 있습니다. 지금 당신은 생각지 못한 행복과 재앙이 찾아오는 형편에 놓여있고, 더 이상 기대할 수 없는 군주를 섬기고 있습니다. 어찌 당신의 재앙을 막아 줄 수 있는 인재를 구하지 않으십니까?"

느닷없이 찾아와 재앙과 복을 운운하는 주영에게 의아해 하며 춘신군이 물었다.

"무엇을 생각지도 않은 복이라 하오?"

주영이 차분히 설명한다.

"당신께서 초나라의 재상이 된지 20년이 되었습니다. 이름은 재상이지만 사실상 초나라 왕이나 다름없습니다. 지금 초나라 왕이 병에 걸려 머지않아 세상을 떠나게 될 것입니다. 그러면 당신은 어린 군주를 도와 나랏일을 하게 될 텐데, 이는 옛날 이윤(伊尹)이나 주공(周公)의 예와 같은 것입니다. 그러다가 왕이 자라면 정권을 돌려주거나 아니면 초나라를 차지할 수도 있습니다. 이것이 생각지도 않은 복입니다."

춘신군은 짐짓 놀라며 다시 물었다.

"그렇다면 생각지도 못한 재앙은 무엇이오?"

주영은 여전히 차분한 목소리로 대답했다.

"이원은 당신이 있으면 자신이 권력을 잡기 힘들다는 것을 잘 알고 있습니다. 따라서 당신을 적으로 생각하고 오래 전부터 병사를 준비하고 있습니다. 초나라 왕이 죽으면 이원은 반드시 궁궐로 들어가 권력을 잡고, 당신을 죽여 입을 막으려 할 것입니다. 이것이 생각지 않은 재앙입니다."

춘신군의 얼굴이 어두워졌다. 최근 이원의 태도로 보아 충분히 가능성 있는 이야기라고 생각했다. 하지만 그 말을 믿고 싶지는 않았다. 그래서 춘신군이 물었다.

"그렇다면 이를 막아줄 인재는 누구요?"

주영은 이번에는 단호한 표정을 지으며 답했다.
"바로 저 주영입니다. 당신께서는 저를 왕에게 가까이 갈 수 있는 낭중(郞中)에 임명하십시오. 초나라 왕이 죽으면 틀림없이 이원이 먼저 궁으로 들어갈 것입니다. 제가 당신을 위해 이원을 죽이겠습니다. 이것이 이른바 재앙을 막아낼 수 있는 뜻밖의 인재입니다."

순간 춘신군은 주영이 자신의 출세를 위해 말을 꾸민다고 생각했다. 그는 애써 태연한 척 말했다.
"충고는 고맙지만 그대는 그만 두시오. 이원은 그런 일을 꾸밀 만큼 강한 사람이 못되며, 여태껏 나는 그를 정성껏 대우하고 있소. 그런 일은 일어나지 않을 것이오."

주영은 자신의 주장이 받아들여지지 않을 것을 알고 재앙이 자신에게 미칠 것을 두려워하여 초나라를 떠났다.

주영의 조언이 있고 난 후 스무날도 채 되지 않아 고열왕이 세상을 떠났다. 이원은 주영의 말대로 궁궐로 들어가 병사들을 배치하였다. 춘신군이 궁문에 들어서자 이원의 병사들이 춘신군을 살해하고 그의 목을 베어 궁궐 문밖으로 내던졌다. 그리고 곧 관리들을 보내 춘신군의 집안 사람을 모조리 살해했다. 춘신군의 아이로 알려져 있는 이원의 누이동생의 아들이 왕위에 올랐는데 그가 초나라의 유왕(幽王)이다.

춘신군의 말로를 보면서 오랜 권력과 부유함에 판단력이 흐려진 또 한사람을 생각하게 된다. 상인으로 크게 성공하였지만 더 큰 야심을 충족시키기 위해 진나라를 상대로 거래를 했던 여불위(呂不韋)이다. 그 역시 자신의 애첩을 포기하면서 진나라를 통째로 삼키려는 욕심을 가졌던 인물이다. 사마천이 지적한 바와 같이 춘신군의 비극은 오랜 부귀영화로 인해 사리판단이 흐려졌기 때문이다. 판단력이 흐려지면 정당한 길도, 문제를 해결해 줄 인재도 알아보지 못하는 법이다. 신의를 지키며 신하의 도리를 위해 목숨까지도 담보했던 패기와 열정 그리고 능력을 갖추었던 춘신군도 세월의 흐름 속에서 판단력을 잃었다면, 평범한 사람들은 어떨까 두려움이 앞선다. 고전의 지혜와 교훈을 늘 곁에 두어야 하는 이유이다.

4

시간을 넘어선
사마천의 지혜

『사기열전』에서 배우는 경제이야기

(1) 기회비용(opportunity cost)

처음 경제학에 대한 공부를 할 때가 생각난다. 인문학에 길들여진 사고로 새로운 영역과 방법론에 적응하려고 고민했던 순간들이 머리를 스친다. 공부를 하면서 알게 된 귀중한 원리는 '모든 인간의 행위는 경제적 행위이며, 이를 문학적인 방법론으로 풀어놓은 것이 인문학이고, 과학적(수학적) 방법론으로 체계화한 것이 경제학이라는 사실이다.

사마천이 우리에게 소개한 '계포 이야기'에서 우리는 '기회비용(opportunity cost)'을 설명할 수 있다. 기회비용이란 무엇인가를 얻기 위해 포기해야 하는 것의 값어치를 말한다. 다람쥐를 비롯한 우리 주변의 환경적 균형을 위해 존재하는 생물들의 생존을 위해 도토리를 줍거나 강제로 털어내는 것을 반대하는 것에는 '환경을 위해 도토리를 포기해야 하는' 행위가 담겨져 있다. 균형 잡힌 생태계가 인간에게 주는 가치(이것을 기대수익이라고 한다)가 크고 중요하다고 생각할 때, 인간들은 도토리를 주워서 맛있는 도토리묵을 먹을 수 있는 기회를 포기해야 한다. 이처럼 도토리묵을 먹을 기회를 포기하는 과정에서 발생하는 비용(아쉬움)을 우리는 기회비용이라고 한다.

1994년 억만장자 하워드 마셜이라는 사람이 자신의 손녀보다도 더 어린 미인과 결혼했다. 성인잡지인 「플레이보이」의 표지 모델이던 안나 니콜 스미스는 당시 26세로 마셜과 63살의 차이였다. 이 소식은 짧은 시간에 전 세계로 퍼져나갔고, 뭇 남성들의 부러움과 비난을 동시에 받으면서 화두가 되었다. 성공한 남자가 그 성공의 보상으로 미인을 얻는다는 의미의 '트로피 와이프' 라는 말도 생겨났다.

성공한 남성들은 대부분 뇌를 별로 사용하지 않는 트로피 와이프를 얻기 위해 조강지처와 그에게 지불하는 거액의 위자료를 기회비용으로 사용한다. 이런 선택을 하는 사람 역시 정상적이라고 보기는 힘들지만 말이다. 경제학에서 기회비용은 절대로 기대수익보다 클 수가 없다. 즉 젊은 미인을 얻음으로 얻는 만족감(기대수익)은 그가 포기한 조강지처와 위자료를 합한 금액보다 반드시 크다는 것이다.

경제학을 선택의 학문이라고 하는 이유도 여기에 있다. 두 개의 가치가 있는데, 하나는 자신이 소유하고 있는 것이고, 다른 하나는 그렇지 않은 경우 두개의 가치를 비교하여 보다 기대수익이 높은 쪽을 선택하는 행위, 더 나은 가치를 위해 내가 소유한 것을 과감히 포기하는 선택의 이면에는 내 것을 포기하고 얻을 수 있는 새로운 가치에 대한 기대가 크다는 전제가 담겨있는 것이다.

주씨가 계책을 세워 계포 장군을 노나라의 주가에게 넘기는 과정을 예를 들어 생각해보자.

주가는 주씨가 보낸 수레에 계포 장군이 있다는 것을 분명히 알고 있었다. 만약 그가 계포를 받아들인다면 한나라왕의 포고령에 따라 자기 가문이 몰살 당할 수 있는 상황이었다. 주가는 선택을 해야 하는 상황에서 마침내 계포를 받아들인다. 그가 계포 장군의 현명함과 의로움을 지키는 행위, 그리고 그 인재의 우수함을 자신의 자녀에게 전수시키려는 가치와 기대가 3족이 멸할 수 있다는 위험보다 훨씬 컸기 때문에 그와 같은 선택을 할 수 있었던 것이다.

자신이 태자를 지켜내 공로로 받은 회수이북의 기름진 땅을 과감히 포기했던 춘신군의 예도 마찬가지이다. 그는 이 기름진 땅에서 지난 15년 동안 막대한 수익을 올렸다. 그런데 그가 갑자기 그 땅을 군주에게 돌려주고, 이보다 훨씬 척박한 강동의 땅을 대신 달라고 요구한다.

그의 이러한 결정의 이면에는 중요한 경제적 판단이 숨어있다. 처음의 공로를 인정할 때 임금과 춘신군이 가졌던 신뢰와 우의는 시간이 지나면서 점차 희미해지기 시작했다. 임금의 주위에 또 다른 관리들이 생겨나고, 춘신군에 못지않게 친근함을 유지하는 측근들이 형성된다. 이들은 왕에 버금가는 춘신군의 부와 위세에 대해 질시와 경계심을 가진 사람들이다. 결국 춘신군이 기존의 재상 지위와 봉지에서 얻는 높은 수익을 유지하는 것이 왕에 대한 신뢰와 그 주변 인물들에 대한 경계를 불러 올 것이고, 마침내 이 모든 것을 잃게 될 수도 있는 상황이 발생할 수도 있다. 이 불안감을 해소하기 위해 그가 포기하고 선택해야 하는 것은 무엇이었을까?

춘신군에게 자신의 지위를 보전하고, 줄어든 수익이지만 왕의 경계와 의심을 받지 않는 방법은 봉토를 포기하는 것이다. 그가 평안함을 누리고 말년을 보장받으려는 가치는 기름진 땅을 소유하고 그곳으로부터 수익을 얻는 가치보다 훨씬 크다는 말이다.

주가에게 있어서는 죽더라도 의로움을 지키는 가치관, 자녀를 사랑하는 아비의 마음은 형벌로 인한 죽음이라는 것의 가치보다 컸다.

정리를 해보면 가문이 몰살 당할 수도 있다는 위험을 경제학적 용어로 기회비용이라고 하며, 계포 장군을 지켜냄으로 의로움을 실천했다는 가치관, 그리고 자녀를 훌륭하게 교육시키겠다는 의지는 '기대수익'이 된다. 당연히 기대수익이 컸기 때문에 주가는 죽음이라는 기회비용을 포기(감수)할 수 있었던 것이다.

여기에서 잠시 성경에 등장하는 사도바울의 '배설물'이라는 표현을 생각해보자. 그가 만난 새로운 진리와 기쁨, 그리고 새롭게 부여받은 사명이 자신이 그동안 공들여 쌓아왔던, 배경, 학벌, 인간관계, 경제적 토대 등을 가치 없게(배설물) 만들어버렸다는 것이다.

오늘 우리가 고전(古典)에 기대수익을 가지고 각각 자신의 기회비용을 사용하는 것도 같은 의미라고 생각한다. 고전은 시대를 관통하는 지혜의 샘이다. 시대와 환경이 변해도 고전은 언제나 자신의 모습을 변형해 가며 한 인생이 좌절과 절망 속에 도움을 필요로 할 때 이를 외면하는 법이 없다. 우리가 이미 소유하고 누리고 있는 것이 현실의 문제를 해결하지 못한다고 판단될 때, 과감히 고전의 목소리에 귀를 기울여야 하는 것이 경제적 선택이다. 살기가 힘들다고 말하고, 예전 같지 않다고 말하며, 지금이 바로 절망의 시대라고 말한다. 하지만 이런 아우성은 인류의 역사과정 속에 언제나 있어왔던 아우성들이다. 자기가 살고 있는 시대가 가장 살기 힘든 시대이다. 더 나은 가치를 선택하기 위한 안목이 필요하다. 사마천이 그랬던 것처럼.

(2) 한계효용(marginal utility)

상품의 가격은 수요와 공급의 관계에 의해 결정된다. 소비자가 상품을 원하는 행위를 '수요' 라고 하고, 소비자에게 상품을 팔아 수익을 올리기 위해 시장에 자신의 상품을 내놓는 것을 '공급' 이라고 한다. 공급에 비해 수요가 높으면, 즉 시장에 물건은 부족한데 이를 필요로 하는 사람이 많은 경우 가격은 올라간다. 냉해로 배추가 얼어 시장에 배추공급이 줄어들면, 김장을 해야 하는 우리들은 서로 경쟁을 해서라도 배추를 확보해야 하기 때문에 시장에서는 배추값을 올려도 팔릴 것이라는 예측을 하는 것이다. 당연히 배추 가격은 올라간다. 반면에 시장에 상품이 넘쳐나는데 그 물건을 찾는 소비자들이 별로 없다면, 상품은 재고가 되고, 시간이 지날수록 신선도가 떨어지기 때문에 당연히 생산자는 싼값이라도 물건을 팔려고 한다. 그래서 공급이 수요에 비해 많아지면 가격은 내려가게 된다. 태풍피해가 없었던 해에는 대부분의 과일과 농산품이 풍성해진다. 덕분에 우리는 아주 싼 값으로 맛있는 농산품들을 마음껏 먹을 수 있다. 힘들여 농사를 짓는 농민들은 태풍이 와도 또 오지 않아도 얼굴에 주름살이 생기기 마련이다.

그러나 상품의 가격을 결정하는 것이 수요와 공급의 관계에만 있는 것은 아니다. 대표적인 것으로 '구매의 욕구를 감소시키는 인간의 심리'가 있다. 되풀이되면서 재화나 서비스가 계속 제공되면 사람들의 욕구가 감소되는 경향이 있다.

요즘 각 방송사마다 맛집에 관련된 프로그램이 넘쳐나고 있다. 가장 출출함을 느끼는 시간대에 처음 방송을 접할 때면 입안에 군침이 돈다. 이를 메모해놓고 찾아다니는 이들도 있다. 하지만 아무리 맛집이라도 처음 경험할 때와 반복적으로 그 맛집을 이용할 때의 맛의 차이는 분명히 있기 마련이다. 그것도 단기간에 반복이 진행되면 더 이상 맛집이 될 수 없다. 이처럼 계속된 재화나 서비스의 제공으로 인해 당분간 그 재화를 회피하는 이유는 인간의 욕구가 동일한 재화에 대해 한계(marginal)를 갖고 있기 때문이다.

모든 재화의 가격(균형가격, 즉 시장에서 형성되는 가격)도 한계적으로 만들어진다. 어떤 사람이 한 겨울에 사과가 너무 먹고 싶어서 사과 10개를 만 원에 구입하여 그 자리에서 모두 먹었다고 가정해보자.

사과를 배불리 먹은 다음날 그 사람이 다시 사과 10개를 만 원에 구입할 가능성은 매우 낮다. 오히려 다음날은 사과 10개를 5천 원에 줘도 사지 않을 가능성이 높다. 대신 새로운 재화를 찾게 된다. 이번에는 토마

토나 배를 선택할 지도 모른다. 이처럼 인간의 모든 행위에는 이미 자신이 소유하고 경험한 것이 반복되면 그것으로 인한 만족감이 변화되는 속성이 잠재되어 있다. 이처럼 소비자가 소비의 대상을 상황에 따라 바꾸는 것을 경제학에서는 한계적 변화(marginal change)라고 한다. 시장은 바로 이러한 인간의 한계적 변화를 자세히 관찰하고 그 변화에 따라 재화를 공급하여 가격을 조절한다. 사과가 풍년이 들어 시장에 싼 값에 공급이 되면 창고에 보관하고 있던 상대적으로 작황이 좋지 않은 배나 감을 비싼 값에 내어놓아 인간의 한계적 변화를 이용하여 이익을 올리는 것이다.

그렇다면 '한계효용'이란 무엇일까? '효용'이란 어떤 재화를 소비할 때 이를 통해 얻는 만족도를 말한다. 그리고 만족도가 증가하거나 감소할 때마다 변하는 효용의 증가분이나 감소분을 '한계효용'이라고 한다.

예를 들어 더운 여름날 여러 시간 동안 쉬지 않고 산에 오른 후 정상에서 시원한 음료수를 마신다. 맛있는 사이다가 10병 정도 있다면, 한 병, 한 병 계속 마실 때마다 마시는 한 병의 양은 동일하지만 만족도는 줄어든다. 즉 처음 한 병을 마실 때와 일곱 번째 한 병을 마실 때의 만족도는 크게 떨어지는 법이다. 이를 경제학에서 '한계효용체감의 법칙'이라고 한다. 이때 첫 번째 사이다와 일곱 번째 사이다는 용량이 같은 동일한 제품이지만 소비자가 효용의 측면에서 지불할 수 있는 가치는 분명히 차이가 있다는 말이다.

이러한 원리는 재화를 구입하는 것 이외에도 인간의 모든 행위에서 드러난다. 첫 키스의 느낌을 생각해보자.

연인사이의 가장 행복한 키스는 단연코 첫 키스이다. 이는 한계효용이 가장 높을 때 일어났기 때문이다. 이후 이 연인이 결혼해서 한 20년 살았다고 가정해보자. 지금도 아침마다 출근할 때, 첫 키스와 같은 효용을 느낀다면, 둘 중에 하나이다. 아이큐가 50이하여서 바로 전의 일을 전혀 기억 못하든가, 아니면 매일 또다른 배우자의 배웅을 받는 경우일 것이다. 따라서 바람둥이들이 헤픈 키스를 남발하는 것은 참 불행한 행동이다. 왜냐하면 본인은 아니라고 우기겠지만, 그는 한계효용이 거의 없는 키스를 하고 있기 때문이다. 그래서 이런 바람둥이들은 계속 한계효용이 높은 키스를 찾아 밤거리를 헤매고 있는 것이다.

이제 사마천의 열전에서 한계효용의 예를 찾아보자.

계포를 변호하기 위해 등공을 찾아간 주가(朱家)의 이야기에서 사마천은 반복하여 '기회를 본다'는 말을 사용하고 있다. 계포 열전 이외에도 우리는 신하가 어떤 충고나 부탁을 왕에게 할 때 '기회를 보는' 행위를 취하고 있음을 알 수 있다. 아이들이 부모에게 무엇인가를 얻어내려고 할 때 부모의 눈치를 살피고, 허락을 받을 수 있는 최적의 기회를 찾아내려는 행위를 말한다.

사마천은 주가와 등공이 만나 여러 날 동안 연회를 베풀며 술을 함께 마셨다고 이야기 한다. 오랜 전투 끝에 삭막해진 심성을 달래기 위해 노나라의 현자인 주가를 만난 하우영은 기쁘기 그지없었을 것이다. 한편 주가는 자신이 목숨을 걸고 숨기고 있는 계포 장군의 사면을 요청할 기회를 찾고 있었다. 부탁을 하기 위해 기회를 찾고 있던 주가는 등공 하우영을 부추기며, 승리에 대한 칭찬을 하고, 전쟁으로 지친 그의 마음을 달래준다. 이를 빌미로 지속적인 술자리를 요구하며, 연회를 연장하고 있는 것이다.

하우영의 입장에서 첫 날 술자리는 아마 최고의 효용을 주었을 것이다. 다음날, 그리고 그 다음날로 술자리가 지속되면서 이제 한계효용은 서서히 감소하게 된다. 했던 말이 반복되고, 칭송과 감탄도 이제 식상해진다. 이야기 거리가 점차 줄어들면서 술자리가 지겨워지기 시작했을 것이다. 이때가 바로 한계적 변화(marginal change)가 일어나는 시점이다.

인간은 한계적 변화를 경험할 때, 다른 무엇인가 획기적인 소재를 찾기 마련이다. 경제학에서는 다른 재화를 찾는다고 말하고, 인문학에서는 다른 경험을 요구한다고 말한다. 바로 이때가 기회인 것이다.

한계효용이 체감되어 무엇인가 다른 이야기 거리를 필요로 할 때를 주가는 정확히 알고 '계포' 이야기를 꺼내들었다. 그의 논리적인 설득과 변론이 하우영의 마음을 움직이고 관심을 갖게 하는 최고의 기회가 바로 이 시점이었던 것이다. 주가의 이야기를 들은 하우영이 한 고조를 찾아가 그를 설득하는 과정에서도 바로 '기회를 보아' 라는 표현이 사용된다. 전장에서 수없이 많은 경험을 공유하여 이제 하우영과의 경험이 그리 신선하지도 않은 시점에 즉 하우영과의 대화에서 '한계적 변화' 를 느낄 때, 계포의 사면이 한고조의 승낙을 얻어낼 수 있었음을 알게 된다.

고전을 사랑하는 우리들은 '기회를 엿보는' 것이 아니라 '기회를 만드는' 능력의 소유자라는 전제에서 제안을 한다.

만약 어떤 상대에게 무엇인가를 요구할 필요가 있을 때, 단기간 동안 처음에는 관심을 끌 수 있는 소재를 반복적으로 제공한다. 그 과정에서 상대가 제공되는 유무형의 '재화'에 대해 시들한 반응을 보일 때, 앞서 반복적으로 제공했던 재화와 반대의 성격을 지닌 내용물을 내어놓으면 틀림없이 상대는 무장해제를 하는 법이다. 이를 한계효용 가치를 만든다고 한다.

『중용』에도 비슷한 이야기가 나온다. 중용이란 엄밀한 의미에서 조화와 균형을 이루는 것인데, 인간들은 자신들의 이기심에 의해 자신들이 선호하는 것을 반복적으로 추구하는 본성적 행동을 보인다. 하지만 이는 곧 한계를 만나게 된다. 바로 그런 시점에서 초기의 선호와 대척점에 있는 것들을 만나게 되면서 가치의 균형을 경험한다. 이때 만족도는 급상승하게 되어있다. 이러한 조화와 균형으로 인해 발생하는 만족감의 상승을 경제학에서는 '한계효용의 가치를 만난다'고 한다.

사마천의 『사기』는 역사서술의 형식을 완전히 바꾼 혁명적인 시도였다. 사마천의 시대보다 천 년 이상되는 시기에도 사관(史官)들이 존재했고, 이들은 군주의 일상부터 국가의 대소사, 심지어 일상의 자연현상까지도 기록으로 남겼다. 제왕의 판단과 결정, 그리고 제왕 주변의 현자들의 교훈도 모두 기록의 대상이었다. 기록이 쉽지 않은 시대였음에도 다양한 형태를 통해 그 내용을 전달했다.

사마천과 그의 아버지 사마담은 태사령이라는 가문의 직을 충실히 수행하면서 새로운 방식의 역사를 기록하려는 구상을 한다. 그동안의 역사가 제왕이나 영웅들의 이야기였고, 나라와 주인공은 달랐지만, 내용도 교훈도 형식도 유사했다. 역사가 단순한 기록에서 교훈의 의미를 담기 시작한 것도 변화였지만, 역사 기록의 대상이 군주나 영웅들에게서 국가를 구성하는 모든 사람에게 확대된 것은 대단한 변화이다.

거의 전체를 아우르는 다양한 사람들이 국가를 구성하는 중요한(없어서는 안 되는) 요소들이며, 이들이 살아가는 과정에서 쏟아내는 다양한 경험들이 한계효용의 가치를 무한대로 만들어내는 것이다.

사마천의 '기전체' 역사서술은 이후 역사서술의 표준을 제공했고, 중국을 중심으로 하는 유교문화권의 나라들이 이러한 역사서술의 방법을 따랐다. 형식은 그대로 전해졌지만 그 형식에 담는 내용들이 한계효용의 가치를 끊임없이 만들어주기 때문이다.

(3) 독과점

내 나이 또래들에 비해 나는 빵을 좋아한다. 시간에 쫓기는 상황에서 급하게 식사를 해결하기 위해 빵으로 끼니를 때우는 일이 자주 있는데, 빵을 간식으로 생각하는 사람들은 동정의 눈길을 보내기도 하지만 나는 빵만으로도 충분히 식사를 대신할 수 있다.

내가 빵을 좋아하게 된 계기는 어릴 적 동네에 있는 '털보빵집' 때문이다. 음식을 만드는 곳과 '털보'가 전혀 어울리지 않지만 마음씨 좋은 털보 아저씨가 아침마다 빵을 굽는 냄새로 마을을 진동시킨 탓에 빵을 좋아하게 되었다. 아파트 단지에는 저와 같이 빵을 좋아하는 분들 때문인지 단지의 상가마다 빵집들이 있었다. '털보빵집'처럼 주인아저씨의 특징을 간판으로 건 곳도 있었고, 무슨 뜻인지 알지 못하는 외국어로 고급스러움을 강조한 빵집들도 있었다. 그런데 어느 순간 동네의 빵집들이 하나 둘 자취를 감추기 시작했다. 그리고 그 자리에 대기업이 운영하는 프랜차이즈점이 들어서기 시작했다. 빵집 주인의 특색과 특별한 맛은 사라지고 이제는 전국 어디에서나 동일한 형태와 이름표를 단 빵들을 선택할 수밖에 없다.

계획을 세우지 않고 갑자기 영화가 보고 싶어 극장을 찾을 때가 종종 있다. 어릴 때는 대형 상영관이 하나 있는 극장들이 몇 주간을 같은 영화를 상영하였지만 최근에는 대기업이 운영하는 상영관이 여러 개인 극장들이 생겨나 선택의 폭이 넓어진 것처럼 보인다. 그런데 10개쯤 되는 스크린을 동일한 영화가 장악하는 경우가 대부분이다. 선택의 폭이 크게 개선된 것이라 볼 수 없다. 게다가 스크린을 장악한 영화가 우리의 취향에 맞지 않을 경우(그런 경우가 대부분이지만) 어쩔 수없이 원치 않는 영화를 보거나 아니면 더 형편없어 보이는 천덕꾸러기 취급을 받는 영화를 선택할 수밖에 없다.

우리나라 3대 영화사(CJ엔터테인먼트, 쇼박스, 시네마서비스)의 영화관객 점유율은 지난 5년간 80퍼센트를 넘어섰다. 이 수치는 우리나라 공정거래법상 독과점을 막기 위한 시장 지배적 사업제한 기준을 훨씬 넘는 수치이다. 이들 영화사들은 극장을 비롯하여 여러 개의 케이블 방송까지 소유하고 있다.

영화를 제작해서 자신들의 계열사인 극장에 스크린을 점유하며 독점 공급하고, 시간이 지난 후 이를 다시 케이블에서 방영한다. 소비자가 다양한 영화를 선택할 수 있는 자유를 제한하고 있는 셈이다.

이처럼 한정된 공급으로 시장을 지배하는 것을 과점(oligopoly)이라고 하고, 한 기업이 시장을 독차지하는 것을 독점(monopoly)이라고 한다. 단시간에 이주한 세종시 정부청사들의 주변에 생긴 식당들, 인터넷 포털 사이트 등이 과점이다. 이들과 같이 소비자는 엄청나게 많은데, 재화를 공급할 수 있는 기업의 수가 제한적인 경우 소비자는 울며 겨자 먹기 식으로 소비를 할 수밖에 없다. 과점상태의 시장은 요구하는 가격에 비해 서비스나 재화의 질이 형편없는 경우가 대부분이다. 가격인하의 요건이 발생해도 결코 값을 내리는 예도 없다.

소비자들은 자신도 모르게 독과점의 피해를 받는다. 몇몇 통신사들이 가격을 담합하여 인상하면 소비자들은 인상요인도 모른 채 상승분을 부담해야 한다(법으로 규제도 하고 있지만 독과점 업체들이 단속에 걸려 지불하는 벌금이 그들이 독과점으로 얻는 수익에 비해 미미해서 실효성이 거의 없다). 휘발유 값도 마찬가지이고, 담배와 같은 중독성이 있는 기호품들도 마찬가지이다. 공급이 제한적이면 독점이나 과점이 발생하게 되고, 그 피해는 소비자가 뒤집어쓰기 마련이다. 물론 시장은 독과점으로 인해 왜곡되고 상처를 받는다.

그렇다면 독과점이 발생하는 이유는 무엇일까? 특정기업이 원료를 독차지하는 경우, 국가권력이 불가피하게 독점을 인정하는 경우, 특정한 기술이나 변별력을 가진 기업이 자연스럽게 독점적인 재화를 공급하는 경우로 설명할 수 있다. 어떠한 이유이든 시장 공급자가 소수이면 소비자는 가격이나 품질과 상관없이 해당 기업의 재화를 선택할 수밖에 없다.

그러면 독과점의 원인, 즉 제한적인 공급 문제를 해결하면 소비자의 피해를 줄일 수 있다는 논리가 형성된다. 그래서 공급자들 간의 경쟁이 심화되면 가격과 품질에서 소비자는 상대적인 이익을 볼 수 있다.

따라서 자본이 넉넉한 기업들은 공급자들을 자본의 힘으로 시장에서 몰아내 독점적 구조를 만들려고 하는 것이다. 앞서 예를 든 빵집과 영화사들이 대표적인 예이다.

독점은 기업과 시장에서만 나타나는 현상은 아니다. 사회적 관계, 개인 간의 관계 속에서도 언제든지 등장할 수 있다.

사마천의 『사기열전』 중 '원앙조조열전'의 내용을 보면 노름꾼에게 후한 대접을 한 원앙을 찾아와 '왜 노름꾼과 가까이 하느냐'며 따지는 한 부자의 이야기가 나온다. 이미 자신이 가지고 있는 경제적 실력, 사회적 지위에 만족하지 못하고, 유명한 장군으로 또 국가의 고위관리로 유명세를 타고 있는 사람이 자신과 격이 다른 사람들과 사회적 관계를 갖는 것조차 차단하려는 상황이다. 자신의 기준에 걸맞다고 생각하는 관계조차 독점하려는 인간의 본능적인 이기적 행태를 보여준다.

고된 일상에서 벗어나 그저 편하고 마음 맞는 사람들과 관계를 가짐으로 지친 몸과 마음을 회복하려는 의도에서 옛 동창들을 만난다. 동창 모임은 경쟁과 긴장이 존재하는 시장이 아니다. 하지만 이러한 모임에서도 독점적 행태가 빈번하게 발생하여 결국 구성원 모두가 상처를 받는 일이 일어난다. 자신의 기준과 격에 맞는 선을 그어놓고 그 모임의 주도권과 자존심을 독점하려는 소위 '성공한 동창'들에 의해 독과점이 일어나는 것이다. 반대를 위한 반대가 난무하고, 편가르기와 상처주기가 아무런 양심의 가책없이 자행된다. 독과점의 폐해는 전체 시장이 함께 만든다는 사실을 망각하기 때문에 일어나는 일들이다.

독점의 상대적 개념은 공유이다. 흑인에 대해 백인의 독과점을 주장했던 남아공의 정치적 사회적 현실에서 그들 모두가 겪었던 아픔과 상처는 마침내 권력을 장악하여 또 다른 독과점이 가능했던 한 정치적 지도자의 실천으로 치유될 수 있었다. 독점이 가지고 있는 분열과 갈등을 '공유'라는 가치를 내걸고 용서와 배려로 승화시킨 아름다운 예이다.

경제학적으로 독점의 순기능도 있다. 특별한 경우, 독점이 기술혁신을 이루고, 대규모 공적사업을 완성시킬 수도 있다. 하지만 인간의 본질적 이기심과 시장의 비윤리성은 '함께 사는 세상', '타인의 가치를 인정하는 세상'을 쉽게 무너뜨릴 수 있음을 잊지 말아야 할 것이다.

성경은 천국(유토피아)을 설명하면서 사자와 양이 함께 뛰노는 곳으로 표현하고 있는 것 같다. 기득권자이며, 힘이 있는 자들이 독점을 포기하고 포용하고 배려하는 현장, 그곳이 바로 천국이 아닐까?

(4) 총잉여

기대한 것보다 더 많은 만족(이익)을 얻는 것을 경제학에서 '잉여(surplus)'라는 개념으로 설명한다. 우선 시장에서 잉여가 발생하는 예를 들어보면 사랑하는 아내에게서 전화가 오는 경우이다.

"여보 갑자기 포도가 먹고 싶네 집에 오는 길에 포도 한 상자만 사오세요."

'첫눈이 이미 내린 지 오래고 기온이 아침저녁으로 영하로 내려가는 겨울로 향하는 문턱에 포도라니.'

아무리 하우스에서 계절에 상관없이 재배가 된다지만 제철에 비해 높은 가격일 것이라 생각하며 주머니를 확인한다.

'2만 원이 상한선이다. 만약 이보다 비싸면 없다고 해야지.'

마음속으로 결정을 하고 마트에 들어섰는데 진열대에 예상보다 많은 포도가 쌓여있고 '한 상자에 만 원' 이라는 가격표가 붙어있다. 이와 같이 최대로 지불할 용의가 있는 가격에 비해 실제 구매 금액이 낮은 경우 그래서 소비자가 그 가격 차이만큼 이익을 얻은 것처럼 생각되는 가치를 '소비자 잉여' 라고 한다. 이번엔 공급자(생산자)의 입장에서 잉여를 생각해보자.

어느 포도 생산자가 포도를 재배한 후 생산원가를 계산해보니 상자당 5000원 정도 판다면 적절할 것이라 생각한다. 그런데 포도를 들고 시장에 와보니 다른 포도 생산자들이 모두 '한 상자에 만 원' 이라는 가격표를 붙여 놓았다. 시간적인 여유도 있고, 시장의 질서를 무시할 수 없어 이 생산자 역시 '만 원' 이라는 가격표를 붙여 판매를 하였다. 이처럼 자신이 본래 생산비용을 고려하여 책정한 금액보다 실제 판매금액이 높아서 발생한 차액을 '생산자 잉여' 라고 한다.

시장에서 만들어진 '소비자잉여' 와 '생산자잉여' 를 합한 것을 '총잉여' 라고 하며 총잉여가 높을수록 '효율적' 이라고 말한다. 이러한 잉여의 개념은 우리 주변의 생활 속에서도 쉽게 확인할 수 있다. 한동안 인기를 끌었던 '왕가네 식구들' 이라는 드라마에서 '왕광박' 이라는 작가 지망생인 여인이 중장비 기사로 일하는 청년 '최상남' 에게 반하여 사랑에 빠진다. 그녀는 데이트를 위하여 바쁜(일당을 챙겨야하는) 청년에게 거래를 제안한다. 하루 데이트를 하는 비용을 협상한 것이다. 청년은 하루 데이트에 응하는 조건으로 10만 원을 요구하고, 여인은 주머니에 5만 원짜리를 만지작거리며 2만 원을 제시한다. 여러 번의 밀고 당김 후에 5만 원으로 가격이 결정된다. 거래가 결정되자 청년이 슬며시 미소를 띠며 말한다.

"계속 우겼으면 2만 원이라도 수락했을텐데…"

그러자 사랑에 빠진 작가지망생 여인은
"계속 고집을 피웠다면 10만 원이라도 지불했을텐데."

먼저 제안을 했던 여인은 10만 원이라도 기꺼이 지불할 의사가 있었기에 5만 원의 이익을 본 셈이고, 이에 응하는 청년은 2만 원이라도 못 이기는 척 응하려 했는데 5만 원을 받게 되었으니 3만 원의 잉여를 갖게 된 것이다. 결국 이 둘의 총잉여는 8만 원이 발생한 것이고, 전체 기대금액과 비교할 때 상당히 높은 즉 매우 '효율적'인 거래를 한 셈이 된다.

소비자의 잉여가 클수록 소비자의 만족도는 상승하고, 역시 생산자의 잉여가 클수록 생산자의 이익이 증가한다. 위의 예처럼 소비자와 생산자가 자신의 잉여를 극대화하는 것을 '효율적'이라고 한다. 이처럼 수요자와 공급자가 효율적 거래를 한 것을 우리는 'win-win'이라고 표현하기도 한다. 그러면 여기 총잉여 즉 소비자와 생산자의 이익을 동시에 만족시키기 위한 공식을 만들어보자.
소비자잉여=소비자가 원하는 기대가격 – 소비자가 실제 지불한 가격

생산자잉여=생산자가 최종적으로 받은 가격- 생산을 위해 부담한 총비용

　여기서 소비자가 지불한 가격과 생산자가 최종적으로 받은 가격이 같
으므로
총잉여(소비자잉여+생산자잉여)=소비자가 원하는 기대가격- 생산을 위해 지불한
총비용

　결국 위의 공식에서 총잉여가 높아 효율적 거래를 위해서는 소비자의
기대가격(소비자가 지불할 의향이 있는 최대가격)은 높을수록, 그리고 생산을
위한 비용은 낮을수록 좋다는 결론이 마련된다.

　이제 『사기열전』의 원앙 이야기로 돌아가 보자.
　승상 주발은 자신이 권력을 향유하고 있을 때, 황제로부터 존중과 신
임을 한 몸에 누리고 있는데 원앙의 간언으로 정치적 위기를 맞게 된다.
그는 원앙에게 사적인 관계(형의 친구)를 내세우면서, 어떻게 나를 모함할
수 있느냐고 항변한다. 하지만 태도를 바꾸지도 사과를 하지도 않는 원
앙을 보며 그에 대한 기대치를 포기한다.

　여기서 기대치를 포기한다는 것은 경제적인 용어로 달리 표현하면
'그의 지지를 얻기 위해 더 많은 가치를 사용해야 한다'는 의미이다.

　주발은 결국 황제의 신임도, 동료들의 지지도 얻지 못한채 자신의 봉
지로 돌아간다. 그런데 그것이 전부가 아니었다. 적은 자신이 제후로 있
던 봉지에도 있었다. 모반이라는 모함에 연루되어 이제 죽을 날을 기다

리는 신세가 되었다. 이때 주발이 위기를 벗어나기 위해 기대한 가능성이 무엇이었을까?

우선 황제의 권위에 눌려 사실을 사실대로 변호해주지 못하는 신하들은 고려의 대상에서 제외된다. 결국 황제에게 직언을 할 수 있는 원앙 밖에 기대할 수 없는데, 자신을 정치적으로 위기에 빠뜨리고 자신이 그토록 원망했던 그가 변호해줄 가능성은 거의 없었다. 따라서 기대치가 없다고 할 수 있다.

그런데 기대하지 않았던 즉 그의 변호를 얻기 위해 훨씬 더 큰 대가를 치러야만 한다고 생각했던 원앙이 아무런 조건도 없이 자신을 위해 황제 앞에 나선다. 원앙은 큰 수고를 하지 않고(비용부담이 적다는 이야기다) 평소의 소신대로 사실을 논하면서 주발을 변호한다.

주발의 입장에서는 기대하지 않은 변호를 받게 되어 그 잉여가 극에 달했고, 원앙의 입장에서는 평소의 소신대로 큰 비용을 부담하지 않고 황제 앞에 나서는 행위로 주발의 감동을 얻어냈으니 잉여를 챙기게 된다. 결국 주발의 잉여와 원앙의 잉여의 합, 즉 '총잉여'가 극에 달하면서 이 둘의 관계는 효율적이 된다.

사마천은 주발과 원앙의 교분이 전에 없이 두터워졌다고 말한다.

밥투정을 하는 아이에게 시간과 비용을 들여 맛있는 반찬을 만들어주지만 투정이 줄어들지 않는다. 감사하는 마음도 당연히 얻지 못한다. 만약 이런 상황에 원앙이 등장한다면 어떤 결과가 만들어질까. 아마도 원앙은 밥투정하는 아이를 3일정도 감금하고 밥을 주지 않을 것이다. 시간이 지날수록 자신을 굶기고 감금한 원앙에 대한 기대치는 하락하게 될 것이고, 그의 마음을 돌리기 위해 내가 지불할 대가가 크다는 것을 인식하게 될 것이다. 결국 아이가 말라비틀어진 식빵 한 조각에도 만족할 정도의 기아 상태에 빠지게 되었을 때, 원앙은 값싸게 구입할 수 있는 라면 한 봉지를 정성스럽게 아이의 눈앞에서 끓인다. 그리고 '비록 라면이지만 내가 널 위해 정성스럽게 만들었다' 라는 짤막하지만 진지한 목소리의 대사를 첨가한다. 아마도 밥투정을 하던 아이는 평생에 가장 맛있고, 감동적인 라면을 먹게 될 것이고, 눈물과 함께 향후 라면을 제공한 원앙에게 충성을 다하게 될 것이다.

원앙은 시간비용도 재료의 비용도 최소화하면서 상대의 감동을 한 번에 얻어내는 잉여의 쾌감을 느끼게 될 것이다.

'총잉여'를 높여 효율적인 상황을 만들기 위해 직장 상사들은 며칠 동안 공포의 분위기를 조성한 후 감동적인 멘트 하나로 부하들을 사로잡을 수 있을 것이다. 수요자와 생산자의 잉여를 극대화하여 관계를 효율적으로 만드는 비법이다.

하지만 명심해야 할 것은 이를 너무 자주 사용하다보면 '한계효용체감' 의 덫에 걸릴 수 있다는 사실~

(5) 교환

경제학에서 가장 중요한 주제이자 기초적인 개념 중에 하나가 '교환'이다. 사람들의 모든 경제활동에서 '교환'은 가장 기본이 되는 인간의 활동인 셈이다.

인간들은 아주 오랜 옛날부터 지금까지 계속 교환을 하면서 살아왔다. 오늘 하루의 우리 일과를 생각해보자.

잠에서 깨어나 욕실에 가서 보습효과가 뛰어나 비누로 세수를 하고, 잇몸을 튼튼히 하고 치아 미백효과가 있는 치약으로 양치를 한다. 대표적인 타월 제조업체에서 생산한 수건을 사용하고 식탁에 앉아서 자신이 생산한 것이 하나도 없는 음식물로 배를 채운다.

출근을 위해 걸친 옷이나 우리의 발이 되어주는 승용차, 그리고 햇빛을 가리고 시야를 편하게 해주는 선글라스, 이 모든 것들은 우리가 만들어낸 것이 아니라 교환하여 얻은 재화들이다.

물건뿐만이 아니다. 우리가 하루 생활을 하면서 받는 모든 서비스들 역시 우리가 어떠한 가치로 교환한 재화들이다. 그러나 이러한 교환이 처음부터 있었던 것은 아니다.

아주 오래 전에 사람들은 자신이 필요한 것은 자신이 해결해야만 했다. 이러한 시기를 경제사에서는 '자급자족의 시대'라고 한다. 이 시기를 거치면서 사람은 '교환'이라는 행위가 이익을 준다는 것을 학습하게 된다. 그래서 초보적인 교환이 일어나고 그 교환의 활동은 인간의 지혜가 발달하고, 생활이 복잡해질수록 그에 맞게 폭발적으로 증가한다.

오늘날의 인간들은 '교환'의 과정을 거치지 않고서는 인간다운 삶을 사는 것이 불가능해졌다. 그렇다면 '교환의 이익'이란 무엇일까?

신체적 조건과 약하지만 눈이 밝고, 식물을 잘 구별하는 갑순이가 있다. 갑순이는 민첩하지 못해 물고기를 잘 잡지는 못하지만 시간당 1마리의 생선을 잡을 수 있다. 반면에 밭에서 고구마 2개를 1시간에 캐낼 능력이 있다. 그는 생존을 위한 균형 잡힌 식사를 위해 하루 3시간 동안 일을 할 수 있다. 갑순이는 통상 1시간 고구마를 캐고, 2시간 물고기를 잡는다. 이렇게 해서 그가 하루에 섭취하는 식사는 고구마 2개와 생선 2마리이다.

반면 민첩하고 신체적 조건이 뛰어나며 나름 지혜도 뛰어난 갑돌이가 있다. 갑돌이는 시간당 생선 6마리를 잡거나 고구마 3개를 캘 수 있다. 갑돌이 역시 생존을 위해 3시간 노동을 한다. 그는 운동량이 많아 좀 더 많이 먹어야 한다.

갑돌이는 통상 1시간 생선을 잡고, 2시간 고구마를 캔다. 그래서 그가 하루 섭취하는 것은 고구마 6개와 생선 6마리이다.

갑돌이와 갑순이는 오랫동안 이런 생활을 하다가 어느 날 우연히 교환을 알게 되었다. 갑순이는 고구마를 잘 캐기 때문에 하루 3시간 노동을 고구마만 캤고 갑돌이는 물고기 잡는 것에 더 자신이 있어 1과 2/3 시간 생선을 잡고, 1과 1/3시간 고구마를 캤다. 그래서 이들이 하루에 얻은 것을 보니 갑순이는 고구마 6개를 얻었고, 갑돌이는 고구마 4개와 생선 10마리를 획득했다. 이들은 일을 마치고 각각 고구마 3개와 생선 3마리를 '교환' 했다. 이제 이들이 동일한 3시간 노동을 한 후 교환의 과정을 거쳐 획득한 것을 계산해보자.

갑순이는 고구마 3개와 생선 3마리를 얻었고, 갑돌이는 고구마 7개와 생선 7마리를 얻었다. 노동시간은 같았는데도 말이다.

갑돌이와 갑순이는 고구마와 물고기를 얻는 방법을 모두 알고 있지만 갑순이는 고구마를 더 잘 캐고, 갑돌이는 물고기를 잡는 것이 더 자신이 있었다. 이와 같이 어떤 한가지를 더 잘할 수 있는 것을 경제학에서는 비교우위가 있다고 말한다. 이 '비교우위 이론'은 어떤 나라가 다른 나라와 무역을 하는 이유를 잘 설명해주기도 한다. 각각의 나라나 개인이 비교우위에 있는 재화의 생산을 더 늘리게 되면 교환(무역)을 통해 서로에게 더 큰 이익을 줄 수 있다는 설명이다.

갑돌이와 갑순이의 예에서 볼 수 있듯이 사람들은 교환의 장점을 알게 되면서 교환의 욕망을 키워왔다. 사회가 복잡해질수록 사람들은 교환을 통해 얻고 누릴 수 있는 것이 너무나 많아 교환을 간절히 원했다.

자, 이제 사마천의 『사기열전』의 비교우위가 다른 두 인물을 소개하도록 하겠다. 전국시대 진나라 소왕과 조나라 혜문왕 때의 일이다. 지혜와 용기 그리고 충성도에서 비교우위가 있던 조나라 혜문왕의 참모 인상여와 훌륭한 장수로 후대까지 그의 전술과 전략이 모범이 되었던 염파 장군이 그 주인공이다. 미천한 신분이었지만 혜문왕의 신임을 받아 고위직(상경)에 오른 인상여는 오래전부터 수많은 전공을 세워 국가를 위기에서 지켜낸 염파 장군의 질투를 받게 되었다. 드디어 염파가 분을 이기지 못하며 인사에 불만을 표시했다.

"나는 장수로서 국가를 위해 전장에서 늘 목숨을 담보했고, 성과 요새, 전선의 선봉에서 적과 싸워 큰 공을 세웠다. 그러나 인상여는 겨우 혀와 입만 놀려 과분한 자리를 차지했다. 또한 인상여는(환관의 집사 노릇이나 하던) 미천한 자가 아닌가. 만약 인상여를 만나면 반드시 모욕을 줄 것이다!"라고 공언했다.

이 소식을 들은 인상여의 대응은 어떠했을까? 인상여는 염파 장군을 피하는 방법을 사용한다. 조회(朝會)가 열려 염파와 마주칠 상황이 생기면, 병을 핑계대거나 다른 일을 구실로 그와 한자리에 만나는 것을 피했고, 혹시 외출할 때 저 앞에서 염파 장군의 수레가 보이면 급히 자신의 수레와 함께 숨어 있다가 그가 지나간 후에 움직였다.

한두 번도 아니고 계속되는 이런 인상여의 태도에 화가 난 것은 인상여를 따르는 무리들이었다. 어느 날 인상여를 추종하던 자들이 인상여에게 말했다.

"우리가 가족과 친지를 떠나 나리를 섬기는 까닭은 오직 나리의 높은 절개와 강인함, 그리고 국가에 대한 충성이라는 높은 뜻을 사모하기 때문이었습니다. 그러나 나리께서는 염파 장군보다 서열이 높음에도 불구하고 (비겁하게)염파의 거짓 모함을 피할 뿐 대응하지 않습니다. 이는 평범한 자들도 부끄러워하는 일입니다. 이제 우리는 나리를 떠나고자 합니다."

갑작스런 추종자들의 항변에도 조금도 흔들림 없이 인상여는 말했다.
"이보게나 자네들은 염파와 진나라 왕 중 누가 더 두려운가?"

인상여의 추종자들은 "그것이야 물론 진나라 왕이 더 두렵지요."

인상여는 정색을 하고 이들을 타일렀다.
"나는 진나라왕의 위세와 협박에도 굴하지 않고, 그를 진나라의 궁전에서 꾸짖었고, 또한 목숨을 위협하며 조롱하는 자리에서도 진왕과 그의 신하들을 부끄럽게 하였소. 지금 진나라가 우리 조나라를 감히 침공하지 못하는 것은 염파 장군과 내가 있기 때문이오. 만약 우리 둘이 싸운다면 이는 진나라의 침략을 돕는 일이 될 것이오."

잠시 말을 멈춘 인상여는 먼 하늘을 바라보며 생각에 잠겼다가 다시 추종자들을 향해 준엄하게 말했다.

"(나도 부끄러움을 아는 사람이고, 특히 출신에 대해 비난 할 때는 얼굴을 들지 못하였소) 하지만 내가 염파를 피한 것은 '나라의 위급함을 먼저 생각하고 사사로운 원망을 뒤로 하기 때문이오…"

그의 진심을 이해한 추종자들은 인상여의 높은 뜻 앞에 다시 무릎을 꿇었다.

이 소식이 염파에게 전해지자 염파는 스스로 형벌도구를 등에 지고 인상여를 찾아와 "내가 상경의 높은 뜻을 이해하지 못하고 저급하게 행동하였습니다. 저를 벌해 주십시오."

진심으로 사죄하는 염파를 일으키며 인상여는 이후 죽음을 함께하기로 하는 벗이 되자고 약속했다. 우리에게 익숙한 '문경지교' 즉 목을 베어줄 정도의 사귐이라는 고사가 바로 여기에서 유래됐다.

사마천은 인상여와 염파의 '문경지교'의 약속 이후에 이들이 어떤 사귐을 가졌는가 설명하지 않는다. 다만 『사기열전』에서는 이후 염파 장군이 전투에 나가 승리한 공적을 나열하고, 또 인상여가 선봉에 서서 전투에서 승리한 이야기만을 줄곧 나열하고 있다.

서로 비교우위가 다른 상경 인상여와 장군 염파는 진나라의 침략이라는 공동의 목표를 위해 서로의 가치를 '협력' 이라는 이름으로 교환하고 있다. 한 국가를 바로 세우고 안정시키기 위해 인상여와 같은 참모도 필요하고, 염파와 같은 군인도 필요한 법이다. 이들은 각자의 비교우위를 통해 국가의 안위에 기여하고 있다. 지혜로운 인상여는 인간적인 모욕을 감수하면서도 상대의 비교우위를 인정하여 그 가치의 교환이 단절되는 것을 피하고자 했다.

결국 진심이 전해지면서 이들이 국가의 안위라는 보다 큰 목표를 위해 자신들의 비교우위를 합치기로 하는 화합의 행위(교환)가 일어났을 때, '문경지교' 라는 아름다운 고사와 함께 이들 앞에는 '승전가' 가 끊이지 않았다. 교환의 의미와 이익을 잘 알고 활용한 예이다.

1991년 로널드 코스라는 경제학자는 '사람들이 교환을 하지 못하도록 막는 것이 없다면 사람들은 교환으로 얻을 수 있는 이익이 사라지기 전까지 교환을 멈추지 않을 것이다.' 라는 주장으로 노벨경제학상을 수상했다. 교환의 지속에 관한 그의 생각을 경제학에서는 '코스정리' 라고 한다.

뭐 이렇게 단순한 논리로 노벨상까지 받는가? 의아해하는 분들도 있을테지만, 그의 주장은 '교환을 방해하는 요소' 즉 세금, 법, 규제, 불완전한 재산권, 계약에 대한 불신 등과 같은 요소에 관심을 갖도록 하기에 중요한 이론이라고 할 수 있다.

교환은 상대의 비교우위를 인정하고, 상대의 가치에 대한 존중에서 비롯된다. 상대를 신뢰하는 마음도 교환을 가능케 하는 중요한 요인이다. 인상여와 염파 장군의 '문경지교'라는 화합은 바로 이런 상호신뢰의 중요한 '교환'의 모델이다. 철도가 멈춰서고, 작업장에서 파업이 끊이지 않으며, 정계와 재계, 그리고 사회 곳곳의 적대적 행위와 불안감이 끊이지 않는 것은 각자 소유한 재화가 공평한 가치로 교환되지 않는다는 불만에서 시작된다. 정직한 '교환', 신뢰를 바탕으로 하는 상대를 인정하는 '교환'은 교환의 주체가 되는 모든 이에게 '승전가'를 남긴다는 사마천의 외침이 귓전에 맴돈다.

주는 것이 얻는 것(予之爲取者), 관중

인자한 눈빛, 잔잔한 미소를 머금고 있는 사람을 보면 우리는 '참 순한 사람이다'라고 말한다. 여기서 '순하다(順)'라는 의미는 생각보다 많은 내용을 담고 있다. 부드럽고, 인자하다는 의미의 '유순(柔順)'이 가장 대표적인 의미이고, 이 외에도 물이 높은 곳에서 막힘없이 흘러내리듯이 도리와 원칙에 순응하다는 의미도 있다. 함부로 나서지 않고 순서를 따르는 것도 '순'이라고 말한다. 이처럼 '순하다'는 말은 한 개인의 완성된 인격을 말하는 인자함과 포용력, 도리와 질서를 따르는 것, 합리적이고 이성적인 생각을 갖는 것을 말한다.

공자(孔子)께서도 나이가 60이 되면 '듣는 것에 대한 모든 이치에 순응할 수 있다'는 의미로 60세를 지칭하는 말로 '이순(耳順)'이라는 말을 사용했다. 순(順)이란 이처럼 한 인생이 완성된 단계로 나아가는 한 표상을 지칭하는 말이다.

중국의 명재상으로 잘 알려진 '관중(管仲)' 은 이 순(順)을 통치의 원리, 지도자의 자질에 적용하여 우리에게 중요한 교훈을 전하고 있다. 나라를 다스리는 이치를 설명하는 목민(牧民)편에 나오는 말이다.

(정치)을 잘하여 흥성하게 하는 것은 민심을 따름에 있고(在順民心), 다스림이 폐하는 것은 민심을 거스름에 있다(在逆民心) (그렇다면 민심이란 무엇인가?).

1. 백성들은 근심스럽고 고달픔을 원하지 않으므로 지도자(군주)는 그들을 편안하고 즐겁게 해주어야 한다(民惡憂勞, 我佚樂之).

2. 백성들은 가난하고, 자신이 천하게 대우받는 것을 싫어하므로, 지도자는 그들을 부유하고, 귀하게 대해야 한다(民惡貧賤 我富貴之).

3. 백성들은 위험하고, 자신이 추락하는 것을 혐오하므로 지도자는 그들을 평안하게 하고, 그들의 지위와 자리를 잘 보존해주어야 한다(民惡危墜, 我存安之).

4. 백성들은 망하고, 단절되는 것을 싫어하므로 지도자는 그들을 생존하고, 잘 성장할 수 있도록 양육해야 한다(民惡滅絕, 我生育之).

『관자』에서 말하는 지도자와 그 통치를 받는 사람들 사이의 순리(順理)와 원칙 네 가지이다. 이를 사순(四順)이라고 한다. 그런데 참 재미있는 것은 지도자들이 이러한 순리를 깨닫지 못하여 실패를 반복하고 있다는 사실이다. 대체로 권력을 갖게 되고, 지도자의 자리에 앉게 되면 '순리' 를 망각하곤 한다. 그래서 자신의 편안함과 즐거움을 위해 백성들을 근심하고 피곤하게 만들고, 자신의 부와 명예를 위해 백성들을 가난하고 천하게 대우하며, 자신의 평안과 권력의 유지를 위해 백성들을 위태롭게 하고, 추락시킨다. 그리고 자신이 더 크게 성장하기 위해 백성들의 안위와 생존을 생각하지 않는다.

이처럼 순리를 거스른 반대되는 일을 하면서 무거운 형벌이나 권력에 의한 폭력으로 백성들을 조종할 수 있을 것이라는 생각을 하게 된다. 『관자』는 바로 순리를 거스르는 지도자의 행태를 다음과 같이 소개하고 있다.

"따라서 형벌이 아무리 무거워도, 사람들로 하여금 그 권위를 인정받는 것이 모자라고, 심지어 살육을 한다고 해도 그들로부터 마음으로의 복종을 얻어내는 것은 부족하다. 형벌이 권위를 얻지 못하고, 살육이 사람들의 복종을 얻어내지 못하면 법령이 무의미하고, 결국에는 자신의 자리(지도자의 자리)를 위협받게 될 것이다."

그렇다면 순리를 따르는 지도자는 어떨까.

백성들을 편안하게 하는 지도자에게 백성들은 근심과 노고를 아끼지 않을 것이고, 백성들을 여유롭게 하고, 소중하게 대하는 지도자에게 백성들은 자신의 배고픔과 멸시를 감수하게 될 것이며, 백성들의 평안과 안위만을 고민하는 지도자에게 백성들은 온갖 위험과 심지어 자신의 몰락까지도 희생하게 될 것이고, 백성들의 성장과 발전을 고민하는 지도자에게 백성들은 목숨을 거는 법이라고 말한다.

아무리 읽고 읽어도 논리와 해석이 감탄스럽다. 지도자가 백성들이 싫어하고 혐오하는 것을 해결해주는 것이 순리이고, 그렇게 순리를 따르면 백성들은 자신들이 스스로 그 싫어하는 것을 감수하여 지도자를 받드는 선순환논리, 이것이 바로 '순(順)'이라는 것이다.

따라서 지도자가 이 네 가지 순리를 따르면 '먼 곳에 있는 자도 스스로 다가와 친하게 되고(則遠者自親), 순리를 거스르면 아무리 가까운 자라도 등을 돌리게 된다(則近者叛之)'는 것이다.

이것이 바로 '주는 것이 곧 받는 것이며, 다스림(정치)의 보배, 진수'이다.

관자의 가르침을 생각하면서, 지도자라는 말 대신에 가장, 사회생활에서 얻은 직책을 대입해보았다. 그리고 순리(順理)를 따르는 것이 무엇인지, 누구를, 어떻게 대해야 하는지 생각해보았다.
저 높은 곳에서 아무런 거리낌이나 막힘없이 아래로 흘러내려오는 '물'을 생각해본다.

물화(物化)

사람이 마땅히 가져야 할 성정(性情)을 갖지 못하는 것을 사마천은 물화(物化), 즉 '물체와 같이 된다'고 말한다. 사마천의 『사기』의 '악서(樂書)'에 나오는 이야기이다. 사람은 본래 태어날 때 평온하고, 조용한 상태라고 한다(人生而靜). 이것은 하늘이 부여한 천성이라는 것이다. 그런데 성장을 하면서 외부의 수많은 '물(物)'과 관계를 맺으면서 '움직이기' 시작한다. 외부의 자극에 감동하여 다양한 반응을 하는 것이다(感於物而動). 인간의 희로애락이나 어떠한 행동의 양태들은 바로 이러한 외부의 '물'과의 반응에서 나타난다는 것이다.

사람은 외부와의 감응을 통해 목표를 갖기도 하고, 삶의 방향을 결정하기도 한다. 무엇을 소유하고, 어떤 상황을 만들어야 할 것인지를 결정한다. 이는 모두 '동(動)'의 표현방법이라는 것이다. 따라서 외부의 자극에 대해 감응하고, 이를 통해 어떤 생각이나 행동을 취하는 것은 인간이면 당연히 만나게 되는 경험이다. 그런데 이 물은 외부에서 오는 것이고, 인간을 유혹하는 성질을 가지고 있다. 외부의 물(物)이 인간을 자극할 때 인간은 이지(理智)를 가지고 이에 대처해야 하는데, 외물의 유혹에 넘어가게 되면 좋고 싫음에 대한 절제를 잃게 된다. 그렇게 되면 하늘이 부여한 본래의 성정으로 돌아오기 힘들게 되고 결국은 외부의 물(物)에 동화되는데, 이렇게 되면 천성이 훼멸된다(好惡無節於內知有於外不能反己天理滅矣).

이 외부의 물에 동화되는 인간 본래의 천성을 잃게 되면 그것이 사욕(私欲)으로 발전하여 천성이 훼멸되는데 이를 '사람이 물화(物化)된다'라고 한다. 사람이 사물화 된다는 이야기이다. 그러면 어떤 현상이 일어나게 될까? 사마천은 『예기』의 표현을 빌려 다음과 같이 설명하고 있다.

"윗사람을 거스르고 어지럽히며 속일 생각을 가지게 되며, 사악하고 방탕하며 함부로 잘못을 저지르는 일이 있게 되는 것이다. 그래서 강대

한 자가 약소한 자를 핍박하며, 다수가 소수를 기만하고 총명한 사람이
순진한 사람을 속이며, 용맹한 사람은 겁이 많은 사람을 능욕하며, 병든
자가 치료를 받지 못하고, 노인이나 어린이, 고아, 과부들이 편안히 보
살핌을 받지 못하니, 이런 일들이 바로 대란을 조성하는 근원이 된다."

　　사람으로서의 도리와 인간성을 상실하고 마치 로봇이나 좀비처럼 물
화된 인간은 감정도, 좋은 것과 나쁜 것을 구별하는 판단력도 자비심이
나 사랑, 배려, 관용과 같은 고급한 인간의 가치도 상실하고 만다는 것
이다. 그래서 절제를 가르치는 예(禮)와 인간의 천성을 고양하는 감정을
절제하기 위한 악(樂)이 필요하다는 것이다.

　　동양의 윤리규범에서 예와 악을 강조하는 기본 원리가 여기에 담겨있
다. 성현들의 가르침을 가슴에 새기고, 사회의 질서와 개인들이 자신의
절제력을 키우기 위해서는 좋은 책과 교훈을 늘 가슴에 새기고 실천하
려는 노력을 기울여야 한다. 또한 이에 못지않게 중요한 감정의 조절과
인간의 고급한 가치를 실천하며, 따뜻한 가슴으로 타인을 포용하는 것
은 조화(調和)를 전제로 하는 좋은 음악을 생활화하는 것이다. 사마천의
표현을 살펴보자.
　　"악(樂)이란 천지만물의 조화이며, 예(禮)는 천지만물의 질서이다. 서
로 조화를 이루기 때문에 모든 만물이 융화, 생성될 수 있고, 질서가 있
기 때문에 모든 만물이 구별이 된다. 악은 하늘로 말미암아 만들어지고,
예는 땅으로 말미암아 만들어진다. 예의가 잘못되면 혼란이 조성되고,
음악이 잘못되면 사람들의 정서가 방종으로 이끌리게 된다. 천지의 도
리를 깨달아야만 음악을 만들고 예의를 제정할 수 있다. 윤리에 합치해

예의를 해하지 않는 것이 음악의 정신이요, 사람들로 하여금 기쁨을 느끼고 즐길 수 있게 하는 것이 음악의 효용이다.”

『예기』의 '악기(樂記)'에는 궁·상·각·치·우가 제왕·귀족·평민·사건·물질 등과 같은 신분과 환경을 대표하는 음이라고 규정하고 있다.

따라서 그 음의 혼탁을 보고 해당 신분에 위치한 사람들의 상태나 시대적 상황을 파악했다. 또한 각 나라와 시대에도 그것에 맞는 음악이 있어 그 음악을 들어보면 해당 나라의 형편이 어떠한지를 알 수 있었다고 한다. 음울한 음악이 만연하면 그 나라는 곧 암울한 상황에 놓이게 되고, 급하고 조급한 음악이 유행하면 나라가 방종에 빠지게 된다. 격하고 과장된 음악이 유행하면 재해나 전쟁이 다가오게 된다는 것이다.

반면에 맑고 평온한 음악은 태평성세를 반영하며, 따뜻하고 부드러운 음률을 덕음(德音)이라 하여 좋은 군주와 관리들의 상징이 되기도 한다.

북경의 공묘나 공자의 고향인 취푸의 공자 사당의 대성전(大成殿)에는 고대의 악기들이 전시되어 있다. 공자의 도리는 그가 남긴 많은 가르침과 더불어 음악의 정리에 있었음을 암시하는 대목이다.

몇 개의 악기로 화음을 맞추어 연주하는 것을 '소성(小成)'이라 하고 오케스트라와 같이 많은 악기로 큰 음악을 연주하는 것을 '대성(大成)'이라고 한다. 이를 조화롭게 모은 것을 '집대성(集大成)'이라 한다. 이는 서양의 경우에도 마찬가지이다. 그리스의 도시국가들이 교육과목에 필수적으로 음악을 넣은 것은 같은 원리라고 할 수 있다.

경제적인 어려움을 겪으며 불확실한 미래에 대해 고민하던 시절, 나는 베토벤이나 비제, 라흐마니노프 등의 무거운 음악을 즐겨듣곤 했다.

로시니나 쇼팽의 '비가'들이나 모차르트를 들어도 '레퀴엠'과 같은 무거운 음악이 더 마음에 끌렸다. 하지만 가정을 갖고 나름의 여유를 갖게 되면서는 멘델스존이나 하이든, 비발디 등을 좋아하게 되었다. 비교적 무겁고 암울한 겨울의 이미지를 비발디만큼 상큼하고 시원하게 표현한 작곡가가 또 있을까? 가요나 팝송과 같은 대중음악을 들어도 마찬가지다. 주어진 처지나 상황 그리고 그때그때의 기분에 따라 선호하는 음악이 확연히 구분되는 것은 우리 모두 공감하는 내용일 것이다.

사기의 '악서(樂書)'를 읽으면서 오늘날 우리 사회의 모습을 연결시켜 보았다. 조화를 잃어버리고, 물의 유혹에 '중독'되어 '사물화'되어 버린 우리사회의 모습을 바라본다. 최근 우리 사회에서 일어나고 있는 '비인간적인 사건'들이 무엇을 말하는가? 물화된 인간들이 보이는 강한 자가 약한 자를, 다수가 소수를, 총명한 사람이 순진한 사람을, 용기 있는 자가 겁 많은 사람을, 건강한사람이 신체적으로 허약한 사람을 학대하고, 괴롭히고 속이고 능멸하는 일들이 만연해 있다. 함께 전우애를 발휘하여 더욱더 마음을 합하여 조화를 이루어야 하는 군대에서조차 말이다.

마땅히 보호받아야 할 고아와 과부, 노인과 어린아이들이 외면당하고, 이용당하고, 방치된 현실이 자연스러워 보이기까지 한다. 생때같은 어린 학생들의 살려달라는 목소리를 외면하고, 자신들의 허물을 덮기 위해 거짓과 뻔뻔함으로 일관하는 것이 바로 우리의 자화상이다.

조화를 잃고, 무엇인가에 모두 중독되어 기계와 같이 방황하는 군상들 속에 서있는 자신을 돌아본다. 모두가 피해자인 젊은이들에게 '인간의 탈을 쓰고 어떻게'라는 말을 할 자격이 우리에게 있는가 반성했다.

우리가 마땅히 가르쳐야 할 것을 가르치지 못하고 기계로 만들었던 우리의 자녀와 후배들, 독서와 음악과 참 인성을 키워줄 기회를 박탈하고 문제풀이 기계로 만들었던 우리 기성세대가 누구를 손가락질 할 수 있을까.

사회를 구성하는 지체(肢體)들 중 가장 약하고 허약한 것을 챙겨야 하는 것이 사랑의 기본일진데, 모자란다는 이유로 밟고 눈을 부라리고 찍어 내려고 분주를 떨었던 우리 모습을 보며 그 피해를 우리 모두가 받아야 마땅하며, 실제로 받고 있다는 절망적인 한숨을 내쉰다.

물질화되지 않고 인간의 가치를 갖고 있는 사람들은 성경에서 말하고 있는 것처럼(고린도전서 12장 22~25) '몸의 지체 중에 가장 약한 부분이 가장 요긴한 법이고, 우리는 몸의 지체 중 약하다고 생각하는 곳을 소중하게 감싸는 법이다' 를 실천하는 사람들이라고 생각한다.

우리는 누군가를 학대하고 제거하려고 하는 것이 아니라, 약한 자를 밟아서 나를 증명하려는 것이 아니라, 가장 보호를 받아야 할, 누군가의 도움이 없이는 살아가기 힘든 고아와 과부를 돌아보는 인간성을 회복해야 한다. 예와 악이 넘쳐나고 그래서 '인간성을 가진 인간' 들과 더불어 사는 세상이 하루 속히 다시 오기를 간절히 소망해본다.

악(惡)의 세미나, 혹리열전

사마천은 『사기열전』의 '혹리열전' 에서 한나라 초기에 살았던 포악한 관리 12명의 이야기를 소개하고 있다. '혹리' 란 법률을 통치의 무기로 삼아 통치의 대상을 가혹하게 억압하는 관리를 의미한다. 어느 시대에나 '혹리'는 존재해왔고, 오늘날에도 포악한 관리들은 여전히 존재한다. '혹리열전'을 쓴 사마천의 의도를 생각해보았다.

가혹한 행위를 일삼은 관리들을 고발함으로써 지도자나 관리자들에게 경각심을 주기 위한 것이라고 예상했다. 한편으로는 혹리의 전형적인 특성인 법령의 무기화, 특권, 무책임, 사욕(私慾), 간사함, 거짓됨, 그리고 파당을 지어 특권을 공유하는 마피아적 성향에 대한 경고가 목적일 수도 있겠다는 생각을 했다.

하지만 사마천의 '혹리열전'에 대한 해제를 읽고 사마천의 의도는 보다 본질적인 문제를 지적한다는 것을 알게 되었다. 사마천은 혹리열전을 시작하기에 앞서 공자와 노자의 가르침을 먼저 소개하고 있다.

공자는 이렇게 말했다. "법으로 인도하고 형벌로 바로잡으면 백성은 형벌을 피하는 것을 부끄럽게 여기지 않는다. 덕으로 이끌고 예로 바로잡으면 부끄러움을 알고 바르게 살아간다."

노자는 또 이렇게 말했다. "상덕(上德)은 덕을 의식하지 않으므로 덕을 지니게 되고, 하덕(下德)은 덕을 잃지 않으려 하므로 덕을 지니지 못한다. 법령이 늘어날수록 도둑은 많아진다."

사마천은 두 현인의 이야기를 통하여 법령이란 다스림의 도구일 뿐 백성들의 깨끗하고, 오염된 마음을 다스리는 근원이 아님을 깨닫게 된다. '법치'를 내세워 강력하고 치밀한 법령으로 통치한 진나라(秦)는 오히려 간사함과 거짓이 싹이 움트듯 돋아나 법에 저촉시키려는 관리와 법망을 빠져나가려는 백성들 사이의 혼란이 통제할 수 없을 지경에 이르렀다고 말한다. 혹리들은 법률을 통치의 수단으로만 생각하여 법에 대한 타성이 생기고 통치의 대상이 되는 백성들에게만 엄중한 잣대를 들이대고 정작 자신들은 법을 가볍게 여기는 모습을 보여준다. 또한 법령에 제재를 받는 백성들은 법망을 피하기 위에 또 다른 불법을 저지르는 행태를 보이고 있다.

한나라를 건국한 고조(유방)가 항우와 패권을 다툴 때 민심을 얻기 위해 진나라의 가혹한 법률을 간소화하겠다고 약속했다. 거의 모든 백성들을 범죄자로 만들었던 진나라의 치밀한 법에서 비로소 해방되어 숨통이 트인 백성들은 유방의 조치에 전폭적인 지지를 보냈다.

하지만 정작 한제국을 건설하고 난 이후에도 여전히 진나라의 법률이 존재했고, 이를 통해 백성들을 억압하려는 행태들이 근절되지 않았다.

한무제는 오히려 혹리를 통해 자신의 권력을 공고히 하려고도 했다. 사마천은 이러한 불순한 시도를 모른척할 수 없었다. 그래서 '혹리'를 등장시켜 잘못된 관행을 고발하고 있는 것이다.

세월호 사건이 터지자 국회는 부랴부랴 〈학교안전사고 예방 및 보상법〉, 〈해사안전법〉, 〈재해구호법〉을 통과시켰다. 물론 체계적인 안전사고 예방 및 구호에 대한 법체계를 수립하는 것은 중요하다. 오히려 선진국의 문턱에 와있다고 떠벌리던 우리들에게 이러한 법령이 여태껏 없었다는 것이 놀랍고 부끄럽다.

문제는 무슨 사건만 벌어지면 법령을 만들고, 그 법령이 존재하면 모든 적폐가 해결될 것이라고 착각하는 우리들의 인식이다. 법이 없어서 재난이 발생하는 것이 아니라 법으로 통제하기 이전에 훈련되고 양육되어야 할 올바른 도덕성, 생명존중의 윤리관, 타인에 대한 배려 등이 무시되는 사회이기에 어처구니없는 희생이 계속 이어지는 것이다. 법이 모든 것을 해결할 수 없다는 것을 우리는 잘 알고 있다. '법망을 벗어난다.'는 말이 이를 증명한다. 법조항에만 저촉되지 않으면 우리는 '잘하고 있다'고 착각하는 것이다.

성경에 등장하는 교훈이 생각난다. 율법에 명시되어 있는 '살인하지 말라'라는 조항을 지켰다고 고개를 쳐들고 다니면서 살인보다 더 혹독하게 타인을 미워하고, 증오하는 마음으로 살고 있는 위선자들을 향해 '형제들에게 미워하는 마음을 가진 자는 이미 살인자'라고 일침을 가한다. 실제로 간음을 하지는 않았다고 '간음죄' 앞에 당당해 하는 것이 아니라 '누구든지 아내 외에 다른 여인에게 음욕을 품은 자'들은 이미 간음죄를 저촉한 것이라고 지적한다. 무섭고도 가혹해보이지만 모든 사람을 살인자나 성범죄자로 몰아가려고 한 말이 아니라 법만이 모든 것을 해결하는 대안이라고 생각하는 것은 오해라는 교훈이다.

형언할 수 없는 큰 아픔과 재난 앞에서, 법으로 통제를 하고 문제를 해결하는 것이 능사라는 '혹리'들의 사고방식을 점검해볼 필요가 있다.

어린아이 때부터 높은 도덕성을 배양하기 위한 교육, 공익을 우선하는 건전한 시민의식, 더불어 살아가는 사회를 위한 배려심, 올바른 가치관 정립을 훈련시키는 것이 선행되어야 한다고 생각한다.

옛 성현들의 지혜를 가까이 두고 항상 읽고 생각하는 것보다 더 좋은 방법이 있을까 생각해보았다. 도덕성이 없는 사회에서는 법률이 치밀해질수록 '더 총명한 범죄자'들이 양산될 수밖에 없으며, 아나키스트들이 주장한 바와 같이 교도소와 같은 교정시설이 '악의 세미나'가 될 수밖에 없을 것이라는 생각이 머릿속을 맴돈다.

전쟁의 효용, 한무제와 춘추학파

스탠퍼드 대학의 인류학과 교수인 이안 모리스는 『전쟁의 효용; 선사 시대부터 로봇시대까지의 분쟁과 문명의 발달사』라는 저서를 출간했다. 그가 이 책에서 주장하는 것은 '선진국들이 장기적인 저성장 기조를 보이고 있는 것은 냉전이후 정착된 강대국 사이의 평화체제에 그 원인이 있다'는 것이다.

한국의 대표적인 보수신문이 '스탠퍼드대 교수의 새 학설 주목'이라는 소제목으로 이안 모리스와 그의 저서를 소개했다. 그러나 사실상 전쟁이 국가의 경쟁력 즉 자금의 흐름이나 관련 기술의 발달로 인한 부가가치의 창출을 가져올 수 있다는 것은 전혀 새로운 학설이 아니다. 경제영역의 정부 개입의 필요성을 중시하는 케인즈 학파를 비롯하여 수많은 경제학자들이 역사상의 크고 작은 전쟁들을 분석한 후 전쟁이 가져오는 경제성장 혹은 그로 인한 문명의 진보에 대해 이야기 해왔다.

케인즈 학파나 기존의 고전 경제학자들이 전쟁으로 인한 경기 활성화의 추이를 군비지출이나 전후 처리과정에서 주고받는 국가의 자본 이동에 중점을 두고 있는 반면 이안 모리스를 비롯한 일부 학자들은 그러한 거시경제적 요인보다 군사력을 강화하기 위해 정부가 추진한 과학기술 투자가 장기적인 성장의 동력이 되었다고 주장한다.

그 예로 원자력, 항공기술, 우주개발 사업 그리고 세계경제의 판도를 획기적으로 변화시킨 인터넷 등이 모두 강한 군사력을 소유하기 위한 전쟁을 전제로 한 것이라는 주장이다.

영국 보수당의 콰시 콰르텡 의원은 『전쟁과 황금: 제국과 부채의 500년 사』라는 저서에서 유럽 금융시스템과 통화정책이 발달한 것도 '전비조달'이 목적이었다고 주장하기도 했다.

선진국이 장기적인 경제 불황과 저성장의 수렁에서 벗어나지 못하고 있는 것이 전쟁이 감소했기 때문이라는 주장은 일면 타당한 주장이기는 하나 분명 '새로운 학설'은 아니다. 이미 신자유주의 경제학자들이나 미국의 강경보수 경제학자들이 끊임없이 주장해 온 학설들이다.

그렇다면 우리는 왜 경제 성장을 위해 적당한 전쟁의 수요가 있어야 한다는 이러한 주장들이 '새로운 학설'이라는 가면을 쓰고 주기적으로 등장하는가 하는 점에 관심을 기울일 필요가 있다.

경제적 불황의 지속, 연기금, 보험의 파행, 복지예산의 일탈로 인한 경제 균형이 깨지고 있는 시기에 막대한 군비지출에 대한 명분을 얻기 위함이 아닐까.

미국의 이라크 공격소식이 들린다. 막대한 예산과 지출이 필요한 군사작전이 임박한 시기에 등장한 '새로운 학설'은 타이밍이 우연이라고 하기엔 너무 절묘하다. 냉전이 종식된 이후 미국이 전시적 군사작전 체계 즉 전쟁 수행을 멈춘 적은 한 번도 없다. 물론 그 이면에는 '경제적 성장'이라는 미국의 패권주의가 당당하게 자리 잡고 있다.

사마천의 『사기열전』 중 '주보언열전', '급암열전'은 전쟁의 경제적 효용에 대해 우리에게 중요한 교훈을 주고 있다. 이들은 모두 한나라 무제 시대에 국가의 중직을 맡았던 사람들이다. 한제국이 건립되고 초기에 혼란이 있었지만 효문제와 효경제의 통치를 거치면서 안정 국면에 들어서게 된다.

중국 역사에서는 이 시기를 대표적인 태평성대의 시대로 규정하고 '문경치세(文景治世)'라 부른다. 할아버지와 아버지가 구축해 놓은 '안정된 제국'을 고스란히 물려받은 황제가 바로 한 무제이다. 그런데 무제는 북방의 흉노와 양자강 하류 지역의 동월, 인도차이나 반도와 접하고 있는 서남부 지역의 남월(오늘의 베트남) 등을 복속시켜 더 큰 강역을 소유하고자 하는 야욕을 보인다. 국경을 맞대고 있는 변방 이민족의 잇따른 약탈 행위가 국가경제에 손실을 주고 있다는 주장과 함께 말이다.

한 무제의 명예욕과 호전적 기질을 부추기는 아첨꾼들 탓도 있지만 '단순하고도 일차원적 계산'을 토대로 만들어진 '경제수익론'이 그의 정복욕을 계속 자극한다. 한무제에게 이런 경제적 수익에 대한 환상은 언제나 '새로운 학설'이었다.

공손홍, 주보언, 서락, 엄안 심지어 이들과 정적관계에 있던 급암 조차 무제의 전쟁 도발에 반대한다. 이들은 대부분 실상을 파악하기 위해 현장을 방문한다. 그리고 돌아와서 한결 같은 보고를 한다.

"전쟁을 할 필요가 없습니다. 황제께서 우려하시는 국익의 손실, 경제적 효과라는 것도 사실과 다릅니다.

그럼에도 한무제의 의지를 꺾을 수 없어 한제국은 계속 전쟁을 수행한다. 진정으로 국가의 안위와 발전, 무엇보다 백성들의 평안을 최우선으로 두고 있던 충신들은 끊임없이 전쟁 중단을 요구하고 있다. 오랜 전쟁으로 고통 받던 백성들이 이제야 겨우 생활의 안정을 되찾고, 부모를 모시며, 자녀들과 한 상에 둘러앉아 웃음꽃을 피우게 되었는데, 다시 이들을 길거리로 내 몰고 전쟁터로 끌고 가는 일이 시작된 셈이다. 엄안이라는 신하는 목숨을 걸고 한무제에게 상소문을 올린다.

"십여 년간의 싸움에 장정들은 갑옷을 입고 여자들은 물자를 실어 나르느라 그 괴로움을 견딜 수 없어 삶을 마다하고 스스로 길가의 나무에 목을 매어 죽는 자가 끊이지 않습니다."

주보언이라는 신하는 진나라가 전쟁을 중단하지 않고 끊임없이 백성들을 동원하여 결국 백성의 마음을 잃게 되었다며 진나라의 실상을 예로 들었다.

"남자들은 최선을 다해 농사를 지어도 군량이 부족하고 여자들은 길쌈질을 하여도 군막을 만들기에 부족하였습니다. 백성은 황폐해져 고아와 과부와 노인과 허약한 사람들을 부양할 수 없어 길바닥에는 죽은 자가 서로 이어 있었습니다."

국가가 반드시 책임져야 할 고아와 과부, 노인과 허약한 사회적 약자들을 전쟁의 비용 때문에 포기하는 실수를 저질렀다는 것이다. 결국 백성들의 마음은 떠나가고 진나라는 역사의 무대에서 사라지게 되었다. 전쟁이 일부 국가에게는 경제회생의 기회를 제공할 수도 있고, 전쟁을 준비하는 과정에서 새로운 기술과 경제적 가치가 만들어질 수 있다. 하지만 전쟁으로 인한 계산되어질 수 없는 손실은 경제효용과 회생을 외치는 학자들에게는 관심 밖의 영역이다. 늘 그랬다.

오늘도 우리는 '위안부할머니'들의 절망적인 한숨과 생각하기도 싫은 지긋지긋한 한국 전쟁에 대한 피해로 인해 고통 받는 사람들의 눈물을 공유하며 살고 있다. 전쟁이 도대체 누구의 주머니를 채우고 누구를 위한 경제성장인가를 고민해야 한다. '전쟁의 효용'은 언제나 전쟁으로 인한 막대한 그리고 정말 오랫동안 지속되는 '전쟁의 상처'를 덮으려고 하는 법이다. 그래서 늘 '새로운 학설'이라는 이름으로 최면을 걸려고 한다.

뉴욕타임즈의 한 지각 있는 칼럼니스트는 '비록 전쟁이 4퍼센트 이상의 성장을 가져온다지만 성장률이 2퍼센트에 머무르는 한이 있어도 막대한 피해를 주는 전쟁은 피해야 한다'고 꼬집었다. 아무리 새것이라도 버려야 할 물건이 있는 법이다.

비난과 칭찬, 제나라 위왕

즉위한 지 9년이 지나도록 단 한차례의 교시(敎示)도 내리지 않고 정무 일선에 모습을 드러내지 않은 왕이 있었다. 제나라 맹상군의 조부(사마천의 『맹상군열전』에는 맹상군의 조부라고 설명되고 있지만, 『전국책』의 기록을 보면 큰아버지일 가능성도 있다)인 제나라의 위왕(威王)이 바로 그 주인공이다. 그는 9년 동안 모든 정무를 대신들에게 맡긴 채, 모습을 감추고 있었다. 일반적으로 사람들은 무엇인가를 시작할 때 가장 의욕을 보이기 마련이다. 옛 군주의 경우 선왕이 살아 있는 경우 태자로 책봉되어 제왕교육을 받기 때문에 태자의 신분에 있을 때, 나름의 정치철학과 목표를 갖게 된다.

그리고 즉위하면 이를 적극적으로 시행하는 것이 자연스럽고 당연해 보인다. 하지만 거의 10여 년이 지나도록 위왕은 정치의 전면에 그 모습을 드러내지 않았다. 그 이유는 역사자료가 설명을 하지 않아 정확히 알 수 없다. 이는 비단 오늘 우리만이 궁금해 하는 것은 아닐 것이다.

당시의 제후국들은 물론 국가의 많은 지도자들도 그 이유를 정확히 알지 못했다. 온갖 소문과 억측들이 난무하였고, 관리들의 업무태도가 이완되기 시작했다. 주변의 나라들도 처음엔 관망하더니 점차 제나라의 접경지역을 침략하기 시작했다. 제나라는 국정이 혼란해지고, 외부의 침략소식에 휩싸이며 불안한 분위기가 조성되기 시작했다.

그런데 어느 날 위왕은 제나라 동쪽 산동반도에 위치한 '즉묵(即墨)'이라는 지역을 다스리는 관리(大夫)를 불러들였다. 그리고 위엄에 찬 목소리로 말했다.

"그대가 즉묵 땅을 다스리면서부터 매일 나는 당신에 대한 험담을 들어야만 했소. 너무 빈번한 험담에 결국 사람을 시켜 조사를 해보았소. 그런데 즉묵은 논과 밭이 잘 개관되어 백성들의 삶이 풍족하였고, 관청의 업무도 매우 공정하게 처리되어 원활하였소. 그대의 지역은 참 평안했소. 그럼에도 불구하고 당신에 대한 험담이 많았던 것은 그대가 나의 측근에게 환심을 사서 영달을 구하려 하지 않았기 때문이오."

근엄한 위왕의 얼굴은 어느덧 부드러운 미소를 띤 자상한 얼굴로 변해있었다. 위왕은 이 성실한 대부에게 식봉(食封) 1만 호를 더 내려주며 그의 공적을 치하했다.

그리고 바로 수도 임치(臨淄)에서 서남쪽으로 멀리 떨어져 있던 아(阿)라는 지역의 대부도 불러들인 다음 역시 준엄한 얼굴로 말했다.

"그대가 아(阿) 땅을 지키게 되면서부터 나는 매일 당신을 칭찬하는 소리를 들었소. 그래서 당신이 얼마나 모범적인가를 살피기 위해 사람을 보내 조사해보았소. 그런데 정작 논밭은 개간되지 않아 백성들은 굶주리고 있었고, 조나라의 군대가 인근 견(甄)땅을 침략하였을 때 당신은 백성들을 위해 나서지 않았소. 또한 위나라 군대가 설릉(薛陵)을 빼앗았는데도 당신은 무관심했소. 이처럼 무능하고 부패한 당신의 칭찬을 매일 듣는 것은 그대가 나의 측근에게 많은 선물을 보내 영달을 구했기 때문이오."

위왕은 말을 마친 후 노기가 가득한 얼굴로 명령했다.
"저 자를 삶아 죽이라!"

위왕의 이 한마디에 아(阿) 지역을 맡았던 대부는 커다란 가마솥 안에서 부글부글 끓고 있는 물속으로 던져졌다. 그동안 줄기차게 그를 칭찬했던 측근들 역시 곧이어 솥 안으로 던져져 처형된다. 이 소식이 전해지자 온 나라의 책임 있는 관리들이 두려움에 떨었음은 물론이다. 제나라 위왕은 9년이라는 오랜 침묵을 깨고 끓는 솥과 함께 등장했다. 이후 제나라의 대소 관료들은 비행을 그치고 성심을 다해 국정에 임했다고 한다.

지금 한 고위직 인사가 자신의 부적절한 사생활로 인해 퇴임하는 사건이 세간에 화제가 되고 있다. 사실 여부가 확실하지 않은 상황에서 왈가왈부하고 싶지는 않고, 더더욱 한 개인을 도마에 올려 비난하고 싶지도 않다.

하지만 이 분이 맡은 업무와 책임에 비추어 드러나는 이야기들이 수많은 국민들의 공분을 일으킬 정도로 당황스럽기 그지없다. 문제는 이 분이 청문회를 할 때, '검증을 위해 그 뒤를 아무리 파헤쳐도 미담만 나온다'는 말을 들었던 분이라는 점이다. 험담과 칭찬이라는 것은 이러한 속성을 가지고 있다. 언론에 보도된 것이 전부가 사실이 아니기를 바라지만, 칭찬과 미담 일색이었던 의미를 다시 한번 생각해보게 된다. 함부로 험담을 해서는 안 되는 것처럼 사심이나 어떤 의도가 있는 칭찬은 더욱 더 경계해야 한다. 『노자』는 '스스로 자랑하는 자에게는 공(功)이 없고, 칭찬을 좋아하는 자는 오래가지 못한다'고 교훈하고 있다. 스스로 자랑하는 것과 칭찬에 얽매이는 것은 발끝으로 서있는 것과 같다고 경고하고 있다.

시대가 필요로 하는 지도자, 급암

Q: 급암이라는 인물에 대해 간단히 소개해주십시오.
A: 급암은 한나라 경제(재위기간, BC156~BC141)와 그의 아들 무제 시기의 관리입니다. 사마천의 『사기열전』 중 '급·정열전'에 그의 행적과 인물됨에 대해 자세히 소개하고 있습니다. 급암은 아주 훌륭한 가문, 소위 명문가 출신입니다. 급암의 조상은 위나라(衛)

군주에게 총애를 받아 급암에 이르기까지 7대에 걸쳐 대대로 경이나, 대부의 고위 관직에 임명됩니다. '경(卿)'이란 오늘날로 말하면 장관에 해당하는 국가 최고행정 책임자입니다.

급암은 아버지의 추천으로 태자를 보좌하는 '태자세마'로 관직생활을 시작합니다. 여기에서도 우리는 급암의 아버지가 황제에게 자신의 아들을 태자의 측근으로 추천할 정도의 고위직에 있었음을 알 수 있습니다.

이처럼 대대로 국가의 중직을 배출한 가문에서 태어나고 성장한 급암은 가문의 명예에 걸맞는 인물이었습니다. 『사기열전』에 급암은 '단정하고 엄숙한 태도'를 가졌기에 주변 사람들이 그를 두려워했다고 기록되어 있습니다. 따라서 급암은 명문가에서 태어나 엄격하고 철저한 교육을 통해 삶의 태도와 자세가 반듯한 사람이었다고 할 수 있습니다.

Q: 급암의 관직 생활에서 그의 성격과 인물됨을 알 수 있는 일화에는 어떤 것들이 있는가요? 몇 가지 소개를 부탁합니다.

A: 효경제가 죽고 그의 아들 무제가 즉위합니다. 태자를 가까이 모시며 보좌했던 급암은 황제가 된 무제를 측근에서 보좌하게 됩니다. 무제가 즉위한 지 얼마 되지 않았을 때 중국 남부의 동월지역에서 여러 나라가 다투고 있어 혼란스럽다는 보고가 올라옵니다. 무제는 그 실상을 정확히 파악하기 위해 급암을 파견하여 조사하도록 합니다. 황제의 명령을 받은 급암은 즉시 동월지역으로 출발했습니다. 그러나 그는 목적지까지 가지 않고 도중에 오나라 지역에서 되돌아옵니다. 동월지역을 밟지도 않고 돌아와

서 황제에게 보고합니다.

"월나라 사람들끼리 서로 싸우는 것은 그들 본래 습속이므로 천자의 사자를 수고롭게 할 만한 것이 못되어 그냥 돌아왔습니다."

전통시대 특히 황권이 절대적이었던 시대의 '군신관계'에서 보면 급암의 행위는 상당히 큰 문제가 될 수 있는 행동입니다. 그는 황제의 명령을 온전히 수행하지 않았으며 그가 중간에 되돌아 온 이유에 대한 설명도 그 이유가 다소 빈약해보입니다. 그런데도 급암이 이 일로 인해 처벌을 받았다는 말은 없습니다.

다른 일화 하나 더 소개합니다.

수도와 인접한 황하 인근의 하내(河內)에 불이 나서 1,000여 채의 가구가 불에 탔습니다. 당시로서는 대형화재였습니다. 혹시 단순한 화재 사건이 아닐 수 있다는 생각에 무제는 급히 급암을 불러 실상을 조사하라고 명령합니다. 군사들을 동원할 필요가 있을지 몰라 황제의 명령을 대신할 수 있는 '부절'을 하사합니다. 그러나 급암은 현장을 방문하고 돌아와서 이렇게 보고 합니다.

"백성의 실수로 불이 났습니다. 집들이 밀집되어 있었기에 계속 옮겨 붙어 대형 화재가 되었습니다. 우려할 만한 것이 못됩니다."

만약 오늘날 현장조사를 맡은 관리가 이런 식의 보고를 했다면 어떤 결과가 있었을까 생각해보았습니다. 아마 그는 문책을 당했을 뿐 아니라 무능하고 무책임하다는 비난을 피할 수 없었을 것입니다.

여기서 한 가지 의문이 생깁니다. 사마천은 급암을 소개하면서 그가 '단정하고 엄숙하여' 다른 사람들의 두려움의 대상이었다고 소개하면서 이어지는 일화에서는 왜 이와 같은 오해의 소지가 있는 어쩌면 무능하고 무책임하게 보이는 이야기를 기록했을까요? 그것도 급암 열전의 가장 앞부분에 말입니다.

Q: 사마천이 급암에 대해서 부정적인 시각을 가지고 있었던 것은 아닐까요? 『열전』에 소개되고 있는 모든 인물들이 긍정적인 평가를 받은 것은 아니지 않습니까? 반면교사의 의도가 있었던 것은 아닐까요?

A: 물론 그렇게도 생각할 수 있습니다. 태자의 측근으로 교분이 두터웠는데 태자가 황위를 이어 받아 최고의 자리에 오르니 그 위세를 누렸을 것이라 생각할 수도 있습니다. 하지만 두 번째 일화 즉 화재사건의 현장 보고를 하면서 그가 황제에게 덧붙여 보고한 내용을 자세히 검토해 볼 필요가 있습니다. 사마천은 이렇게 기록하고 있습니다.

"신이 (화재현장을 돌아보고) 하남 지방을 지나오다가 그곳의 가난한 백성 가운데 만여 가구가 수해나 한해를 입어 아버지와 아들이 먹을 것을 놓고 싸우는 것을 보았습니다. 신은 삼가 임시방편으로 부절을 가지고 하남의 곡식 창고를 열어 가난한 백성을 구제했습니다. 신은 이제 사자의 부절을 돌려드리며 칙령을 변조한 벌을 받고자 합니다."

급암의 대답에서 황제에 대해 그가 무엇인가를 이야기하고자 하는 의도가 있다고 생각합니다. 황제와 급암 간에는 동월지역의 혼란이나 하내 지역의 대형화재를 보는 관점의 차이가 분명히 보입니다.

한무제는 수도에서 멀지 않은 곳에서 대형 화재가 발생했다는 보고를 받고 혹시 반란 세력에 의한 소요가 아닌가 생각했던 것 같습니다. 당시 전투의 유형은 상대방의 보급과 재기를 무력화하기 위한 수단으로 '방화'를 했기 때문입니다. 한무제가 이 화재 사건을 모반이나 지방 세력의 반란으로 보았다는 또 다른 근거가 있습니다. 그것은 '부절'이라는 것입니다. 부절이란 옥이나 돌, 혹은 나무 등에 문양을 그린 뒤(황제는 주로 호랑이 문양을 그렸기에 '호부'라고도 합니다) 이를 반으로 잘라 명령권자와 실행자 사이에 진위를 가리기 위해 사용하던 것이었습니다. 이 부절은 주로 군대의 동원과 같은 중대하고 위급한 상황에 주로 사용하였습니다. 화재 현장에 조사를 위해 급암을 파견하면서 한무제는 혹시 군대를 동원해야 할지 모른다고 생각했던 것이 분명합니다.

동월지역의 혼란을 진압하는 일이나 하내 지역의 대형화재 사건을 조사하는 문제에 있어서 한무제는 여전히 '국가의 안정된 운영'보다 '정복', '무력진압'에 관심을 가지고 있었다고 보입니다. 한제국이 건립된 지 이미 오래 되었고, 할아버지와 아버지의 통치시기를 거쳐 안정기에 접어들었지만 여전히 무제는 백성들의 안정되고 풍요로움을 위한 '통치'에 전력을 다하지 않고 제국의 강역을 넓히는 '정복'과 자신의 정권을 강화하는 데만 관심을 기울이고 있었던 것입니다.

급암은 한무제에게 바로 이 점을 지적하고 싶었던 것 같습니다. 그래서 하남 지역에서 가난으로 고통 받고 있던 백성들의 굶주림을 해결하기 위해 창고를 열도록 했습니다. 아마도 곡식창고를 여는데 부절을 사용했던 것으로 보아 군량이나 전시와 같은 위급한 상황에서만 사용할 수 있는 식량을 활용한 것으로 보입니다.

급암이 황제에게 전하고 싶은 것은 가난으로 인해 인륜마저 저버리는 백성들의 실상이었습니다.

Q: 정권의 유지와 정복을 통한 영토 확장에 대한 의지가 강했던 한 무제의 고집을 급암이 저지했다는 이야기로 들리는군요. 그렇지만 안정된 정권과 강력한 국가를 만드는 것이 백성에게 더 큰 이익을 줄 수 있다고 볼 수도 있지 않습니까?

A: 물론 군주의 강한 군대와 주변 민족들에 대한 강경책이 강한 국가를 건설하는 데 도움이 될 수 있습니다. 하지만 강한 국가를 형성하기 위해 군대를 동원하여 전쟁을 치르는 것은 많은 희생을 전제합니다. 국가에 치명적인 위해를 가한다거나 안정된 국가를 유지하기 위해 군대를 동원하는 것은 당연합니다. 하지만 군대를 동원하고 무력을 사용하는 것은 최후의 선택이어야 합니다.

급암이 황제를 대하는 태도를 이해하기 위해 당시 무리한 전쟁을 피하고 백성들을 잘 돌봐야 함이 우선이라고 강조한 공손홍, 주보언, 서락, 엄안('평진후 주보열전' 참조)의 상소문을 참고할 필요가 있습니다. 공손홍과 급암은 사이가 좋지 않았지만 무제의 무분별한 군대 동원에는 한목소리를 내기도 했습니다.

고대의 전쟁이란 상상할 수 없는 인명과 재산의 희생을 요구합니다. 오죽했으면 『손자병법』에도 '싸우지 않고 이기는 것이 최고의 승리'라고 하였겠습니까? 일단 전쟁이 일어나면 생업에 종사하는 수많은 장정들이 동원됩니다. 이들에게는 전쟁에서 무사히 살아 돌아온다는 보장도 없습니다. 또한 전쟁이 발발하면 전선에 출동한 병력들을 지원하기 위한 군수품의 조달이 필수적입니다.

식량을 비롯하여 병사들의 의복과 막사를 만들어야 하며, 전쟁을 돕기 위해 진지공사를 하는 등 부역이 필요합니다. 백성들이 고달파집니다. 급암과 같은 시기에 활동했던 엄안이라는 사람은 한무제에게 다음과 같은 상소문을 올립니다. 목숨을 걸고 무분별한 전쟁을 저지하려 했던 상소문입니다.

"십여 년간의 싸움에 장정들은 갑옷을 입고 여자들은 물자를 실어 나르느라 그 괴로움을 견딜 수 없어 삶을 마다하고 스스로 길가의 나무에 목을 매어 죽는 자가 끊이지 않습니다."

전쟁이 발생하면 국가는 비상체제에 돌입합니다. 각 지방 행정역시 군사를 동원하고 전쟁에 필요한 물자를 징발하는 등 전쟁준비와 지원에 주력하게 됩니다. 매년 반복되는 하천의 범람이나 자연재해에 대비할 행정은 자연히 소홀해질 수밖에 없습니다. 전시에 자연재해로 인한 피해가 급증하는 것도 이런 이유입니다. 비가 많이 와도 제방이나 둑을 보수하고 물길을 잡을 인력도, 자금도 행정력도 기대할 수 없습니다. 급암이 지적하였듯이 가난이 극심하여 음식을 놓고 아버지와 아들이 싸우는 지경에 이르게 되는 것입니다.

Q: 급암의 조치에 대해 한무제의 반응은 어떠했습니까?

A: 속마음은 어떠했는지 모르지만 '명분'이 뚜렷하였기 때문에 그를 처벌할 수는 없었습니다. 하지만 한무제의 조치가 진심으로 급암의 행위에 동의하고 인정하는 것은 아니었던 것이 분명합니다. 사마천은 이에 대해 다음과 같이 적고 있습니다.

"무제는 급암이 일을 현명하게 처리했다고 용서하고 형양 지방의 현령으로 그를 전출시켰다. 급암은 현령으로 가는 것을 수치스럽게 여겨 병을 핑계로 고향으로 돌아갔다."

황제의 측근에서 국가의 중대사를 조사하고 황명을 가지고 사신으로 파견되었던 자리에 있던 사람에게 지방의 현령으로 가라고 한 것은 명백한 '좌천'입니다. 사람들 앞에서는 백성의 안위를 우선하는 급암의 조치를 현명하다고 평했지만 속내는 불편했다는 것을 알 수 있는 대목입니다.

급암 역시 무제의 조치를 '수치스럽게' 생각합니다. 그가 황제의 명령에 따르지 않고 병을 핑계로 고향으로 돌아간 것은 표면적으로 드러나는 '좌천'에 대한 불만의 표시만은 아니었을 것입니다. 자신의 국가 운영 철학과 이념을 수용하고 받아들일 마음이 없는 무제의 신하로 있는 것에 대한 회의가 있었기 때문일겁니다.

급암의 반응에 놀라 한 무제는 현령 임명을 철회하고 중대부에 임명하여 그를 다시 불러들입니다. 그러나 중대부로 있으면서도 황제에게 지나치게 많은 간언을 하여 그의 심기를 늘 불편하게 합니다. 마침내 그는 동해군의 태수로 임명되어 한무제의 곁을 떠나게 됩니다.

Q: 지방관으로 재직할 때 급암의 능력은 어떠했는지 궁금합니다. 한 지역의 최고 책임자로서의 능력이랄까요? 누군가에게 정책을 제출하고 조언하는 것과 자신이 직접 책임을 지고 모든 일을 관장하는 것은 분명 차이가 있을 것 같은데요?

A: 급암은 앞서 말한 바와 같이 동해군의 태수에 임명되었습니다. 이곳을 잘 통치하여 중앙으로 다시 불려왔다가 훗날 공손홍, 장

탕 등과 같은 유학자들과의 갈등, 황제에 대한 거침없는 직간 등을 이유로 다시 초나라 부근의 회양군 태수로 임명됩니다. 여러 차례 남기를 원한다는 주청을 올렸고, 태수 직을 고사했지만 결국 회양군에 부임했고 그곳에서 생을 마감합니다.

그의 지방관으로서의 능력은 한마디로 매우 훌륭했다고 할 수 있습니다. 사마천은 그가 황로학을 배워 관리와 백성을 다스리는 데도 청렴하고, 허세가 없었다고 말합니다. 그는 자신이 모든 일에 관여하고 개입하여 일을 처리하지 않고 승(丞)과 사(史)를 임명하여 모든 일을 위임합니다. 급암의 통치상의 특성은 큰 지침만 세우고 나머지 사소한 일에는 간여하지 않는 것이었습니다. 1년 정도 지난 후 업적을 평가하는 자리에서 동해군은 잘 다스려졌다는 칭찬을 받았고, 이에 대한 보상으로 주작도위에 임명되어 구경의 신분으로 중앙에 복귀하게 됩니다.

훗날 회양군의 태수로 임명되었을 때도 동해군 태수 시절과 같이 '깨끗하고 조용하게' 통치하여 회양군을 안정된 지역으로 만들었습니다.

사마천이 당시의 대표적인 관리인 공손홍, 장탕 등과 그를 비교해서 설명하고 있는데, 당시 공손홍은 승상이었고, 장탕은 어사대부로 권력의 핵심부에 있었습니다. 공손홍과 장탕은 유가 계열의 관리들로서 황로학을 배경으로 하는 급암과는 사상적으로나 정치적으로 거리가 있었습니다. 사마천이 황로학을 숭상한 급암이 '깨끗하고 조용한' 통치를 했다고 긍정적으로 평가한 것은 당시 유학을 배경으로 요직에 임명된 자들이 그렇지 못했다는 것을 우회적으로 비판한 것이라고 볼 수도 있습니다. 이를 뒷받침하는 기록이 있습니다.

회남왕이 모반을 계획하면서 급암과 공손홍을 평한 기록인데요. "급암은 직간하기 좋아하고 절개를 지켜 의리에 죽는 인물이니 옳지 못한 일로 그를 유혹하기는 어렵다. 그러나 승상 공손홍을 설득하는 일은 뚜껑을 열고 낙엽을 떨어뜨리는 것처럼 쉽다." 절개와 지조, 의리와 일관성 그리고 관리가 반드시 갖추어야 하는 청렴성을 겸비한 급암은 지방관으로서의 자질과 능력을 모든 사람으로부터 인정받았다고 할 수 있습니다.

Q: 그런데 『사기열전』에서 그의 성품을 묘사한 부분을 보면 사마천도 급암의 성격에 대해서는 다소 부정적인 시각을 가지고 있었다는 생각이 듭니다. 예를 들면 '사람됨이 거만하고 예의가 없으며, 사람을 앞에 두고서도 공격을 하는 등 타인의 허물을 용서할 줄 몰랐다'고 한 것이 대표적입니다. 게다가 '자신과 뜻이 맞는 사람은 우대하고 그렇지 않은 사람은 마주보는 것조차 싫어해서, 선비들조차 그를 잘 따르지 않았다'는 기록도 보입니다. 황제가 태자였을 때부터 측근에 있었음에도 불구하고 자신보다 낮은 지위에 있던 사람들이 자신보다 더 높은 자리로 승진하는데 자신은 겨우 주작도위에 머물렀으며, 그나마 그 자리도 오래 버티지 못하고 지방관으로 전출되는 '좌천'을 당하게 됩니다. 이 모든 것이 성격적 결함으로 인해 조화와 타협의 정치적 테크닉이 부족했던 것은 아닌지요?

A: 사마천이 그의 성격을 다소 부정적으로 묘사한 것은 사실입니다. 그런데 사마천의 기록은 보는 관점에 따라 다르게 해석할 수

있는 부분입니다. 그의 성격 묘사는 급암의 성격상의 결함을 지적하는데 목적이 있었던 것은 아니라고 생각됩니다.

일반적으로 황로학을 숭상하는 사람들은 현실에서 벌어지고 있는 상황이 자신과 맞지 않는 경우, 그것을 고치거나 개선하려 하지 않습니다. 인간의 실력이 그것을 가능케 할 수 없다는 것을 잘 알고 있습니다. 그래서 피하는 것입니다. 노장 사상이 오염된 세파에 몸담그는 것을 멀리하고 피하는 것과 같은 맥락이라고 봐야 합니다.

정직하고 성실한 사람은 당당합니다. 책잡힐 것이 없고 정당하다고 스스로 인정하는 사람들은 그래서 거칠 것이 없는 법입니다. 특히 예의가 없었다는 부분에 대해서는 자신의 눈에 보기에 위선과 허세를 부리며 속으로 욕심이 가득한 사람을 폄하한다는 의미가 담겨있습니다. 당시 조정을 장악하고 있던 유학자들은 고상한 의례와 예절을 앞세워 자신들의 고급스럽고 교양있음을 증명하려 했을 것입니다. 복잡하고 까다로운 전례를 만들고 의관부터 걸음걸이에 이르기까지 복잡한 예절을 강요했을 것입니다. 급암은 겉과 속이 다른 마음을 품은 소인배들이 겉으로만 대인 행세를 하는 것을 차마 눈뜨고 보지 못했던 것 같습니다.

사마천이 급암의 성격을 묘사한 바로 뒤에 이어서 설명하는 내용을 보면 그의 의도를 이해할 수 있을 것입니다.

"(그러나) 학문을 좋아하고 의협심이 있으며 기개와 지조를 중시했고 집안에 있을 때에도 품행이 바르고 깨끗하였으며, 직간하기를 좋아하여 여러 차례 천자를 무안하게 했다."

예절이 있는 척, 겸손한 척, 사람의 면전에서 상대를 높이는 척하는 것이 인간관계에서 꼭 위선적이고 부정적인 것이라 볼 수는 없습니다. 하지만 최소한 그런 행동을 보이는 것은 속마음과 일치하여 우러나오는 것이어야 합니다. 패거리를 만들고 자신들의 이익을 위해 혹은 자신의 남다름을 증명하기 위해 이용한다면 그것이 나쁘다는 것입니다. 사마천은 급암의 고집스럽고 우직함을 들어 다이 조정을 메우고 있던 소인배들의 태도를 지적하고자 했던 것입니다.

Q: 급암이 한무제에게 직간을 하여 미움을 사게 되고 결국 정치적으로 위기를 맞이한 사건이 있다고 들었습니다. 결국 한무제와 급암의 거리가 좁혀질 수 없었던 것은 급암의 '직간' 때문이었는지요?

A: 한무제와 급암은 오랜 시간동안 함께 해왔습니다. 무제가 태자였을 때부터 그의 곁에는 늘 급암이 있었으니까요. 따라서 무제는 급암이 어떤 사람인지 누구보다 잘 알고 있었을 것입니다. 청렴하고 사심이 없으며, 지조와 절개가 있는 일관성이 있는 사람임을 모를리가 없었을 겁니다. 그렇기 때문에 황제의 자리에 오른 후에도 국가의 중요한 위기를 만났을 때나 신뢰하는 사람이 필요한 때에 언제나 급암을 찾았습니다.

그런데 나라가 점차 안정되자 무제 주변에 많은 인재들이 모여들면서 무제는 법가적 전통이나 도가적 학풍보다 무엇인가 격이 있어 보이고 화려해 보이며, 교양있어 보이는 유학에 관심을 두게 됩니다. 유가에서 말하는 요순과 같은 성군이 되기를 원했으며, 인의를 겸비한 임금으로 칭송받기를 기대했습니다. 이런 무제의 태도와 그것을 부추기는 유학자들이 급암의 눈에 좋게 보일리 없었습니다. 하루는 천자가 조회 석상에서 유학자들을 초빙하고 싶다는 의견을 말합니다.

"나는 정치를 일으켜 요순과 같은 임금을 본받고자 하오."

이를 위해 유학자들의 도움이 필요하다는 말이었습니다. 신하들의 동의를 얻기 위해 급암에게 묻습니다.

"그대는 어떻게 생각하시오?"

급암은 기다렸다는 듯이 대소신료들 앞에서 황제의 물음에 답합니다.

"폐하께서는 속으로 욕심이 많으면서 겉으로만 인의를 베풀려 합니다. 그렇게 해서야 어떻게 요와 순의 정치를 본받을 수 있겠습니까?"

순간 조정은 얼어붙은 듯 긴장감과 냉기가 돕니다. 한 무제는 화가 나서 얼굴빛이 바뀝니다. 스스로 분을 이기지 못하자 한 무제는 서둘러 조회를 끝내고 처소로 돌아갑니다. 속으로 감추고 있던 의도가 누군가에 의해 여과 없이 드러나게 되면 화를 억제할 수 없는 법입니다. 무제는 분을 삭이지 못하고 측근들에게 화풀이를 합니다.

"급암의 우직함이 도를 넘어 섰다."

급암을 아끼는 신하들은 황제의 분노가 급암에게 미칠 것에 대해 걱정합니다. 한편 평소 급암을 성가시고 불편하게 생각했던 사람들은 그를 위하는 척하며 질책합니다. 이때 급암이 사람들에게 한 이야기가 그의 삶의 태도를 명확히 알 수 있는 대목입니다.

"황제께서는 삼경과 구경을 두어 자신을 보필하는 신하로 삼았는데 (신하된 자로서) 어찌 아첨만하고, 천자가 하자는 대로만 따라하여 폐하를 옳지 못하는 곳으로 빠지게 하겠소? 또 그런 지위에 있는 이상 자기 몸을 희생시키더라도 조정을 욕되게 해서 되겠소?" 비록 자신이 직언을 하다가 희생을 당하는 경우가 생기더라도 바른 말을 하여 바로잡는 것이 신하의 도리임을 분명히 하고 있습니다. 그의 삶의 태도가 늘 이러하였기에 그를 불편해하는 사람도 개인적으로 원한을 가지고 있는 사람들도 많았지만 그를 업신여기거나 가볍게 대하는 자는 없었습니다. 황제조차도 그를 함부로 대하지 못했습니다.

Q: 급암을 소개해주셔서 감사합니다. 끝으로 급암의 삶이 오늘날 우리에게 또는 우리의 지도자들에게 주는 교훈에는 어떤 것이 있을까요?

A: 우선 자신에 대한 철저한 관리를 들 수 있습니다. 급암의 이름 뒤에 늘 따라다니는 청렴, 절개, 일관성, 의리, 우직함 등의 표현은 개인의 소양을 의미하는 것들입니다. 철저히 훈련받고 교육받아 온 그의 성장 배경도 관계가 있다고 할 수 있지만, 개인적 소양이라는 것은 그것만으로 완성되는 것은 아닙니다. 부단한 노력과 자신에 대한 확신, 신념을 지키려는 의지가 필요한 영역입니다. 두 번째로 들 수 있는 것은 통치의 대상과 목적을 분명히 바라볼 수 있는 안목입니다. 국가의 존재이유, 조직의 존재이유와 그 조직을 이끄는 지도자의 책임에 대해서 명확히 알고 있었습니다. 아무리 황제라도 백성의 안위를 생각하지 않는 행위는 잘못된 것이며 막아야 할 부분이라고 생각합니다. 한무제와 급암의 오랜

갈등은 바로 이러한 싸움이었습니다.

세 번째는 인간의 한계를 정확히 알았다는 점을 들 수 있습니다. 한 인간이 모든 것을 할 수 없고, 또 인간의 속성상 부딪쳐서 해결해야 할 부분과 피해야 할 부분이 있다는 것을 잘 알았다는 것입니다. 우리는 이것을 '지혜'라고 합니다. 강자들 앞에서는 그 누구보다 사납고 우직했던 그가 지방관으로 재직할 때는 더없이 좋은 지도자였던 것은 그가 자신의 한계와 역할을 구분할 수 있는 안목이 있었기 때문입니다.

평생 동안 자신을 괴롭혀 온 급암이 막상 생을 마감하자 한 무제는 그를 회상하며 그의 공적을 높게 평가합니다. 진정한 신하이고, 종묘와 사직을 보존하는 최상의 역할을 한 신하에게 부여되는 '사직의 신하(社稷之臣)'라 평가합니다. 아마 백성들도 한무제도 그를 많이 그리워했을 것입니다.

고전을 읽는 '기쁨'

어느덧 반백 년의 나이에 접어들게 되었다. 한두 해 전 그동안 앞만 보고 달리느라 바쁘다는 이유로 놓아두었던 '고전'을 다시 들게 된 것도 아마 '아저씨'라는 말이 익숙해진 중늙은이라는 인식과 무관하지 않다. 무엇인가 아쉽고, 부족한 부분이 있는데, 그것이 과연 무엇인지 고민한 결과이기도 하다.

언제든지 무엇인가 새로운 변화를 준다는 것은 마음을 설레게 한다. 학창시절 감동을 주었던 책을 만나게 되었을 때의 감격과 기쁨이 중년의 나이에도 재현되는 것을 보면 '변화에는 불안감 못지않은 설렘이 있다'는 증거이기도 하다.

고전을 다시 읽으며 전에 느끼지 못했던 감동과 '기쁨'을 경험한다. 갈증의 한계에 있을 때 맛보는 짜릿한 탄산음료와 같은 전율도 있다. 더 늦기 전에 고전의 지혜를 다시 만나게 된 것에 대한 안도의 기쁨이기도 하다.

문제는 그 짜릿함과 감격스러운 기쁨이 있었음에도 하루하루 현실을 살아가는 삶에 눈에 띄는 변화가 없다는 것이다. 여전히 삶에 대한 팍팍

한 고달픔은 나의 다리를 잡고 있고, 밋밋한 일상의 일들로 짜증이 떠나질 않는다. 도대체 감동과 감격의 기쁨은 무엇이고, 이 답답한 삶의 권태는 무엇인지, 고전의 감격과 기쁨을 만나는 순간, 마치 불속이라도 뛰어들 것 같은 열정과 용기는 어느덧 사라지고, 지친 몸에 무거운 가방을 들고 평범한 일상에 몸을 맡기고 있는 나의 모습을 발견하게 된다.

모태신앙으로 미지근한 신앙생활을 하다가 '구원의 의미' 와 '예수' 를 만나는 감격의 순간을 가졌을 때 그 기쁨은 말로 표현할 수 없는 경험이었다. 세상과 사람을 바라보는 눈이 달라지고, 삶의 의미와 목적이 달라지는 거의 혁명적인 변화가 있었다. 그런데 그 감격과 감동, 그리고 기쁨의 약효도 잠깐이고, 달라지지 않고 좀처럼 변화가 없는 일상, 더욱이 보상도 없어 보이는 하루하루의 삶에 묻혀 결국 낙심하곤 했다.

사마천의 『사기열전』을 공부하면서, 사마천이 왜 열전의 가장 앞부분에 '백이, 숙제의 이야기' 와 공자가 최고로 인정했던 '안연' 의 이야기를 다루었는지 많은 생각을 했다. 왜 지혜와 소양을 가지고 정당한 삶을 살았던 사람은 현실에서 굶어죽거나 영양실조로 생을 마감하는 비참한 현실을 가졌는지 반면에 도척과 같은 악당은 살면서도 풍요롭게 제멋대로 살고, 천수까지 누렸는가? 그렇다면 정당하게 살아가는 것, 소양과 교양과 의리를 지키며 사는 것이 무슨 의미가 있는가? 이것이 사마천의 고민이었고, 동시에 밋밋한 현실의 삶에 지친 우리들의 고민이기도 하다.

성경의 〈빌립보서〉를 읽으며, 로마의 감옥에 갇혀 재판을 기다리는 사도 바울이 빌립보 교회의 성도들에게 보낸 '기쁨' 의 권면을 생각해보았다. "기뻐해라!, 낙심하지 마라!, 기뻐하고 또 기뻐해라!" '기뻐하라'

는 말과 희망을 연상케 하는 '낙심하지 말라' 는 말이 이 편지글에 계속 반복되고 있다.

상식적으로 이러한 표현은 현실의 삶에서 소위 성공적인 결과물을 가진 사람들이 해야만 하는데, 수감되어서 언제 죽을지 모르는 사람이 이런 말을 하는 것이 쉽게 납득이 가지 않는다.

성경의 이야기나 사마천의 해석에 의하면 우리가 성현의 지혜나 진리 안에서 갖는 '기쁨' 은 현실에서의 보상이나 앞으로 고달픔에서 벗어날 것을 기대하는(그런 경우도 없지 않습니다만) 그런 기쁨이 아니라 왜곡된 세상이 강요하는 것에서 원칙과 의리를 지켜내는 과정이 현실적인 고통과 환난으로 나타날 수 있다는 것을 아는 기쁨, 그 현실의 팍팍함이 진리 안에서 정당하다는 것을 아는 기쁨이라고 말하는 것으로 들린다. 힘과 영향력으로 판단되고 부와 성공으로 평가되는 세상 속에서, 하루하루 매일 우리가 책임져야 할 자리에 묵묵히 그 일을 수행하는 삶의 고달픔과 한숨들이 바로 진리를 소유하고, 옛 성현들의 지혜를 누리는 자의 특권이라는 기쁨임을 확인하게 된다.

한숨과 낙심 속에서 고전을 들고 기쁨의 감격을 누리는 참 맛이 여기에 있는 것 같다. 세상이 점점 건조해지고, 우리를 짓누르는 짐들은 점점 무거워지는 듯하다. 하지만 그러한 삶을 살고 있는 우리에게 성경도, 고전도 '기뻐하고 기뻐하라. 그렇게 함으로 너희의 관용을 알게 하라(빌 4:4~5)' 고 말한다.

이것이 진리 안에 거하는 자, 고전의 통해 삶의 지혜를 가진 자들의 특권이라고 생각한다. 그래서 한숨 속에서도 기쁨의 감격이 있다.

지친 가운데서도 기쁨의 생각을 하고 있는데, 동창으로부터 메시지가 왔다. 이 아름다운 친구는 퇴근길에 성경구절을 읽으며, 지혜자의 잠언 한 구절을 보내주곤 한다.

"차라리 새끼 빼앗긴 암곰을 만날지언정 미련한 일을 행하는 미련한 자를 만나지 말 것이니라(잠언 17:12)"

표현도 교훈도 너무 멋지다.

그 친구에게 사마천의 글을 하나 보냈다. 그가 후세에게 교훈하기 위해 찾아낸 사람들의 주옥같은 말이다.

"지혜로운 자는 때를 거스름 없고, 용감한 자는 죽음을 겁내어 명예를 훼손하지 않으며, 충성스러운 신하는 자신의 한 몸을 위해 군주를 뒤로 하지 않는다.

고전을 통해 지혜와 삶의 풍요로움을 얻는 특권을 누림에 기뻐하지 않을 수 없다.

해강서당문고 총서 **1**

사마천이 찾아낸 사람들

지은이 | 황효순
만든이 | 하경숙
만든곳 | 글마당

(등록 제02-1-253호, 1995. 6. 23)
만든날 | 2014년 10월 1일
펴낸날 | 2014년 10월 10일 1쇄

주소 | 서울 강남우체국사서함 1253호
전화 | (02) 451-1227
팩스 | (02) 6280-9003

홈페이지 | www.gulmadang.com / 글마당.com
페 북 | www.facebook/gulmadang
E-mail | 12him@naver.com

값 17,000원

ISBN 978-89-87669-99-1 (03340)